河北钢结构建筑与部品生产龙头企业培育研究课题组活动集锦

2017 年 4 月河北省钢结构建筑发展战略和培育钢结构及构件部品生产龙头企业研究课题启动会

2017 年 4 月河北省钢结构建筑发展战略和培育钢结构及构件部品生产龙头企业研究课题委托签约仪式

2017 年 4 月河北省钢结构建筑发展战略和培育钢结构及构件部品生产龙头企业研究课题启动会合影

2017 年 12 月钢结构建筑技术调研和关键技术研究编制组工作会议

2018 年 1 月河北省“十三五”钢结构建筑产业创新发展研讨会

2018 年 1 月河北省“十三五”钢结构建筑产业创新发展研讨会合影

2018 年 3 月河北省钢结构发展研究课题专家论证会

2018 年 4 月钢结构关键技术研讨会

2019 年 4 月河北省住建厅装配式钢结构住宅建设试点工作座谈会

2019 年 5 月河北省钢结构创新中心论证会

河北钢结构建筑产业创新与跨越

HEBEI GANGJIEGOU JIANZHU CHANYE
CHUANGXIN YU KUAYUE

郁达飞　胡育科　编著

中国建筑工业出版社

图书在版编目（CIP）数据

河北钢结构建筑产业创新与跨越 / 郁达飞，胡育科编著．—北京：中国建筑工业出版社，2020.10
ISBN 978-7-112-25355-5

Ⅰ．①河…　Ⅱ．①郁…　②胡…　Ⅲ．①钢结构—建筑业—产业发展—研究—河北　Ⅳ．①F426.9

中国版本图书馆 CIP 数据核字（2020）第 143889 号

责任编辑：陈夕涛　陈小娟
责任校对：芦欣甜

河北钢结构建筑产业创新与跨越
郁达飞　胡育科　编著
*
中国建筑工业出版社出版、发行（北京海淀三里河路 9 号）
各地新华书店、建筑书店经销
逸品书装设计制版
北京建筑工业印刷厂印刷
*
开本：787×1092 毫米　1/16　印张：15¾　插页：1　字数：275 千字
2020 年 11 月第一版　2020 年 11 月第一次印刷
定价：**58.00** 元
ISBN 978-7-112-25355-5
（36340）

《河北钢结构建筑产业创新与跨越》

编　委　会

本书编辑委员会（排名不分先后）

姚　兵　原中纪委驻住房和城乡建设部纪检组组长、
　　　　住房和城乡建设部原总工程师、中国建筑金属结构协会原会长
郝际平　中国建筑金属结构协会会长
刘　哲　中国建筑金属结构协会秘书长
文林峰　住房和城乡建设部科技与产业化促进中心副主任
郁达飞　河北墙材革新与建筑节能办公室主任
党保卫　中国建筑金属结构协会副秘书长、钢结构分会会长
张爱林　北京建筑大学校长
韩林海　清华大学教授
陈志华　天津大学教授
弓晓芸　中冶建筑设计研究院教授级高工
王　喆　中国建筑标准设计研究院结构所所长
胡　勇　北京钢结构行业协会会长
陈建伟　华北理工大学教授
尹　路　泛华集团战略研究部总经理
刘耀辉　河北墙材革新与建筑节能办公室
张守峰　中国建筑设计集团装配式建筑研究院副院长
胡育科　中国建筑金属结构协会建筑钢结构分会副会长

执笔人：郁达飞　胡育科

主要编写人员：弓晓芸　刘耀辉　周　瑜　邹　明

序

世界钢铁看中国，中国钢铁看河北，河北是我国钢铁产能大省，每年的钢铁产量占全国的30%以上，2018年全省钢材产量达到2.69亿吨，为建筑钢结构的推广提供了资源基础。党的十九大以来，绿色生态发展理念已经深入人心，为钢结构建筑推广提供了历史性的机遇。利用钢铁生产基地资源，打通产业链通道，推广钢结构建筑，提高工程质量，促进建筑产业现代化的转型，河北具有得天独厚的优势和条件。

钢铁是我国经济发展的支柱性产业，也是工业化进程的重要原材料。从1996年我国钢铁产量首次突破1亿吨大关后，到2018年，全国粗钢产量达到9.28亿吨，钢材产量达到11.06亿吨，通过扩大建筑领域用钢，推进供给侧结构性改革，化解产能过剩，2016年国家提出大力发展钢结构和装配式建筑。建筑业应该抓住国家发展钢结构的产业政策，从技术与应用上开展研究。

我国作为产钢大国，每年都有巨大的钢铁产能，提高建筑用钢比例，推进建筑工程高质量发展，也是政府高度关注的一项工作。1998年，当时的国家冶金工业部、建设部联合组成了建筑用钢推广工作协调小组，当时我在建设部任总工程师，担任了协调小组副组长，对推广建筑用钢做了大量的调研工作。进入新的历史时期，新基建助力钢结构建筑创新发展，钢结构建筑推广进入全新时代。

我国钢结构应用主要在工业建筑、文体场馆、超高层建筑等领域，住房和城乡建设部发布的2017年钢结构的下游需求数据显示：商业地产占比33%，场馆占比24%，厂房占比18%，而住宅在整个钢结构工程中占比仅约1%，学校和医院等领域仅为2%，学校、医院和住宅领域占比仍较低，而在欧美及日本等发达国家，钢结构住宅占比远超我国。

2020年以来，面对新冠疫情的冲击和影响，新基建被视为疫后提振经济信心、推动产业转型升级和发力数字经济的重要支撑手段而广受关注。新基建是指发力于科技端的基础设施建设，主要包含 5G 基建、特高压、城际高速铁路和城际轨道交通、新能源汽车充电桩、大数据中心、人工智能、工业互联网等七大领域。其中 5G 基建、大数据中心、人工智能、工业互联网等领域正是数字经济的重点发展领域。

在“装配式建筑 + 新基建”的发展驱动下，我国钢结构行业将迎来广阔发展前景。“新基建”要求多学科融合，尤其是与信息科学和数据分析相结合。因此“新基建”需要的新技术包括：BIM 正向设计、基于 BIM 的项目管理技术、装配式建筑技术、数字孪生技术、集成管理技术、IPD 集成项目交付技术、项目投资运营全过程的深度融合与产业升级，要实现钢结构建筑产业跨越发展，必须抓住“新基建”的新机遇。

“新基建”助力钢结构建筑行业信息化转型升级，实现节能减排、降本增效。落后的生产方式、粗放式的管理手段已经远远不能满足日益发展的需求。在数字化时代，建筑业要摆脱高污染、高能耗、低效率、低品质的传统粗放发展模式，向绿色化、工业化、智能化方向发展，必须依靠数字技术推动企业转型升级。一是要赋予数字创新文化新内涵，树立想转、敢转的创新意识。将数字创新作为企业文化建设的重要组成部分，明确转型升级发展目标和发展方向。二是要深刻领会数字转型新理念，数字化转型归根结底就是寻找能适应新生产力发展的生产关系的过程。利用数字化技术手段，改变原有落后的生产方式和管理模式，用数字化驱动产业转型升级。三是建筑企业数字化转型技术路径分为数字建造和建造数字两个维度。数字建造，即建造产业数字化；建造数字，即建造数字产业化。无论是传统的基础建设，还是新型基础设施建设的推广，无论是政府方面的政策力度支持，还是以民营经济为代表的投资建设产业布局；大力推广钢结构建筑，不仅会降低成本、提升效率、创新商业模式，还将拉动新材料、新器件、新工艺和新技术的研发应用，促进建筑业技术改造和设备更新。进入高质量发展新时代，推动钢铁业的结构调整和产业升级，扩大建筑领域用钢是一项长期工作。利用河北区域的优势、京津冀协同发展和雄安新区建设的机遇，为钢结构建筑提供更广阔的前景和更大的市场空间，河北钢结构建筑产业任重道远。

中国建筑金属结构协会受河北省建筑产业化办公室的委托，从 2018 年开展了河北钢结构产业和建筑配套部品生产龙头企业培育的课题研究，我很支持。根据国家产业政策导向，发挥行业优势，组织业内专家、生产企业和科研机构学者，结合河北的资源和产能优势，培育形成河北钢结构产业基础，抓住京津冀协同发展和雄安新区建设的大机遇，研究钢结构建筑技术、推进绿色建造方式转型，实现河北钢结构建筑产业创新与跨越发展，是推进河北经济结构调整，实现可持续发展的战略性举措，课题研究报告已经顺利通过验收，研究成果已经纳入政府相关工作的总体部署。

课题组将研究中采集的相关资料与钢结构建筑技术与应用的成果汇编成册，我非常赞成，希望这一研究成果能对企业和专家的深入研究有所帮助。

姚兵

2020 年 5 月

前　言

党的十八大以来，随着我国经济结构调整，经济增长质量不断提高和优化，生态环境保护、节能减排政策的强力实施，在党中央的领导下，打响了一场青山绿水的保卫战，积极发展绿色生产生活方式，不断调整产业结构，以“双创”为引领的产业技术革命蓬勃开展，为我国经济的可持续发展注入了强大的动力。

建筑业作为国民经济支柱性产业，随着基建投资规模逐年增大，在城市基础设施建设和房地产开发领域得到了蓬勃发展，推进城市功能区块的综合开发建设、助力房地产业的发展；基础设施建设行业发展空间仍然较大，工程质量水平和绿色建筑推广大幅度提高。建筑业的改革和发展进入了一个全新的历史阶段，推进建筑工业化、提高工程质量，实现绿色、可持续发展是建筑业面临的首要任务。

2016 年底中央工作经济会议确定了“三去一降一补”，推进供给侧结构性调整改革，扩大建设领域钢结构应用上升到了国家政策层面，结构调整既能发展绿色建筑领域，又能大量化解钢铁产能。不断提高钢结构建筑产业的供给侧结构性调整的水平，是化解钢铁行业产能过剩和建筑行业绿色转型的一剂“良方”。政府层面也在力图推动政府投资或政府主导的公共建筑全面采用钢结构技术体系，稳步推广钢结构住宅，要按照“创新、协调、绿色、开放、共享”发展理念，坚持创新驱动，着力化解制约钢结构发展瓶颈问题，推动钢结构建筑快速发展。

河北省作为钢铁资源大省，如何落实中央工作会议精神任务艰巨，确立钢结构建筑的推广和建筑部品龙头企业的培育，对拉动地方经济建设、形成新产能新动能有着积极的意义。为贯彻落实中共中央、国务院《关于进一步加强城市规划建设管理工作的若干意见》(中发〔2016〕6 号)，发展新型建造方式，大力推广装配式建筑，创建国家级装配式建筑产业基地，各项工作正在稳步推进实施。

2017 年起，河北省委、省政府根据京津冀协同发展战略的总体布局和雄安新区建设的历史性机遇，提出了向绿色建筑和装配式建筑新型建造方式的转型，结合地方资源条件和产业优势，积极打造具有地方特色的经济新动能，省政府制定和出台了《大力发展钢结构建筑实施意见》。结合河北的资源和区位优势，立足现有基础，打造钢结构建筑发展的产业链，推动实施雄安新区建设和京津冀协同发展战略的实施。

随着京津冀协同发展战略不断深入，构建现代化的智慧、生态新城，创新驱动产业转型升级，将京津冀地区打造成区域联动的具有中国特色社会主义的城市群，特别是雄安新区的设立，将更加践行生态优先绿色发展的理念，未来雄安新区建设，装配式建筑、绿色建筑将是主流的、首选的建筑体系。

《河北省装配式建筑“十三五”发展规划》提出，到 2020 年全省培育 2 个国家级装配式建筑示范城市、20 个省级装配式建筑示范市（县），河北省明确把钢结构建筑作为发展装配式建筑的主攻方向，将从土地、财政、税费等方面大力扶持装配式建筑发展。目前雄安新区规划已经出台，各项建设即将拉开序幕，京津冀地区必将成为绿色发展的主战场，河北省钢结构建筑产业将迎来跨越式发展的历史性机遇。

本书在组织行业专家对河北省钢结构企业和建筑部品及配套产品生产企业广泛调研的基础上，对培育钢结构建筑产业的龙头企业和部品配套骨干企业进行了研究和探讨，提出了未来一个时期河北省钢结构建筑产业发展目标和产业调整，确立了重点的发展路径和实施保障措施，其中部分内容对指导河北省各级政府转变观念提高认识、更好地调整产业结构、推进装配式建筑应用有一定的参考价值，特根据专家建议汇编成册。

本书得到了住房和城乡建设部科技促进中心、国家装配式产业技术创新联盟的大力支持，吸收了国内外钢结构建筑产业发展的一些先进经验。因内容编辑需要，引用了相关专业书籍中的部分图片、资料，在此一并表示感谢。

2019 年 7 月

目 录
CONTENTS

第1章

新时代绘就我国建筑业的新蓝图

1.1 我国经济转入高质量发展新时代

党的十八大以来，我国经济发展取得历史性成就、发生历史性变革，为其他领域改革发展提供了重要物质条件。经济实力再上新台阶，经济年均增长 7.1%。经济结构出现重大变革，推进供给侧结构性改革，促进供求平衡。经济体制改革持续推进，经济更具活力和韧性。对外开放深入发展，倡导和推动共建“一带一路”，积极引导经济全球化朝着正确方向发展。人民获得感、幸福感明显增强，脱贫攻坚战取得决定性成果，基本公共服务均等化程度不断提高，形成了世界上人口最多的中等收入群体。

我国经济发展进入新时代，基本特征就是我国经济已由高速增长阶段转向高质量发展阶段。推动高质量发展，是保持经济持续健康发展的必然要求，是适应我国社会主要矛盾变化和全面建成小康社会、全面建设社会主义现代化国家的必然要求，是遵循经济规律发展的必然要求。推动高质量发展是当前和今后一个时期确定发展思路、制定经济政策、实施宏观调控的根本要求，必须加快形成推动高质量发展的指标体系、政策体系、标准体系、统计体系、绩效评价、政绩考核，创建和完善制度环境，推动我国经济在实现高质量发展上不断取得新进展。

在高质量发展的新时代，坚持以习近平新时代中国特色社会主义思想为指导，加强党对经济工作的领导，坚持稳中求进工作总基调，坚持新发展理念，紧扣我国社会主要矛盾变化，按照高质量发展的要求，统筹推进“五位一体”总体布局和协调推进“四个全面”战略布局，坚持以供给侧结构性改革为主线，统筹推进稳增长、促改革、调结构、惠民生、防风险各项工作，大力推进改革开放，创新和完善宏观调控，推动质量变革、效率变革、动力变革，加强和改善民生，促进经济社会持续健康发展。

高质量发展的新时代，坚持稳中求进工作总基调，把握好工作节奏和力度，要统筹各项政策，加强政策协同。积极的财政政策取向不变，促进多层次资本市场健康发展，更好为实体经济服务，守住不发生系统性金融风险的底线。结构性政策要发挥更大作用，强化实体经济吸引力和竞争力，优化存量资源配置，强化创新驱动，发挥好消费的基础性作用，促进有效投资特别是民间投资合理增长。改革开放要加大力度，在经济体制改革上步子再快一些，以完善产权制度和要素市场化配置为重点，推进基础性关键领域改革取得新的突破。扩大对外开放，大幅放宽市场准入，加快形成全面开放新格局。

高质量发展新时代，聚焦三大攻坚战。重点抓好决胜全面建成小康社会的防范化解重大风险、精准脱贫、污染防治三大攻坚战。打好防范化解重大风险攻坚战，重点是防控金融风险，要服务于供给侧结构性改革这条主线，促进形成金融和实体经济、金融和房地产、金融体系内部的良性循环，做好重点领域风险防范和处置，加强薄弱环节监管制度建设。打好精准脱贫攻坚战，要保证现行标准下的脱贫质量，特定贫困群众精准帮扶，向深度贫困地区聚焦发力，激发贫困人口内生动力，加强考核监督。打好污染防治攻坚战，要使主要污染物排放总量大幅减少，生态环境质量总体改善，重点是打赢蓝天保卫战。

高质量发展新时代，继续深化供给侧结构性改革。调整产业结构，淘汰落后产能，调整能源结构，加大节能力度和考核，调整运输结构，推进中国制造向中国创造转变、中国速度向中国质量转变、制造大国向制造强国转变，成为产业经济的发展方向。

1.1.1 新时代国内经济运行的新特点

从总体趋势看，经济稳增长、市场容量大、发展潜力和回旋余地大。

2019 年一季度经济数据显示，总量和结构都呈现出平稳向好态势。从总量看，国内生产总值增速 6.4%，新增就业 324 万人，居民消费价格上涨 1.8%，经济增速、就业情况、物价指数等主要宏观调控指标处在合理区间。从结构看，战略性新兴产业增加值快于规模以上工业增速，一批新产品、新技术正成为增长新亮点。这些数据，说明中国经济发展健康稳定的基本面没有改变，说明中国经济韧性好、潜力足、回旋余地大。这正是应对外部冲击和风险挑战的稳定器。

经济基本面趋稳。体现为：一是“改革红利”逐步释放。近年来，供给侧结构性改革深入推进，不断激发中国经济的内生活力。2018 年世界银行发布的报告显示，中国营商环境排名在全球 190 个经济体当中的位次跃升了 32 位，成为营商环境改善幅度最大的经济体之一。从坚持优化营商环境、深化简政放权，到实施预计可带来 1 万亿元减税额的减税降费，再到央行定向降准为民营企业输血，我们在体制机制弊端上做减法，在加强服务和监管上做加法，就是为了用“改革优势”激发市场活力，使得市场主体的创新潜力充分涌流。

二是中国特色社会主义的“制度优势”。坚持党对经济工作的集中统一领导，这是中国经济发展最大的制度优势。党的坚强领导，能够着眼于中国经济发展的长远利益和整体利益，既能保持战略定力、坚持高质量发展的方向，也能根据经济运行中的问题而进行灵活、适时的逆周期调节，确保经济不出现大的颠簸，在平稳发展中实现转型升级。党的坚强领导，确保国家具有超强整合能力、强大动员能力和高效执行能力，这是中国抵御一切风险挑战的压舱石，也是中国赢得更长远未来的关键。

三是新产能、新动能支撑作用明显。2019 年，国内新增数字经济项目 587 项，总投资额 4569 亿元，其中签约项目 308 项，总投资额 2520 亿元。按照绿色发展、循环发展的新要求，不断调整产业结构，发展新兴战略产业，逐步淘汰落后产能，丰硕成果的背后，是新动能对经济发展的支撑作用进一步增强。

1.1.2 各个领域的改革发展取得丰硕成果

2018 年以来，按照党中央、国务院决策部署，各地区、各部门深入推进供给侧结构性改革，重点在“破、立、降”上下功夫，着力加大基础设施领域补短板力度，着力增强创新力、发展新动能，打通去产能制度梗阻，着力降低企业成本，坚持做好去杠杆工作，取得了显著成效。产业结构优化升级不断加快，经济发展质量不断提高。

一是供给侧结构改革不断深化，供需结构更趋协调平衡。供求关系显著改善，企业效率持续向好。2018 年上半年，钢铁、煤炭、电力行业规模以上企业利润率分别增长 93.4%、18.4% 和 28.1%。推动金融更好地服务实体经济。据国际清算银行公布的最新数据显示，截至 2017 年末，非金融企业部门杠杆率已连续 6 个季度环比下降。另据统计局数据，2018 年 6 月末，规模以上工业企业资产负债率为 56.6%，同比降低 0.4 个百分点。

二是创新驱动发展势头不断增强。新产业增速加快，增速明显高于规模以上工业整体水平。适应消费和产品升级的新产品增长较快。2018 年 1—7 月新能源汽车、工业机器人产量分别增长 68.6% 和 21%。国家制造业创新体系建设加快推进，批复建设集成电路等 7 家国家制造业创新中心，产业重组整合加快推进，企业集中度和现代化水平进一步提高。2017 年中央和省级专项扶贫资金突破 1400 亿元，易地扶贫搬迁、产业扶贫、教育扶贫、健康扶贫重点工程全面启动，灾后水利薄弱环节建设加快，中小河流治理、小型病险水库除险加固等建设全面实施，西成、渝桂等一批铁路重大项目建成运行。

三是大力降低实体经济成本。2018 年又推出一大批新举措，预计全年降成本 1.1 万亿元以上。继续深化增值税改革，降低制造业等行业增值税税率，推出一系列支持创业创新和小微企业发展的减税措施；多措并举，降低要素成本。采取有效措施降低融资、人工、用能、物流成本，持续提高直接融资比重，企业创设成本大幅降低；加快推行“双随机、一公开”监管；推行“互联网 + 政府服务”，推动政务服务一网通办。

四是供给侧结构性改革促进了产业结构优化升级。产业结构不断优化。2019 年上半年，一产、二产、三产增加值同比增长 3.2%、6.1% 和 7.6%，三产比重比上年同期提高 0.3 个百分点，对增长的贡献持续提升。高技术产业和战略性新兴产业增加值分别增长 11.6% 和 8.6%，明显快于全部规模以上工业增加值的增速；供给侧结构性改革极大地改善了供求关系，推动工业产品价格合理回升。企业效益在上一年高基数基础上继续保持较高增速，上半年规模以上工业企业利润同比增长 17.2%。

1.1.3 深化供给侧结构性改革成果显现

2018 年底召开的中央经济工作会议，确定了“稳中求进”工作总基调。“稳”和“进”是辩证统一的，要作为一个整体来把握，把握好工作节奏和力度。要统筹各项政策，加强政策协同。积极的财政政策取向不变，调整优化财政支出结构。

“十九大”新时代建筑业改革的方向供给侧改革居首，推进从制造到创造、从速度到质量、从大国到强国的转变，重在破除无效供给、培育新动能、降低实体经济成本，对应去产能、补短板、降成本。激发市场活力，既要完善国企国资改革，国有资本做强做优做大，也要支持民营企业发展，落实保护产权政策，促进民间投资合理增长。

完善促进房地产市场平稳健康发展的长效机制，保持房地产市场调控政策连续性和稳定性，分清中央和地方事权，地方以中央文件为原则，结合当地实际，实行差别化调控。

经济领域中实体经济与金融、房地产发展不平衡，低端产业与高端产业发展不平衡，大企业与小微企业发展不平衡，应该按照新发展理念的要求、深化供给侧结构性改革、源源释放的巨大红利，为新时代输送不竭动力，让中国经济活力足、潜力大、后劲强。

1.1.4 推进科技创新实现绿色发展

加大生态文明建设力度，加快绿色发展步伐，建设人与自然和谐共生的现代化。贯彻人与自然和谐共生的理念，通过建立绿色技术标准体系、产品全生命周期管理、绿色金融等措施，塑造绿色技术创新环境，汇聚社会各方力量，着力于降低消耗、减少污染和改善生态技术供给和产业化，为经济社会向绿色发展方式和生活方式转变提供基本动力。

党的十八大以来，以习近平同志为核心的党中央，高瞻远瞩，审时度势，把生态文明建设作为统筹推进“五位一体”总体布局和协调推进“四个全面”战略布局的重要内容，开展了一系列根本性、开创性、长远性工作。把“绿色发展”确立为“五大发展”理念之一，把“坚持人与自然和谐共生”纳入新时代坚持和发展中国特色社会主义的基本方略，把“生态文明”写入宪法，把“美丽中国”确定为建设社会主义现代化强国的重要目标。

到 2022 年，基本建成市场导向的绿色技术创新体系。企业绿色技术创新主体地位得到强化，出现一批龙头骨干企业，“产学研”深度融合、协同高效；绿色技术创新引导机制更加完善，绿色技术市场繁荣，人才、资金、知识等各类要素资源向绿色技术创新领域有效集聚，高效利用，要素价值得到充分体现；绿色技术创新综合示范区，绿色技术工程研究中心、创新中心等形成系统布局，高效运行，创新成果不断涌现并充分转化应用；绿色技术创新的法治、政策、融资环境充分优化，国际合作务实深入，创新基础能力显著增强。

2018 年，我国生态环境保护和环境治理业投资同比增长高达 43%。2018 年前三季度，环保产业营业收入达 1.06 万亿元，同比增长 17.7%。生态环境监管力度加大、环境标准提高，促进节能环保产业发展壮大，为经济发展增添新动力。生态文明建设关乎人类未来，建设绿色家园是人类的共同梦想，保护生态环境、应对气候变化需要世界各国同舟共济、共同努力。

1.2 中国内需市场潜力巨大

应对外部不确定性的挑战，我国经济潜力大、韧性强、内需足的基本态势没有改变。当前我国经济的基本面良好，经济增长保持韧性，总供求总体平衡，增长动力加快转换，内需对经济的拉动不断上升，外贸依存度有所下降。具体来看，一是国内消费体量增长、结构优化。二是中国具备完整的供应体系，工业体系完善，产业门类齐全，产业链完整，抵御外部冲击能力较强。三是中国经济总量仅次于美国，地域广阔，不同地区要素禀赋、比较优势、发展水平存在差异。在国内统一大市场的前提下，能实现优势互补，梯度发展，优化资源配置，在面临外部冲击时，有较大回旋余地。

1.2.1 新的城市圈、经济带建设拉开序幕

（1）京津冀协同发展。京津冀协同发展战略的核心是有序疏解北京非首都功能，调整经济结构和空间结构，走出一条靠内涵集约发展的新路子，探索出一种人口经济密集地区优化开发的模式，促进区域协调发展，形成新增长极。未来京津冀三省市定位分别为：北京市向“全国政治中心、文化中心、国际交往中心、科技创新中心”就位；天津市向“全国先进制造研发基地、北方国际航运核心区、金融创新运营示范区、改革开放先行区”发展；河北省将重点打造“全国现代商贸物流重要基地、产业转型升级试验区、新型城镇化与城乡统筹示范区、京津冀生态环境支撑区”。

实施京津冀协同发展战略，有助于疏解首都非核心功能、缓解“大城市病”；有助于优化城市群结构，打造世界级城市群；有助于引领经济发展新常态，推动形成新的经济增长极；有助于大气环境治理，改善区域生态环境；有助于建立区域统筹协调发展新体制，建成区域协同发展示范区。

以疏解北京非首都功能为“牛鼻子”，推动京津冀协同发展。完善区域内现代基础设施网络，健全区域合作机制，科学布局卫星城和产业园区，高起点规划、高标准建设雄安新区，合理疏解区域内北京、天津等超大城市非核心功能，

形成分工布局合理、相互协作配套、利益补偿共享的区域合作新局面。

（2）雄安新区建设。2019年《河北雄安新区总体规划》和《白洋淀生态环境治理和保护规划》对外发布，到2035年，雄安新区将基本建成绿色低碳、开放创新、信息智能、宜居宜业、具有较强竞争力和影响力、人与自然和谐共生的高水平社会主义现代化城市。作为“千年大计、国家大事”，未来雄安的建设将为新区建设提供样板，能有效承接北京非首都功能，实现城市治理能力和社会管理现代化，“雄安质量”引领全国高质量发展作用明显，成为现代化经济体系的新引擎。

（3）粤港澳大湾区经济带。2017年粤港澳大湾区GDP突破1.5万亿美元，在世界主要经济体中排在第13位，与俄罗斯和韩国的经济体量相当。交易所市值位列全球第二，相当于日韩交易所市值总和。2018年粤港澳大湾区进入世界500强企业的数量突破20家，民营企业占到八成。粤港澳大湾区在全球经济运作中扮演着重要角色。深圳更是成了国内科技创新的领头羊，高新技术产业增加值占GDP比重达1/3。

把大湾区建设成为世界级经济大平台，既是湾区内部可持续发展的需要，也是对急剧变化的中国国际环境的回应。无论是广东省本身还是香港和澳门都面临可持续发展的挑战。香港和澳门也如此，自回归以来，大多数产业已经转移到珠三角，本地产业结构单一，技术创新既乏力又缺少空间。一定程度上，粤港澳经济已经成为以中国大陆为核心的经济体的内在一部分。

（4）长江经济带。2019年12月，中共中央、国务院印发《长江三角洲区域一体化发展规划纲要》，推动长三角区域一体化发展，增强长三角地区创新能力和竞争能力，提高经济集聚度、区域连接性和政策协同效率，对引领全国高质量发展、建设现代化经济体系意义重大。长江经济带是“一带一路”在国内的主要交汇地带，应该统筹沿海、沿江、沿边和内陆开放，实现同“一带一路”建设有机融合，培育国际经济合作竞争优势。

《长江三角洲区域一体化发展规划纲要》确定了长三角区域一体化发展的五大战略定位，分别是全国发展强劲活跃增长极、全国高质量发展样板区、率先基本实现现代化引领区、区域一体化发展示范区、新时代改革开放新高地。长三角区域一体化发展将同“一带一路”建设、京津冀协同发展、长江经济带发展、粤港澳大湾区建设相互配合，完善中国改革开放空间布局。

《长江三角洲区域一体化发展规划纲要》提出，到 2025 年，长三角一体化发展取得实质性进展。跨界区域、城市乡村等区域板块一体化发展达到较高水平，在科创产业、基础设施、生态环境、公共服务等领域基本实现一体化发展，全面建立一体化发展的体制机制。同时，到 2025 年，常住人口城镇化率达到 70%，研发投入强度达到 3% 以上，5G 网络覆盖率达到 80%。

1.2.2 共建“一带一路”

我国秉持开放合作的精神，促进“一带一路”沿线国家的技术和标准合作，共享优势产能，为“一带一路”乃至全世界带来了新机遇、新动力。中国不仅通过为沿线国家修路搭桥、投资建厂来助力当地发展，更有一批中国技术、标准在海外落地生根，造福当地经济社会。

一方面，“一带一路”沿线各国对基础设施建设具有迫切需求，而中国则拥有世界一流的基建技术和产业体系。雅万高铁、中老铁路、亚吉铁路、瓜达尔港等一大批重点工程，不仅给当地带来日新月异的变化，更让这些国家建立起更加完整的产业体系。通过积极搭建对接平台，推进技术、服务和标准落地，使许多“一带一路”沿线国家受益。

另一方面，随着创新驱动成为中国经济发展新动能，国内大数据、互联网、人工智能等新兴产业也为“一带一路”带来巨大机遇。在“一带一路”建设中，中国面向东盟、南亚、中亚、阿拉伯、中东欧等地区和国家建设了一批区域和双边技术转移中心及创新合作中心，初步形成一张区域技术转移协作网络，并以此催生出一条由大数据、云计算、智慧城市、人工智能、纳米技术、量子计算机等先进科学技术连接成的“21 世纪数字丝绸之路”。

与此同时，近年来中国为沿线国家培养了上万名科学技术和管理人才，中国也启动了“一带一路”科技创新行动计划，开展科技人文交流、共建联合实验室、科技园区合作、技术转移 4 项行动。中国将在 5 年内安排 2500 人次青年科学家来华从事短期科研工作，培训 5000 人次科学技术和管理人员，投入运行 50 家联合实验室。在世界多极化、经济全球化、社会信息化、文化多样化深入发展的当下，中国正走在世界变革创新的最前沿。

1.3 新时期我国建筑业改革发展方向

1.3.1 城乡建设领域的改革和发展取得了新成就

一是深化住房制度改革。大力发展住房租赁市场特别是长期租赁，在人口净流入的大中城市加快培育和发展住房租赁市场，推进国有租赁企业的建设，充分发挥对市场的引领、规范、激活和调控作用。加快建设政府主导的住房租赁管理服务平台，加快推进住房租赁立法，保护租赁利益相关方合法权益。扎实推进新一轮棚改工作，2018 年改造各类棚户区 580 万套。全力做好公租房工作，增加公租房实物供给，持续提升公租房保障能力，优先保障环卫、公交等行业困难群体，将符合条件的新就业无房职工、外来务工人员和青年医生、青年教师等纳入保障范围，对低保、低收入住房困难家庭，实现应保尽保。因地制宜发展共有产权住房，多渠道解决群众住房问题。改革完善住房公积金制度，提高住房公积金管理服务水平。

二是全面提高城市规划建设管理品质，推动城市绿色发展。推进城市总体规划编制和实施体系改革，建立和完善城市总体规划编制、审批、实施和考核评估体系。进一步加强历史文化保护，完成历史文化街区划定和历史建筑确定工作，积极开展历史建筑保护利用。全面推进海绵城市建设，完善标准体系，编制实施海绵城市建设专项规划。进一步加大城市黑臭水体整治力度，推进城市排水防涝补短板三年行动，因地制宜推进城市地下综合管廊建设，取得扎实的成效。

三是大力加强城镇污水和垃圾处理设施建设，在部分城市开展老旧小区改造试点。切实抓好城市生态建设，建立城市生态建设评估考核标准和机制，提高生态建设水平。以生态修复城市修补工作为载体，改善城市生态环境，增强城市宜居性。大力发展绿色建筑，推进建筑节能。深化城市管理体制改革，搭建城市综合管理服务平台，全面开展美好环境与和谐社会共同缔造行动，城市更有序、更安全、更干净。

四是以提升建筑工程质量安全为着力点，加快推动建筑产业转型升级。加快建设国际化的中国工程建设标准体系，提高中国工程标准水平，引领建筑产业高质量发展。通过开展建筑工程质量提升三年行动方案的实施、建筑施工安全专项治理行动等，落实企业安全生产主体责任，强化重大安全风险管控，加大隐患排查整治力度，确保全国建筑施工安全事故总量下降。以狠抓建筑施工安全为切入点，推动建筑业体制机制改革，健全质量安全责任体系，深化工程招标投标制度改革，完善工程建设组织方式，加强建筑市场诚信体系建设，推动建造方式变革，提升建筑业科技创新能力，促进建筑产业提质增效。

1.3.2 城乡建设工作开启新征程

2019 年 12 月召开的全国住房和城乡建设工作会议，分析了面临的形势和问题，提出了年度工作总体要求和重点任务。

一是以稳地价稳房价稳预期为目标，促进房地产市场平稳健康发展。坚持“房子是用来住的、不是用来炒的”定位，着力建立和完善房地产市场平稳健康发展的长效机制，坚决防范化解房地产市场风险。坚持因城施策、分类指导，夯实城市主体责任，加强市场监测和评价考核，切实把稳地价稳房价稳预期的责任落到实处。继续保持调控政策的连续性稳定性，加强房地产市场供需双向调节，改善住房供应结构，支持合理自住需求，坚决遏制投机炒房，强化舆论引导和预期管理，确保市场稳定。加大房地产市场监管力度，继续深入开展打击侵害群众利益违法违规行为治理房地产乱象专项行动。

二是以加快解决中低收入群体住房困难为中心任务，健全城镇住房保障体系。支持人口流入量大的一线、二线城市和其他热点城市，降低准入门槛，增加公租房有效供应，因地制宜发展共有产权住房。继续推进棚户区改造，严格把握棚改范围和标准，重点改造老城区内脏乱差的棚户区和国有工矿区、林区、垦区棚户区，加大配套基础设施建设，严格工程质量安全监管，确保按时保质保量完成全年任务。

三是以解决新市民住房问题为主要出发点，补齐租赁住房短板。人口流入量大、住房价格高的特大城市和大城市要积极盘活存量土地，加快推进租赁住房建设，切实增加有效供应。在总结试点经验的基础上，指导大中城市全面培育和发展住房租赁市场。继续推进集体土地建设租赁住房试点工作。深化住房公积金制度改革，研究建立住宅政策性金融机构，加大对城镇中低收入家庭和新市民租房购房的支持力度，全面提高住房公积金服务效能和管理水平。

四是以提高城市基础设施和房屋建筑防灾能力为重点，着力提升城市承载力和系统化水平。用统筹的方式、系统的方法加强城市基础设施建设。深入推进海绵城市建设，加大城市黑臭水体治理和排水防涝设施补短板工作力度，制定实施城镇污水处理提质增效三年行动方案，加快城市和县城生活垃圾无害化处理设施建设，继续因地制宜推进地下综合管廊建设。有计划、分步骤实施城镇住宅抗震加固工程，提高城镇房屋建筑抗震防灾能力。强化城市市政公用设施安全管理，切实保障安全运行。加强建设工程消防设计安全管理。

五是在城市建设领域贯彻新发展理念。建立城市建设管理和人居环境质量评价体系，促进城市高质量建设发展。扩大城市体检评估试点范围，建立“一年一体检，五年一评估”的制度。推进绿色城市建设，建立绿色城市建设的政策和技术支撑体系。推进智慧城市建设，提高城市信息化、智能化管理水平。推进人文城市建设，进一步加大历史文化名城名镇名村保护力度，推进既有建筑保留利用和更新改造，健全城市设计体系，加强建筑设计管理。

六是以集中力量解决群众关注的民生实事为着力点，提升城市品质。实施城市品质提升三年行动计划。运用“美好环境与幸福生活共同缔造”的理念和方法，推进老旧小区改造工作，重点解决供水、供电、供气等问题，促进解决二次供水、停车难问题，鼓励有条件的小区加装电梯等便民设施。打造“15 分钟城市居民活动圈”。

七是以改善农村住房条件和居住环境为中心，提升乡村宜居水平。全力推进脱贫攻坚三年行动，2019 年将剩余 160 万户建档立卡贫困户等 4 类重点对象的危房全部列入年度改造计划。着力提高农房设计水平和建造质量，组织编制推广符合农村实际和农民需求的农房设计图集，明确农房建设基本要求，加强农房建设质量管理。提高村庄规划建设水平，发动村民参与，共同编制村民易懂、村委能用、乡镇好管的村庄建设规划，进一步完善引导支持设计人员和机构下乡的政策措施。

八是以发展新型建造方式为重点，深入推进建筑业供给侧结构性改革。大力发展钢结构等装配式建筑，积极化解建筑材料、用工供需不平衡的矛盾，加快完善装配式建筑技术和标准体系。持续深入开展建筑工程质量提升行动和建筑施工安全专项治理，切实提高工程质量，坚决遏制重特大安全生产事故。深化工程招标投标制度改革，加快推行工程总承包，发展全过程工程咨询。扩大建筑产业工人队伍培育示范基地试点范围，推动建筑业劳务企业转型。

九是以工程建设项目审批制度改革为切入点，优化营商环境。在总结试点地区经验基础上，在全国全面开展工程建设项目审批制度改革工作，进一步优化审批流程，确保实现审批时间压减一半的目标。加快工程建设项目审批管理系统建设，2019年在全国地级及以上城市建成工程建设项目审批管理系统。

十是以加强党的政治建设为统领，为住房和城乡建设事业高质量发展提供坚强的政治保障。

1.3.3 新时代建筑方针得到落实

2015年12月中央城市工作会议提出了“适用、经济、安全、绿色、美观”的新时期建筑方针，同过去“适用、经济、在可能的条件下注意美观”的旧建筑方针相比，新方针增加了“绿色”，绿色是新时代的特征，与党的十九大精神高度吻合；新方针去掉了“美观”的前置局限，今天的环境、今天的形势、今天的经济实力和今天中国的地位，都决定了我们可以在建筑美观上、在满足人民美好生活需要上作出更大的贡献。

适合“低碳化”生产方式的装配式建筑，是发展新时代高质量绿色建筑应当重点关注的内容。装配式建筑是工厂预制部件，在工地装配而成的建筑，节能、节水、节材、节时、节省人力，可以大幅减少建筑垃圾和扬尘，实现环保。它具有“标准化设计、工厂化生产、装配化施工、一体化装修、信息化管理、智能化应用”六个主要特征。装配式建筑2016年以来在国家强力推动下开创了发展新局面。绿色发展是大势所趋，装配式建筑是重要载体。

1.3.4 国内建筑业发展的形势

近30年，伴随着新型工业化、城镇化的推进，建筑业成为国民经济的支柱产业。中华人民共和国成立70周年经济社会发展成就系列报告显示，我国建筑业总产值规模已经突破20万亿元大关，建筑业支柱产业地位逐步确定、支柱产业支撑作用更加明显，对整个国民经济发展的推动作用越来越突出。

中华人民共和国成立70年来，随着我国经济建设的大规模进行，建筑业迅速发展，产值规模不断扩张。1952年，全国建筑业企业完成总产值57亿元。2017年，建筑业企业完成总产值21.4万亿元，突破20万亿元大关。2018年，全国建筑业完成总产值23.5万亿元，是1952年的4124倍，年均增长13.4%。

2019年全社会建筑业实现增加值为70904亿元，比上年增长5.6%，增速0.8

个百分点。建筑业增加值增速低于国内生产总值增速 0.5 个百分点。2019 年，建筑业增加值占国内生产总值的 7.16%，较上年上升了 0.04 个百分点，达到近十年最高点。建筑业作为国民经济支柱产业之一，地位依旧稳固（图 1-1、图 1-2）。

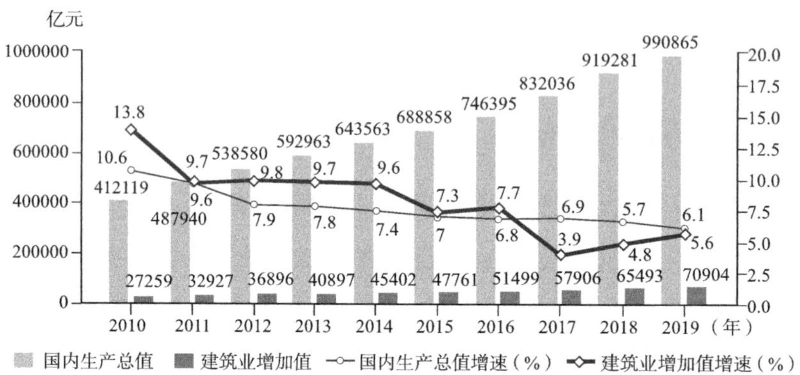

图 1-1　2010—2019 年国内生产总值、建筑业增加值及增速

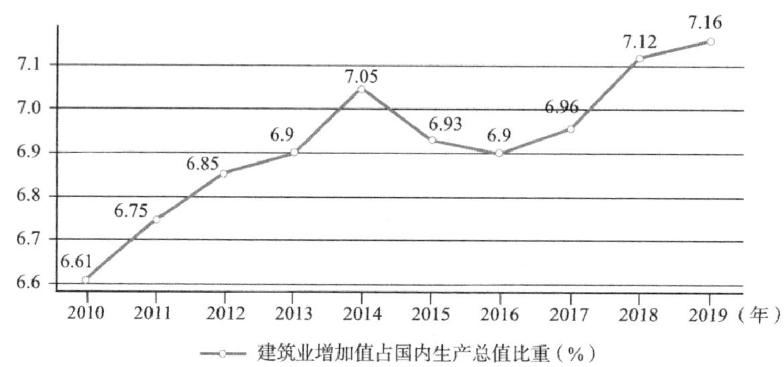

图 1-2　2010—2019 年建筑业增加值占国内生产总值比重

建筑业固定资产投资持续下滑，总产值增速出现放缓。2019 年，全国固定资产投资（不含农户）551478 亿元，比上年下降 13.24%。其中，建筑业固定资产投资 2519 亿元，比上年降低了 19.8%，占全国固定资产投资的 0.46%，比上年下降 0.03 个百分点。建筑业总产值逐年增长，2019 年达到 248446 亿元，比上年增长了 6%，增速比上年下降了 4 个百分点（图 1-3、图 1-4）。

1.3.5 投资结构优化，基础设施建设加快

认真贯彻落实党中央、国务院工作部署，采取了一系列政策措施，切实加大关键领域和薄弱环节补短板力度。

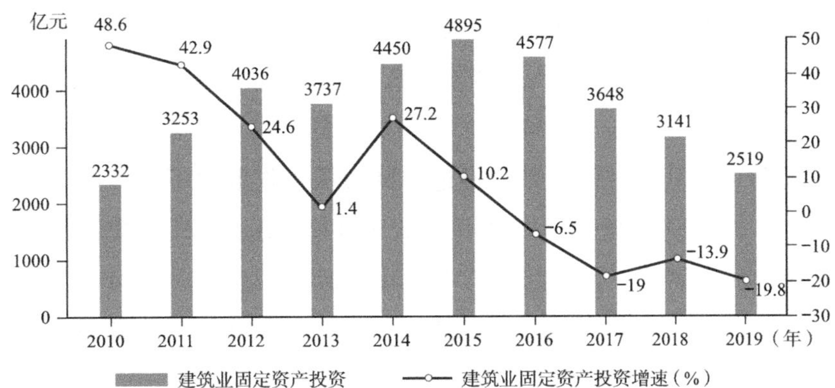

图 1-3　2010—2019 年建筑业固定资产投资不含农户及增速

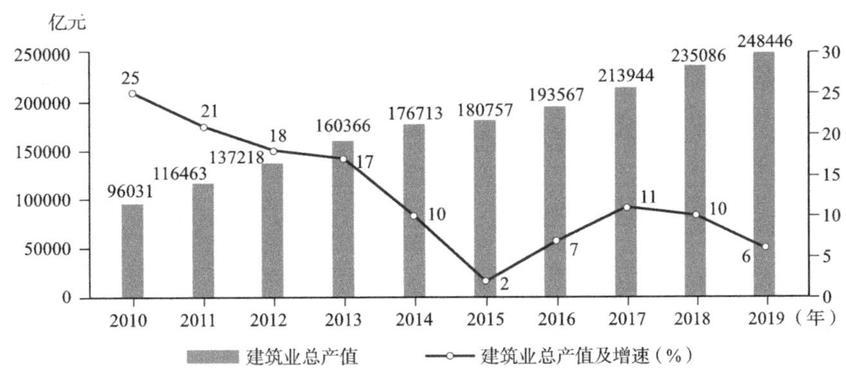

图 1-4　2010—2019 年全国建筑业总产值及增速

一是精准聚焦短板领域。突出抓重点、补短板、强弱项，调整优化投资结构，瞄准基础设施、农业、脱贫攻坚、生态环保等重点领域加大补短板力度，加强基础设施薄弱环节，提高公共服务水平和质量，提高投资精准性和有效性。

二是建立补短板协调机制。由国家发展改革委牵头，相关部门和单位参加，共同推动加大基础设施等领域补短板力度重点工作。加强部门间协同合作，强化上下沟通配合，切实发挥机制作用，协调解决补短板工作中的重大问题。

三是推进补短板重大项目储备。协调督促各地方、各有关单位，按照近期、中期、长期三类，储备一大批补短板重点领域项目。

四是加快推进前期工作和项目开工建设。对补短板重大项目，加快规划选址、用地、用海、环评等方面前期工作，指导地方加大征地拆迁、市政配套、水电接入和资金落实等推进力度，推动项目尽早开工建设。

五是加快落实补短板重点任务。把补短板各领域主要目标任务分解到位，明确责任主体和完成时限，着力抓好贯彻落实。会同有关部门和单位，定期调度补短板各重点领域落实情况，督促加快相关任务完成进度，确保按时保质完成好各领域建设任务。

各项重点领域、重点任务顺利推进，补短板工作取得了积极成效。2017年国家确定的172项重大水利工程已开工建设130项，在建投资规模超过1万亿元。高标准农田加快建设。一批铁路重大项目建成运行。截至2017年底，高速公路通车里程达13.6万千米。实施棚户区改造工程，一大批住房困难群众居住条件得到较大改善。

按照党中央、国务院决策部署，坚持以供给侧结构性改革为主线、聚焦补短板、强弱项，在坚决有效防范地方政府债务风险的前提下，加大基础设施等领域补短板力度，稳定有效投资，不断提高投资效益，确保把有限的资金投向那些能够增加有效供给、补齐发展短板的领域，推动实现高质量发展。

1.3.6 不断推进高质量和绿色发展

实现高质量发展，必须坚持新发展理念。新发展理念是习近平新时代中国特色社会主义经济思想的重要内容，是管全局、管根本、管长远的发展理念，为当前和更长时期我国经济发展提供了新思路、指明了新方向。新发展理念的重要地位和作用，理所当然地成为实现高质量发展的根本遵循。

坚持新发展理念，把创新作为引领发展的第一动力，将协调作为持续健康发展的内在要求，把绿色发展作为永续发展的必要条件和人民对美好生活追求的重要体现，将开放作为国家繁荣发展的必由之路，把共享作为中国特色社会主义的本质要求。以新发展理念为引领，实现高质量发展，既坚持问题导向，找准经济运行中的各种疑难杂症，从而对症下药，又坚持目标导向，以提高发展质量和效益为中心，筑牢经济持续健康发展的根基。

城乡建设是全面推动绿色发展的主要载体。城镇和乡村，是经济社会发展的物质空间，是人居环境的重要形态，是城乡生产和生活活动的空间载体。城乡建设不仅是物质空间建设活动，也是形成绿色发展方式和绿色生活方式的行动载体。推动“致力于绿色发展的城乡建设”，转变城乡建设方式，推广适于绿色发展的新技术新材料新标准，对促进城乡经济结构变化、促进绿色增长、全面推动形成绿色发展方式具有十分重要的作用。

第2章

装配式建筑推动建筑业转型升级

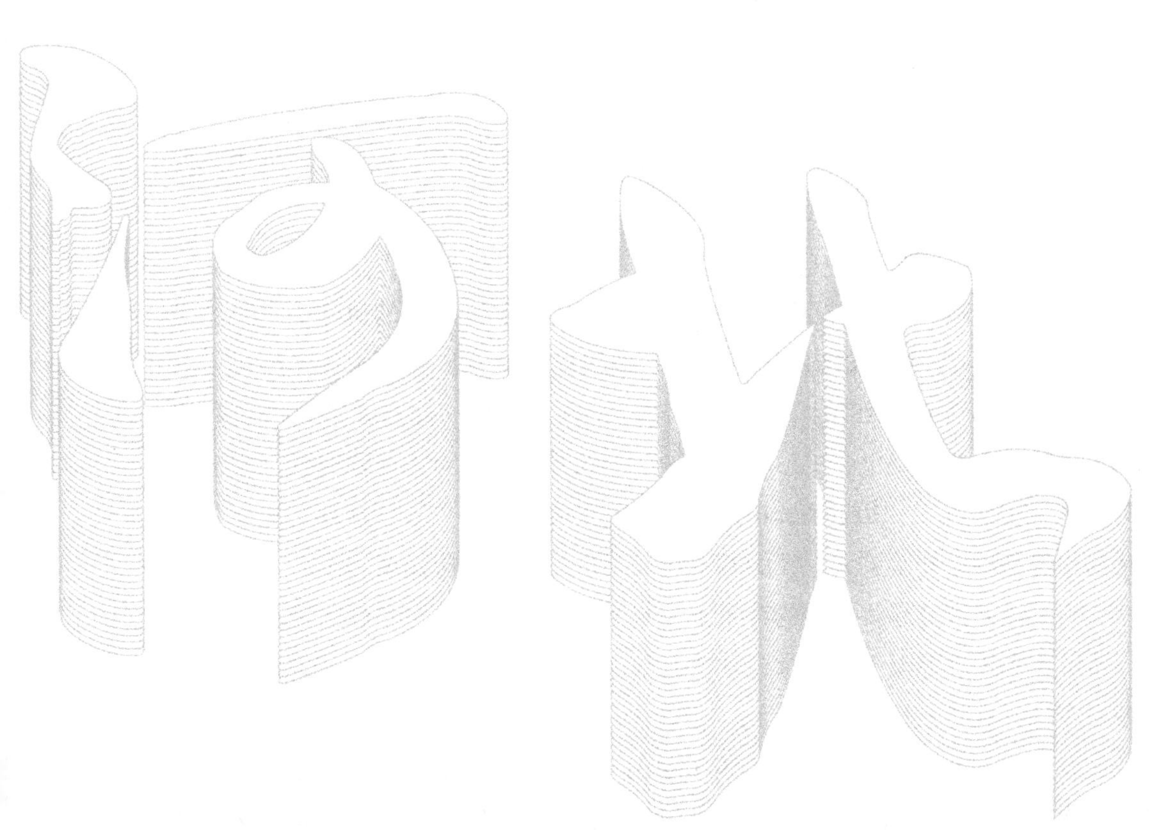

2016年，中共中央、国务院下发《关于进一步加强城市规划建设管理工作的若干意见》，落实国家“十三五”规划纲要和党中央、国务院的一系列文件精神，贯彻落实中央经济工作会议提出的“三去一降一补”举措，稳步推进供给侧结构性调整改革，对钢铁行业、建筑业的供需合作和产业链协同发展指明了方向。通过企业与专家的技术、产品交流，推动钢铁企业的产品结构调整，适应市场需求，扩大建筑钢结构的市场规模；通过产需对接，实现两大产业联手解困，共创共赢推广装配式建筑。

2.1 装配式建筑在我国的应用

2.1.1 发展历程

我国装配式建筑发展经历了起步期、推进期、提升期后，现阶段正处于发展期。装配式建筑发展以来经历了各个发展期如下：

（1）起步期（1979年前）

国务院在1956年5月发出的《关于加强和发展建筑工业的决定》中明确提出：“为了从根本上改善我国的建筑工业，必须积极地有步骤地实行工厂化、机械化施工，逐步完成对建筑工业的技术改造，逐步完成向建筑工业化的过渡。”随后即迅速建立起建筑生产工厂化和机械化的初步基础，对完成当时的国家建设任务起了显著的作用。20世纪50年代，我国完成了第一个五年计划，建立了工业化的初步基础，开始了大规模的基本建设，建筑工业快速发展。

在当时学习借鉴苏联经验的背景下，我国的设计标准，包括建筑设计、钢结构、木结构和钢筋混凝土结构设计规范全部译自苏联。国家级的建筑设计院都聘有苏联专家，设计水平和国际接轨，标准化和模数化技术迅速被应用。1956年，国务院发布了《关于加强和发展建筑工业的决定》，首次提出了“三化”（设计标准化、构件生产工厂化、施工机械化），明确了装配式建筑的发展方向。这一时间段内的主要成就包括：

①装配式建筑技术体系初步创立。在工业建筑方面，苏联帮助建设的 156 个大项目大都采用了装配式混凝土技术。各大型工地上，柱、梁、屋架和屋面板都在工地附近的场地预制，在现场用履带式起重机安装。工业建筑的工业化建造程度已达到较高的水平，但墙体仍为小型黏土红砖手工砌筑。20 世纪 70 年代，在全国范围建筑工业化运动的“三化一改”（设计标准化、构配件生产工厂化、施工机械化和墙体改革）方针下，国内发展了大型砌块、楼板、墙板结构构件的施工技术，初步创立了装配式建筑技术体系，如大板住宅体系、大模板（“内浇外挂”式）住宅体系和框架轻板住宅体系等。

②预制构件生产技术快速发展。20 世纪 70 年代，全国预制混凝土技术突飞猛进发展，全国各地数以万计的大小预制构件厂如雨后春笋般出现，为装配式建筑发展奠定了基础。东欧的预制混凝土技术也传至我国，北京市引进了东德的预应力空心楼板制造机（康拜因联合机），这实际上是后来美国 SP 大板的雏形。由东北工业建筑设计院（现中国建筑东北设计研究院有限公司）设计了挤压成型机在沈阳试制成功，开创了国内预应力钢筋混凝土多孔板生产新工艺，后在柳州等地推广应用。除柱、梁、屋架、屋面板、空心楼板等构件大量被应用外，墙体的工业化发展同样是这一时期的重要特点，主要代表是北京的振动砖墙板、粉煤灰矿渣混凝土内外墙板、大板和红砖结合的内板外砖体系，硅酸盐密实中型砌块和泡沫混凝土轻质墙板在一些地方开始应用。

③住宅标准化设计推进工作成效显著。从 20 世纪 50 年代中期开始，由国家建设部门负责，按照标准化、工厂化构件和模数设计标准单元，编制了全国 6 个分区的标准设计全套各专业设计图。在苏联专家的指导下北京市建筑设计院设计了第一套住宅通用图。1956 年城市建设总局举办全国楼房住宅标准设计竞赛，并向全国推广了中选方案。此时期标准化设计方法标准图集的制定由各地方负责实施，各地方成立了专业部门来推进住宅标准设计的工作。这种标准化设计方法的图集，成为所有城市住宅建设和构件生产的技术依据。

（2）推进期（1980—1999 年）

改革开放以后，针对建筑工业化发展，进一步提出了“四化、三改、两加强”（房屋建造体系化、制品生产工厂化、施工操作机械化、组织管理科学化，改革建筑结构、改革地基基础、改革建筑设备，加强建筑材料生产、加强建筑机具生产）。从 20 世纪 80 年代末期开始，由于市场经济的发展，住宅建筑在市场化冲击下，原有的定型产品规格不能满足日益多样化的要求。而大批农民工涌入城市后为建筑业提供了大力廉价劳动力，伴随着商品混凝土的兴起，现浇建设方式的优势逐步显现，大模板现浇钢筋混凝土技术应运而生，内浇外砌和外浇内砌等各种建筑技术体系纷纷出现。这一时期的主要特征与成就有：

一是装配式建筑标准规范体系初步建立。20 世纪 70 年代末和 80 年代初，装配式建筑的发展热潮推动了相关标准规范的编制工作。1979 年，建设部颁布了我国第一部关于装配式结构的标准《装配式大板居住建筑结构设计和施工暂行规定》JGJ 1-1979。由于技术的迅速发展，建设部很快在 1981 年启动该暂行规定的修编工作。经过 10 年的基础理论和试验研究工作，在 1991 年发布了《装配式大板居住建筑设计和施工规程》JGJ l-1991，但 90 年代装配式建筑发展陷入停滞，该规程发布后社会关注度不高。

二是模数标准与住宅标准设计逐步完善。我国先后在 1984 年、1997 年编制及修编了《住宅模数协调标准》，对我国住宅设计、产品生产、施工安装等的标准化有重要的影响。与此同时标准设计作为国家、地方或行业的通用设计文件，成为促进科技成果转化的重要手段。1988 年编制的《住宅厨房和相关设备基本参数》和 1991 年发布的《住宅卫生间相关设备基本参数》，为推动住宅设备设施水平的进步作出了贡献。20 世纪 80 年代中期编制的《全国通用城市砖混住宅体系图集》和《北方通用大板住宅建筑体系图集》等，既扩大了住宅标准设计的通用程度，也发展了系列化建筑构配件。标准设计作为国家、地方或行业的通用设计文件，成为促进科技成果转化的重要手段。

三是开展了一些装配式建筑相关研究工作。1980 年，国内在学习 N.J. 哈布瑞肯 SAR（支撑体）理论基础上，围绕住宅设计标准化、多样化做出了许多研究尝试。1986 年，原南京工学院在无锡进行了支撑体住宅的研究性实践。20 世纪 90 年代，天津市建筑设计院也通过开发 TS 支撑体体系（Tianjin Support Housing）进行了实验性建设。

1992 年，“八五”重点研究课题“住宅建筑体系成套技术”中的“适应型住宅通用填充（可拆装）体”研究，吸收国外“开放住宅（Open-house）”的“支撑体（Support）和填充体（Infill）住宅”经验，研发了适用于我国住宅结构体系的“适应型住宅通用填充（可拆装）体”，成为我国首个以住宅通用体系与综合技术相结合的且整体实现解决方案的优秀研发范例。该研究成果指导了北京翠微小区适应型住宅试验房的建设。

四是中日合作 JICA 项目成果丰硕。1988 年，中国政府和日本政府开展了第一个住宅建设领域的“中日合作 JICA 项目”，通过“中国城市小康住宅研究”形成了“中国城市小康住宅通用体系”，从生活方式、面积标准、人体功效、设备配置到住宅部品标准化等基本出发点，建立了小康设计套型系列体系，包括“中国城市小康住宅研究项目”（1988—1995 年），“中国住宅新技术研究与培训中心项目”（1996—2000 年），“住宅性能认定和部品认证项目”（2001—2004 年），“推动住宅节能进步项目”（2005—2008 年）。这些项目的成果，为下一步推进住宅产业化提供了强有为的研究保障和技术支持。

五是“住宅产业”发展逐步形成共识。1992 年，中国建筑技术发展研究中心在对国内外建筑工业化进行比较研究后，向建设部提出了“住宅产业及发展构想”的报告，报告中首次提出了“住宅产业”概念，指出“发展住宅产业是我国住宅发展的必由之路”，1994 年之后，住宅产业相关工作逐步开始。1996 年，建设部颁布《住宅产业现代化试点工作大纲》（建房〔1996〕第 181 号）和《住宅产业现代化试点技术发展要点》，明确提出推行住宅产业现代化，即用现代科学技术加速改造传统的住宅产业，以科技进步为核心，加速科技成果转化为生产力，全面提高住宅建设质量，改善住宅的使用功能和居住环境，大幅度提高住宅建设劳动生产率，“住宅产业”的概念在社会上逐步形成共识。

（3）提升期（1999—2015 年）

1999 年，国务院办公厅发布了《关于推进住宅产业现代化提高住宅质量的若干意见》（国办发〔1999〕72 号文），明确了推进住宅产业现代化工作的指导思想、主要目标、重点任务、技术措施和相关政策，提出“加快住宅建设从粗放型向集约型转变，推进住宅产业现代化，提高住宅质量，促进住宅建设成为新的经济增长点”。该文件是一段时期内我国开展住宅产业现代化工作的纲领性文件，对于促进我国住宅产业的健康、可持续发展具有重大意义。同时，建设部成立住宅产业化促进中心，配合相关司局指导全国住宅产业现代化工作，自此装配式建筑发展进入一个新的阶段。

住宅产业化是我国住宅业发展的必由之路，住宅产业将成为推动我国经济发展新的增长点。而住宅产业化的前提是具备与住宅产业化相配套的新技术、新材料和新体系，如新型的墙体及楼板材料、新的结构体系等。

①混凝土装配式住宅。由于2002年国家颁布行业标准《高层建筑混凝土结构技术规程》JGJ 3-2002，预制构件的应用受到许多制约。以北京为例，按八度地震设防要求，装配式建筑高度不能超过50m，后来城市用地日趋紧张，住宅高度不断提高，开发商建造20层以上的高层住宅的比例逐年增加。由于预制构件节点处理的问题较为复杂，为了进一步提高建筑整体性，现浇楼板逐渐取代了预制楼板和预制外墙板。同时商品混凝土的快速发展，使得现浇混凝土技术体系得到全面应用，几乎全面占领国内高层住宅市场。

但随着施工现场湿作业的复苏，现浇混凝土技术的缺点也逐步显现，如传统人工支模劳动强度大、养护耗时长、施工现场污染严重、普遍存在建筑质量通病等。同时，建筑行业劳动力市场也悄然发生着变化，出现了人工短缺现象。业内人士逐渐意识到，长期以来以现场手工作业为主的传统建设方式不可持续。从建筑业转型发展的角度出发，装配式建筑的发展重新引起了关注。但是“装配式结构体系整体性能差，不能抵御地震破坏”的固有认识仍然笼罩在建筑界。

为了有别于过去的大板建筑，装配整体式结构体系应运而生。最早形成文件的是深圳市住房和建设局2009年发布的深圳市技术规范《预制装配整体式钢筋混凝土结构技术规范》SJG 18-2009。这种结构体系特点是尽可能采用预制构件，构件之间靠现浇混凝土或灌浆连接措施结合，装配后整体结构的刚度、承载力、恢复力特性、耐久性等同于现浇混凝土结构。在此背景下，上海、北京等地也在积极探索。经过两年时间的编写，上海市于2010年发布了《装配整体式混凝土住宅体系设计规程》DG/TJ 08-2071-2010。这种结构体系是对50年前的装配式建筑技术体系的一种提升，是经过多次地震灾害后的总结，也基本适应了新时期高层装配式建筑发展的需要。

同期，在深入研究日本相关经验的基础上，以万科集团为代表的龙头企业开展了装配整体式混凝土体系住宅的实践。万科于2007年首先和北京榆构公司共同建立了研发中心；公司委托清华大学、中国建筑科学研究院等科研院所做了大量抗震试验，对这一技术体系进行科研论证；北京榆构公司应用装配式技术建设了一栋实验楼，并于2008年和2009年分别完成了预制率40%和20%的实验楼，这两栋楼成为万科集团装配式建筑项目主体技术体系的标准定型模板。

②钢结构装配式住宅。钢结构体系住宅更易于实现工业化生产，标准化制

作，而与之相配套的墙体材料可以采用节能、环保的新型材料；钢结构建筑属绿色环保型建筑，可再生重复利用，符合可持续发展的战略。此时期，国民经济不断发展，钢铁产量的快速提升，为推动装配式钢结构住宅产业的发展创造了有利条件。

我国钢铁年产量连年位居世界首位，2005 年突破 3.0 亿吨，市场供应充足。钢材的品质有了较大提高，品种规格日渐齐全。国家产业政策已由过去的限制用钢变为鼓励用钢，为我国多高层钢结构建筑的发展奠定了坚实的基础。2000 年，建设部召开“全国建筑用钢技术发展研讨会”，讨论了《国家建筑钢结构建筑产业“十五”计划和 2010 年发展规划纲要》，提出将建筑钢结构归纳为高层重型钢结构、空间大跨度钢结构、轻型钢结构、钢混组合结构、住宅钢结构五大类，并以住宅钢结构为重点。

1999 年，建设部下发《关于在住宅建设中淘汰落后产品的通知》(建住房〔1999〕295 号)，要求各地逐步限时禁止使用实心黏土砖，有力地推动了新型建筑材料的应用和发展。2005 年，建设部下发《关于发展节能省地型住宅和公共建筑的指导意见》(建科〔2005〕78 号)，明确提出了“四节”(节能、节地、节水、节材)的要求，力促创建节约型社会，保障城乡建设和国民经济的可持续健康发展。2007 年《政府工作报告》指出“从我国人多地少的国情和现阶段经济发展水平出发，合理规划、科学建设、适度消费，发展节能省地环保型建筑，形成具有中国特点的住房建设和消费模式”。2007 年 4 月，国务院成立节能减排领导小组，可见政府的重视程度。为确保建筑节能目标的实现，我国还将建立以建筑能效测评标识为特征的新建建筑市场准入制度。

2001 年，建设部印发了《钢结构住宅产业现代化技术导则》，确定了钢结构住宅建筑技术发展的基本规则，对钢结构住宅体系的平面布局、主体结构、围护结构、分隔结构、装修、材料选用、防火防腐措施等给予说明，是第一部针对性的钢结构住宅建筑发展的指导性文件。同时，钢结构技术的日益成熟和相关配套材料的推陈出新，为钢结构住宅的发展提供了技术保障。

我国国民经济发展迅速，人民生活水平日益提高。广大住户对安全住宅、舒适住宅、健康住宅的需求，为钢结构住宅提供了广阔的市场。受国际金融危机的冲击，国内外钢材价格显著回落，这为钢结构住宅的推广提供了契机。

这一时期主要发展成就包括：

一是推动建立了一批国家住宅产业化基地。2006年6月建设部下发《国家住宅产业化基地试行办法》(建住房〔2006〕150号)文件，开始正式实施。建立国家住宅产业化基地是推进住宅产业现代化的重要措施，其目的是培育和发展一批符合住宅产业现代化要求的产业关联度大、带动能力强的龙头企业，发挥其优势，集中力量探索建筑工业化生产方式研究开发与其相适应的住宅建筑体系和通用部品体系，建立符合住宅产业化要求的新兴业化发展道路，促进住宅生产、建设和消费方式的根本性转变。通过国家住宅产业化基地的实施，进一步总结经验，以点带面，全面推进住宅产业现代化。

二是形成了以试点城市探索发展道路的工作思路。2006年，深圳市成为全国首个国家住宅产业现代化综合试点城市。在住房和城乡建设部的大力支持下，深圳市从政策支持、标准建设、示范带动等方面，大力推动住宅产业现代化工作，取得了积极成效，探索出以保障房建设为突破口大力推进住宅产业化的做法，创建了一批住宅产业化示范基地和示范项目，逐步形成了贯穿建筑设计、预制部品生产、装配施工、房屋开发等全过程的新型住宅产业链，为全国的住宅产业现代化工作起到了积极示范和引导作用。

三是初步搭建了住宅部品体系。《国务院办公厅转发建设部等部门关于推进住宅产业现代化提高住宅质量若干意见的通知》(国办发〔1999〕72号)提出要“尽快完成住宅建筑与部品模数协调标准的编制，促进工业化和标准化体系的形成，实现住宅部品通用化。重点解决住宅部品的配套性、通用性等问题。”2002年，建设部发布了《国家康居住宅示范工程选用部品与产品暂行认定办法》，将建筑部品按照支撑与围护部品(件)、内装部品(件)、设备部品(件)、小区配套部品(件)4个体系进行分类。2006年，建设部发布《关于推动住宅部品认证工作的通知》，颁布了《住宅整体厨房》JG/T184-2006c和《住宅整体卫浴间》JG/T183-2006行业标准。住宅部品体系的初步建立为下一步发展装配式装修打下了基础。

四是装配整体式混凝土结构体系开始发展。《预制装配整体式钢筋混凝土结构技术规范》《装配整体式混凝土住宅体系设计规程》等地方标准的出台为下一步装配整体式混凝土结构体系在全国范围的推广应用提供了有力的技术支撑。以深圳万科“第五寓”、北京万科“青年之家实验楼”、上海万科新里程、万科中粮假日风景B-3号和B-4号楼为代表的一批工程实践项目取得新成果。

（4）发展期（2015年至今）

2015年12月20日，中央城市工作会议在北京召开，奠定了未来我国城市建设和发展的思路。会议提出：要大力推动建造方式创新，以推广装配式建筑为重点，通过标准化设计、工厂化生产、装配化施工、一体化装修、信息化管理、智能化应用，促进建筑产业转型升级。之后，随着《中共中央 国务院关于进一步加强城市规划建设管理工作的若干意见》（中发〔2016〕6号）、《关于大力发展装配式建筑的指导意见》（国办发〔2016〕71号）等一系列政策措施的发布，我国装配式建筑迎来了千载难逢的发展良机，进入了全面发展期。

保障性住房以政府为主导、易于形成标准化的特点为推进装配式建筑创造了历史性的发展机遇。在此背景下，国家出台了一系列推进装配式建筑发展的政策文件，逐步营造了良好的发展氛围。住房和城乡建设部通过在经济和技术政策研究、相关标准规范制定、试点示范工程引导推进、龙头企业培育等方面开展卓有成效的工作，以国家住宅产业现代化综合试点（示范）城市、国家住宅产业化基地、示范项目、性能认定和部品认证为抓手，有力推进了装配式建筑和住宅产业现代化工作健康有序发展。

同时，地方政府从本地区经济社会发展情况出发，也陆续成立了专门的推进机构，出台地方标准，推进保障性住房试点项目建设，探索出了“面积奖励”“成本列支”“土地供应倾斜”“资金扶持”等一系列卓有成效的政策措施，取得了积极的工作成效。房地产开发、设计、施工、部品生产、设备供应等各类市场主体积极参与，初步形成纵向指导与横向推进相结合、政策引导与市场资源配置相结合的产业发展格局，工作机制不断健全，装配式建筑结构体系、部品体系初步完善，住宅科技含量、质量性能都有了一定程度的提升。

2016年2月，中共中央、国务院发布《关于进一步加强城市规划建设管理工作的若干意见》，提出要用10年左右时间，使装配式建筑占新建建筑的比例达到30%。2016年《政府工作报告》中明确提出，大力发展钢结构和装配式建筑。特别是2016年9月国务院办公厅印发《关于大力发展装配式建筑的指导意见》，标志着推进装配式建筑发展的顶层制度框架已初步形成，钢结构建筑和装配式建筑进入一个新的发展时期。

2017年3月，住房和城乡建设部发布了《“十三五”装配式建筑行动方案》《装配式建筑示范城市管理办法》《装配式建筑产业基地管理办法》，进一步细化了工作目标、重点、任务、保障措施。同时，以试点示范城市为代表的地方政府积极引导，因地制宜探索装配式建筑发展政策，有力促进了装配式建筑项目的落地实施。

2017 年 1 月，住房和城乡建设部发布了《装配式混凝土建筑技术标准》《装配式钢结构建筑技术标准》《装配式木结构建筑技术标准》三大技术标准，自 2017 年 6 月 1 日起实施。行业广泛关注的《装配式建筑评价标准》也即将出台。这些标准的出台，标志着我国已基本建立了装配式建筑标准体系，为装配式建筑发展提供了坚实的技术保障。

随着政策支持力度不断加大和技术标准体系不断完善，装配式建筑新开工面积快速增长，一些地区已初步形成规模化发展格局。据不完全统计，2012 年以前全国装配式建筑累计开工 3000 多万平方米，2013 年约 1500 万平方米，2014 年约 3500 万平方米，2015 年约 7260 万平方米，2016 年达到了约 1.1 亿平方米。2015 年后新开工的装配式建筑面积约是 2015 年以前累计开工量的 2 倍。

这一时期从中央到地方，各级领导都逐步重视装配式建筑的推进工作，主要发展成就包括：

一是政策支持体系开始建立。党的十八大提出“走新型工业化道路”；《我国国民经济和社会发展十二五规划纲要》提出“建筑业要推广绿色建筑、绿色施工，着力用先进建造、材料、信息技术优化结构和服务模式”；《绿色建筑行动方案》提出“要加快建立促进建筑工业化的设计、施工、部品生产等环节的标准体系，推动结构件、部品、部件的标准化，丰富标准件的种类，提高通用性和可置换性。推广适合工业化生产的预制装配式混凝土、钢结构等建筑体系，加快发展建设工程的预制和装配技术，提高建筑工业化技术集成水平”。这些政策的出台标志着新时期的装配式建筑政策支持体系开始建立。

二是技术支撑体系初步建立。经过多年研究和努力，随着科研投入的不断加大和试点项目的推广，各类技术体系逐步完善，相关标准规范陆续出台。2014 年、2015 年出台了《装配式混凝土结构技术规程》《装配整体式混凝土结构技术导则》《工业化建筑评价标准》。各地也出台了多项地方标准和技术文件，如深圳编制了《预制装配式混凝土建筑模数协调》等 11 项标准和规范。

三是行业内生动力持续增强。建筑业生产成本不断上升，劳动力与技工日渐短缺，从客观上促使越来越多的开发、施工企业投身装配式建筑工作，把其作为提高劳动生产率、降低成本的重要途径，因此企业的积极性、主动性和创造性不断提高。通过投入大量人力、物力开展装配式建筑技术研发，万科、中建等一批龙头企业已在行业内形成了较好的品牌效应。设计、部品和构配件生产运输、施工以及配套等能力大幅提升。整个建设行业走装配式建筑发展道路的内生动力日益增强，专业化、社会化大生产模式正在成为发展的方向。

四是试点示范带动成效明显。各地以保障性住房为主的试点示范项目起到了先导带动作用，这得益于国家住宅产业现代化综合试点（示范）城市的先行先试。截至2016年12月，全国先后批准了11个国家住宅产业现代化综合试点（示范）城市和68家国家住宅产业化基地企业，这些工作的开展为全面推进装配式建筑打下了良好的基础。据不完全统计，由基地企业为主完成的装配式建筑面积已占到全国总量的80%以上，产业集聚度远离于一般传统方式的建筑市场。由技术创新和产业升级带来的经济效益逐步体现，装配式建筑实施主体带动作用越发突出。

五是我国钢铁年产量连年位居世界首位，市场供应充足。钢材的品质有了较大提高，品种规格日渐齐全，为我国钢结构建筑的发展奠定了坚实的基础。以设计院所等科研设计机构为主导进行研究实践，国有大型钢铁集团为主导进行项目实验，各大钢结构公司自主研发装配式体系，各地不断涌现多高层钢结构住宅项目。

2012年，住房和城乡建设部下达了“钢结构住宅产业化推进研究”课题，由中国建筑金属结构协会、住房和城乡建设部住宅产业化发展中心牵头，组织了行业内一批权威的专业研究机构、钢结构企业和行业专家参与，坚持课题研究与项目示范、技术体系总结和标准完善工作相结合，2014年底组织对课题研究成果进行了验收，形成的技术报告、示范项目案例，对钢结构住宅的推广起到重要的作用。

一批钢结构为主的建筑施工、生产龙头逐步壮大。如：中建钢构有限公司、北京首钢建设集团有限公司、多维联合集团有限公司、上海宝冶集团有限公司、中冶天工集团有限公司、北新房屋有限公司、云南建投钢结构股份有限公司、北京首钢建设集团有限公司、中建钢构有限公司、莱芜钢铁集团有限公司、江苏沪宁钢机股份有限公司、浙江东南网架股份有限公司等，在钢结构建筑技术研发与工程推广、应用上发挥了引领作用。

2.1.2 装配式建筑发展的必要性

随着我国经济快速持续增长，城市人口不断增长，人们对住宅的需求量也越来越大，传统的建筑修建方式由于其本身速度慢、工期长、成本高等许多缺点，已经不足以满足人们的需求，随着建筑工业化的快速发展，将大大降低住宅的建造成本，而且能够较大地提高建筑的修建速度，因此可以让更多国民较快地住上便宜舒适的住宅，装配式建筑应运而生。

一方面，采用装配式技术，走住宅产业化道路，可以大量地节省劳动力和缩短工期，一层楼的修建时间由原本的 7 天减少到现在的 5 天，工期缩短近 1/3，高峰期需要的劳动工人数目由 240 人左右减少到 70 人左右；另一方面，采用工业化生产方式，建筑的预制率提高了，可以使施工现场模板的用量以及现场脚手架的用量减少，节约钢材和混凝土的使用，水电、耗能耗材等各方面资源也有相应的节约。另外，我国建筑工人的劳动力成本也在不断增加，2000—2005 年，我国建筑农民工的平均日工资分别是：23.24 元、25.1 元、28.23 元、32.45 元、37.7 元、41.78 元，总共增长了 79.8%。

与传统施工方法相比，装配式建筑可实现节能、节水、节材、节时、节省人工、大幅减少建筑垃圾和扬尘、环保的目的。发展装配式建筑是建筑业绿色发展、循环发展、低碳发展的主要内容，是稳增长、促改革、调结构的重要手段。在全面推进生态文明建设和加快推进新型城镇化进程中，推广装配式建筑尤为必要。

一是建筑业改革的必然要求。装配式建筑总体上讲，它是建造方式的一种改革，也是落实党中央、国务院提出的推动供给侧结构性改革的一个重要举措。目前的建筑产品，基本上是以现浇为主，形式单一，可供选择的方式不多。从国际上的情况来看，装配式建筑已经是比较成熟的一种工业化建筑技术。

第二次世界大战以后，欧洲一些国家大力发展装配式建筑，他们发展装配式建筑的背景是基于三个条件：第一，工业化的基础比较好。第二，劳动力短缺。第三，需要建造大量房屋。而这三个条件，也正是大力发展装配式建筑的一个非常有利的客观因素。所以，经过五六十年的发展，装配式建筑的技术在世界发达国家成为一种成熟的建造技术，应用较为普遍。而我们近几年来虽然在积极努力地探索发展装配式建筑，传统的现场施工作业的生产方式占主流，管理水平不高、浪费严重，给资源环境带来的压力与影响凸显，建筑业的转型升级势在必行。

发展装配式建筑可以促进信息化、工业化深度融合，装配式建筑的发展特征，将促进BIM技术与设计软件等现代信息化技术的广泛应用，另外，它能够催生一些新的产业，使经济发展产生一些新的动能。发展装配式建筑不仅是建造方式的革新，更是全行业改革创新的必然要求。

二是促进经济增长的重要措施。当前，我国经济增长将从高速转向中高速，经济下行压力加大，建筑业面临改革创新的重大挑战，发展装配式建筑正当其时。其一可催生众多新型产业。装配式建筑包括混凝土结构建筑、钢结构建筑、木结构建筑、混合结构建筑等，量大面广，产业链条长，产业分支众多。发展装配式建筑能够满足部品部件生产企业、专用设备制造企业、物流产业、信息产业等新的市场需求，有利于促进产业再造和增加就业。特别是随着产业链条向纵深和广度发展，将带动更多的相关配套企业应运而生。其二能有效拉动投资。发展装配式建筑必须投资建厂，建筑装配生产所需要的部品部件，能带动大量社会资本涌入。其三提升消费需求。集成厨房和卫生间、装配式全装修、智能化以及新能源的应用等将促进建筑产品的更新换代，带动居民和社会消费增长。其四带动地方经济发展。从国家住宅产业现代化试点（示范）城市发展经验看，凭着引入“一批企业”，建设“一批项目”带动“一片区域”，形成“一系列新经济增长点”，发展装配式建筑有效促进区域经济快速增长。

发展装配式建筑可以带动部品部件行业发展，拉动机械装备、施工机具以及运输设备的生产，形成新产业，扩大社会投资。同时，钢结构建筑的推广，可以有效化解钢铁过剩产能，形成钢材的战略储备，对经济发展有着明显的拉动作用。

三是环境和生态文明建设发展的要求。装配式建筑主要特点是构件工厂化生产、现场装配式施工，有效提高质量、提高效率和减少用工。装配式建筑设计与施工，更注重对质量、成本、工期、效果与环保的综合评价。工业化的建造方式可将大部分湿作业转入工厂，这样可以有效地减少有害气体及污水排放，降低施工粉尘及噪声污染，降低固体垃圾的排放，大大减少了施工扰民的现象，有利于环境保护。

《绿色建筑行动方案》明确，将走绿色、循环、低碳的科学发展道路，要求尽快建立促进建筑工业化的设计、施工、部品生产等环节的标准体系，推动结构构件、部件、部品的标准化，推广适合工业化生产的预制装配式混凝土结构、钢结构等建筑体系，加快发展建设工程的预制装配技术，顺应绿色建设的发展要求，符合国家推进节能城市建设及营造城市宜居环境的指示。建设绿色生态文明城市，需要推广建筑节能技术。提高建筑节能标准，推广绿色建筑和建材。发展被动式房屋等绿色节能建筑、完善绿色节能建筑和建材评价体系、制定分布式能源建筑应用标准、分类制定建筑全生命周期能源消耗标准定额，皆是发展绿色城市的有效途径。

四是推进节能城市建设的重要推手。装配式建筑是以建设资源节约型社会为目标，以发展节能省地型住宅为突破口，坚持因地制宜、突出地方特色、分阶段推进的原则，从法制建设、行政措施、经济政策、技术创新和运行机制等方面，探索出的一条科技含量高、资源消耗低、经济环境效益好、人力资源优势得到充分发挥的装配式建筑发展之路。

装配式建筑注重对环境、资源的保护，施工过程中有效减少了建筑污水、有害气体、粉尘的排放和建筑噪声的污染，降低了建筑施工对周边环境的各种影响，有利于提高建筑的劳动生产率，促进设计、建筑的精细化，提升建筑的整体质量和节能减排水率，促进了我国建筑业健康可持续发展，符合国家经济发展的需求及营造城市宜居环境的客观要求。

五是推动建筑产业现代化的转型。提出积极推广绿色建筑和建材，大力推广装配式建筑，贯彻了“适用、经济、安全、绿色、美观”的建筑方针，也有利于营造城市宜居环境。绿色建筑、装配式建筑实现了建筑行业产业化和建筑行业生产方式转型，是建筑产业现代化发展的趋势。提升质量标准，不断完善标准体系，加大专业人才队伍培训力度，加强质量安全监管，提升现场施工水平。要延伸产业链条。通过培育、壮大一批绿色施工、绿色技术、质量检测、资源回收、推广营销、人才培训等相关配套企业，带动一批关联产业壮大发展，形成强大的产业集聚效应，推动其成为新的经济增长点。发展装配式建筑对全面推进生态文明建设、加快推进新型城镇化，特别是实现中国梦的进程意义重大。

2.1.3 早期装配式建筑实例

（1）装配式大型砌块试验住宅

我国最早于 1957 年在北京进行了装配式大型砌块试验住宅建设，该住宅采用纵墙承重方案。在工厂中生产大型砖砌块，预应力多孔楼板，钢筋混凝土波浪形大瓦及轻质隔墙等预制构件，在现场进行装配，该住宅在施工中创造了 8 天盖好一栋 4 层住宅的速度记录。通过该试验住宅的建设，使工程师及施工技术人员深刻体会到工业化施工的优越性：砌块和构件制造不受季节影响，不仅缩短了工期，也保证了工程质量。同时，现场机械运输、吊装，大大节省了工人的劳动量。装配式大型砌块试验住宅的建筑外观及墙体连接处理分别见图 2-1、图 2-2。

图 2-1　建筑外观

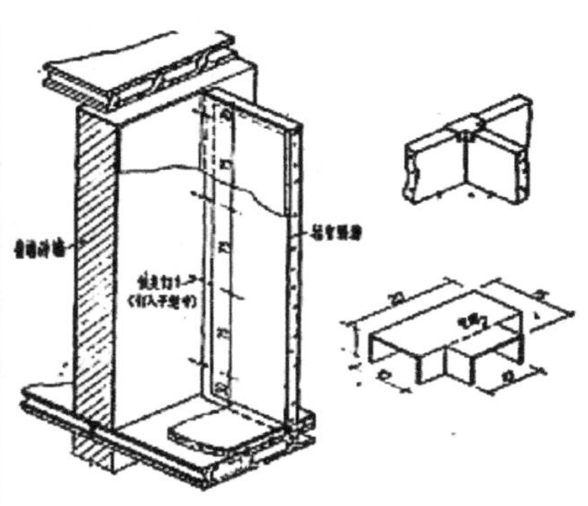

图 2-2　墙体连接处理

1959 年，上海市民用建筑设计院和住宅建筑研究所提出的住宅建筑设计中技术革新实例“非蒸压矽酸盐大型砌块装配式住宅”，建造了装配式试验住宅，该实验性住宅中采用了新材料“非蒸压矽酸盐大型砌块”。楼梯采用预应力空心板楼梯。建筑物由 2488 个构件组成，其总重 2400t，基础、墙身、勒脚、窗顶砌块共 1500m^3，建筑施工如图 2-3、图 2-4 所示。

图 2-3　住宅施工（一）

图 2-4　住宅施工（二）

（2）装配式大板建筑

装配式大板建筑也叫装配式壁板建筑，其外墙板及楼板及屋面板均按间分块，节点处理多采用预留钢筋。这种建筑除基础外，其内外墙板、楼板、楼梯及其他结构组成部分均为预制构件，一般由构件加工厂生产构件，施工现场吊装组接而建成。大板建筑是工业化建筑体系中一种重要的类型，早期的墙板采用苏联式的带肋墙板，后期墙板有空心大板、陶粒混凝土墙板及矿渣墙板等。1959 年，在学习了苏联大型壁板住宅的设计经验后，我国对壁板建筑进行了进一步的试验研究，北京市在苏联专家的指导下开展了一项大型壁板试验住宅。

1964 年前后，新型装配式壁板住宅在全国得到推广应用，继北京之后，上海、沈阳、南京、昆明等地亦相继试建振动砖墙板和利用各种工业废料为结构材料的大型板居住建筑。仅北京市在 1964 年前后完成了 27 万平方米振动砖壁板的居住建筑。1965 年，北京市提出不用或少用黏土砖。此后，在积极进行利用工业废料的研究基础上，至 1972 年又完成了 11.5 万平方米的烟灰矿渣混凝土壁板的居住建筑。

为了满足装配式大板建筑的工程设计及推广，建筑科学研究院、北京市建筑设计院及云南省建筑科学研究所等编制了《装配式大板居住建筑结构设计和施工暂行规定规程》JGJ 78-1，1991 年中国建筑技术发展研究中心联合中国建筑科学研究院又进行了改进，出版了《装配式大板居住建筑设计和施工规程》（JGJ 1-91）。图 2-5 为北京天坛小区正在施工的烟灰矿渣混凝土壁板住宅，图 2-6 为建于 20 世纪 70 年代中期的西南交通大学峨眉校区大板宿舍楼。

图 2-5　正在建造的北京天坛小区

图 2-6　西南交通大学峨眉校区大板宿舍楼

2.1.4 近年来装配式建筑推广的力度加大、步伐加快

2015 年 4 月，中共中央、国务院关于加快推进生态文明建设的意见。到 2020 年，资源节约型和环境友好型社会建设取得重大进展。

2015 年 12 月，中央城市工作会议。要大力推动建造方式创新，以推广装配式建筑为重点，通过标准化设计、工厂化生产、装配式施工、一体化装修、信息化管理、智能化应用，促进建筑产业转型升级。

2016 年 2 月，国务院印发《关于深入推进新型城镇化建设的若干意见》。积极推广应用绿色新型建材、装配式建筑和钢结构建筑。

2016 年 2 月，中共中央、国务院《关于进一步加强城市规划建设管理工作的若干意见》。加大政策支持力度，力争用 10 年左右时间，使装配式建筑占新建建筑的比例达到 30%。积极稳妥推广钢结构建筑。

2016 年 3 月，在《政府工作报告》中进一步强调，积极推广绿色建筑和建材，大力发展钢结构和装配式建筑，加快标准化建设，提高建筑技术水平和工程质量。

2016 年 9 月，国务院常务会议中提出"决定大力发展装配式建筑，推动产业结构调整升级"。

2016 年 9 月，国务院办公厅印发《关于大力发展装配式建筑的指导意见》。以京津冀、长三角、珠三角三大城市群为重点推进地区，常住人口超过 300 万人的其他城市为积极推进地区，其余城市为鼓励推进地区，因地制宜地发展装配式混凝土结构、钢结构和现代木结构等装配式建筑。力争用10年左右时间，使装配式建筑占新建建筑面积的比例达到30%。

2016年9月，国务院举行关于装配式建筑政策例行吹风会，住房和城乡建设部总工程师陈宜明、住房和城乡建设部建筑节能与科技司司长苏蕴山介绍发展装配式建筑有关情况，并答记者问。

2016年10月，国务院关于落实《政府工作报告》重点工作部门分工的意见，指出大力发展钢结构和装配式建筑。

2017年1月，国务院印发《"十三五"节能减排综合工作方案》。实施绿色建筑全产业链发展计划，推行绿色施工方式，推广节能绿色建材、装配式和钢结构建筑。

2017年2月8日，国务院总理主持召开国务院常务会议，要求深化建筑业"放管服"改革，推广智能和装配式建筑。

2017年2月，国务院办公厅印发《国务院办公厅关于促进建筑业持续健康发展的意见》。要坚持标准化设计、工厂化生产、装配化施工、一体化装修、信息化管理、智能化应用，推动建造方式创新，大力发展装配式混凝土和钢结构建筑，在具备条件的地方倡导发展现代木结构建筑，不断提高装配式建筑在新建建筑中的比例。力争用10年左右的时间，使装配式建筑占新建建筑面积的比例达到30%。

2.1.5 装配式建筑标准、规范体系不断完善

2016年11月，住房和城乡建设部在上海召开全国装配式建筑现场会，部长陈政高提出"大力发展装配式建筑，促进建筑业转型升级"，并明确了发展装配式建筑必须抓好的七项工作。

2016年12月，住房和城乡建设部办公厅关于开展2016年度建筑节能、绿色建筑与装配式建筑实施情况专项检查的通知，国务院〔2016〕71号文件印发以来各地推进情况，包括政策措施出台情况、标准规范编制情况、项目推进情况等。

2016年12月，住房和城乡建设部印发《装配式建筑工程消耗量定额》，该定额于2017年3月1日实施。

2016年12月，住房和城乡建设部印发《装配式混凝土结构建筑工程施工图设计文件技术审查要点》。

2017年1月，住房和城乡建设部发布国家标准《装配式混凝土建筑技术标准》《装配式钢结构建筑技术标准》《装配式木结构建筑技术标准》，于2017年6月1日起实施。

2017年3月，住房和城乡建设部印发《建筑节能与绿色建筑发展“十三五”规划》。大力发展装配式建筑，加快建设装配式建筑生产基地，培育设计、生产、施工一体化龙头企业；完善装配式建筑相关政策、标准及技术体系，积极发展钢结构、现代木结构等建筑结构体系。

2017年3月，住房和城乡建设部建筑节能与科技司印发2017年工作要点，将从制定发展规划、完善技术标准体系、提升装配式建筑产业配套能力、加强装配式建筑队伍建设四个方面全面推进装配式建筑。

2017年3月，住房和城乡建设部印发《“十三五”装配式建筑行动方案》《装配式建筑示范城市管理办法》《装配式建筑产业基地管理办法》三大文件，全面推进装配式建筑发展。提出到2020年，全国装配式建筑占新建建筑的比例达到15%以上，其中重点推进地区达到20%以上，积极推进地区达到15%以上，鼓励推进地区达到10%以上；培育50个以上装配式建筑示范城市，200个以上装配式建筑产业基地，500个以上装配式建筑示范工程，建设30个以上装配式建筑科技创新基地。

2017年3月，住房和城乡建设部在长沙召开全国装配式建筑工作会议，大力促进装配式建筑发展。

2.2 国务院办公厅出台指导性文件

贯彻落实《中共中央 国务院关于进一步加强城市规划建设管理工作的若干意见》和《政府工作报告》部署，大力发展装配式建筑。2016年11月，国务院办公厅印发了《关于大力发展装配式建筑的指导意见》(国办发〔2016〕71号)。

2.2.1 提出了装配式建筑推广的方向和路径

全面贯彻党的十八大和十八届三中、四中、五中全会以及中央城镇化工作会议、中央城市工作会议精神，认真落实党中央、国务院决策部署，按照“五位一体”总体布局和“四个全面”战略布局，牢固树立和贯彻落实“创新、协调、绿色、开放、共享”的发展理念，按照“适用、经济、安全、绿色、美观”的要求，推动建造方式创新，大力发展装配式混凝土建筑和钢结构建筑，在具备条件的地方倡导发展现代木结构建筑，不断提高装配式建筑在新建建筑中的比例。坚持标准化设计、工厂化生产、装配化施工、一体化装修、信息化管理、智能化应用，提高技术水平和工程质量，促进建筑产业转型升级。

提出了 2025 年工作目标，以京津冀、长三角、珠三角三大城市群为重点，推进，常住人口超过 300 万人的其他城市为积极推进地区，其余城市为鼓励推进地区，因地制宜地发展装配式混凝土结构、钢结构和现代木结构等装配式建筑。力争用 10 年左右的时间，使装配式建筑占新建建筑面积的比例达到 30%。同时，逐步完善法律法规、技术标准和监管体系，推动形成一批设计、施工、部品部件规模化生产企业，具有现代装配建造水平的工程总承包企业以及与之相适应的专业化技能队伍。

2.2.2 明确了装配式建筑推广的重点工作

①健全标准规范体系。加快编制装配式建筑国家标准、行业标准和地方标准，支持企业编制标准、加强技术创新，鼓励社会组织编制团体标准，促进关键技术和成套技术研究成果转化为标准规范。强化建筑材料标准、部品部件标准、工程标准之间的衔接。②创新装配式建筑设计。统筹建筑结构、机电设备、部品部件、装配施工、装饰装修，推行装配式建筑一体化集成设计。③优化部品部件生产。引导建筑行业部品部件生产企业合理布局，提高产业聚集度，培育一批技术先进、专业配套、管理规范的骨干企业和生产基地。④提升装配施工水平。引导企业研发应用与装配式施工相适应的技术、设备和机具，提高部品部件的装配施工连接质量和建筑安全性能。⑤推进建筑全装修。⑥推广绿色建材。⑦推行工程总承包。⑧确保工程质量安全。完善装配式建筑工程质量安全管理制度，健全质量安全责任体系，落实各方主体质量安全责任。

2.2.3 提出了装配式建筑推广的保障措施

①加强组织领导。将发展装配式建筑作为贯彻落实中央城市工作会议精神的重要工作，列入城市规划建设管理工作监督考核指标体系，定期通报考核结果。②加大政策支持。结合节能减排、产业发展、科技创新、污染防治等方面政策，

加大对装配式建筑的支持力度。③大力培养装配式建筑设计、生产、施工、管理等专业人才。④通过多种形式深入宣传发展装配式建筑的经济社会效益，广泛宣传装配式建筑基本知识，提高社会认知度，营造各方共同关注、支持装配式建筑发展的良好氛围，促进装配式建筑相关产业和市场发展。

2.3 开展装配式钢结构住宅的试点工作

在2018年底闭幕的全国建设工作会议上，提出了2019年城乡建设领域十项重点工作，第八项工作：以发展新型建造方式为重点，深入推进建筑业供给侧结构性改革，其中第一句话为："大力发展钢结构等装配式建筑"，字数不多，但信息量大。纵观全年十项工作，有六项都与钢结构建筑推广有关。

（1）第二项工作，以加快解决中低收入群体住房困难为中心任务，健全城镇住房保障体系。加大保障性住房建设力度，政府主导，钢结构体系易于标准化，速度快，可回收利用，化解产能，关注度会更高。据了解，到2019年，各地在建的政府投资的钢结构保障性住房已达260余万平方米。

（2）第四项工作，以提高城市基础设施和房屋建筑防灾能力为重点，着力提升城市承载力和系统化水平。钢结构建筑抗震性好，应用范围将扩大。

（3）第五项工作，以贯彻新发展理念为引领，促进城市高质量建设发展。提出了绿色建筑面积占新建建筑面积的40%，钢结构建筑体在绿色建造、绿色建材、节能减排方面的优势明显。

（4）第六项工作，以集中力量解决群众关注的民生实事为着力点，提升城市品质。旧城改造和减少建筑垃圾排放是重点，钢结构装配式建筑有优势；城市市政桥梁、过街天桥、景观美化、停车设施改善，都有钢结构新舞台。

（5）第七项工作，以改善农村住房条件和居住环境为中心，提升乡村宜居水平。大力推进农村危房改造和人居环境整治，农村环境面貌持续改善。农村危改，新农村民居建设，轻钢集成房屋将成为主流。

（6）第八项工作，以发展新型建造方式为重点，深入推进建筑业供给侧结构性改革。大力发展钢结构等装配式建筑，积极化解建筑材料、用工供需不平衡的矛盾，加快完善装配式建筑技术和标准体系，钢结构结构和接点连接技术相对成熟成为社会新共识。

2019年3月27日，住房和城乡建设部建筑市场监管司发布《2019年工作要点》，第一项工作是推进建筑业重点领域改革、促进建筑产业转型升级。其中第一条，开展钢结构装配式住宅建设试点，这一提法更侧重成熟技术与成套体系的应用，突出钢结构配套的围护材料与装配技术的研发与应用，落脚点是钢结构住宅高质量、高品质发展。

落实钢结构住宅试点工作，住房和城乡建设部明确了浙江、河南等7个省，作为钢结构住宅试点省，明确在试点地区保障性住房、装配式住宅和农村危房改造、易地扶贫搬迁项目，明确一定比例的工程项目采用钢结构装配式建造方式。各省对钢结构住宅试点的目标、任务和保障措施进一步分解、明确，推动试点项目落地。

从政策制定层面看，住房和城乡建设部建筑市场司全面参与"推广钢结构建筑，开展钢结构住宅试点"工作，标志着钢结构建筑产业政策已由研究阶段转向实施阶段，由成果研究转向应用阶段，加快技术研发与示范工程应用步伐，钢结构住宅进入"全面提升质量品质"的新阶段。

2.4 装配式建筑推广迎来政策利好

随着国家产业政策的出台，各地政府也积极响应，密集制定和印发了一系列具体实施意见和配套措施的文件，营造了大力推动装配式建筑发展的良好政策氛围。据不完全统计，截至2017年8月，全国共有28个省（自治区、直辖市）和57个地级市出台了150余份装配式建筑相关政策。

从发展目标看，各地装配式建筑的发展目标大多为分阶段、分重点的目标，主要涵盖以下十个方面：建立装配式建筑技术体系；完善装配式建筑标准体系；规模化推广装配式建筑；推广成品住宅；发展住宅部品；开展试点示范项目；提升住宅质量和性能，协同推广绿色节能建筑、住宅性能认定等；培育试点城市及龙头企业；开展宣传培训；提升"四节一环保"水平。其中，省级层面推进思路较为宏观，强调技术体系、质量和性能等；城市层面推进目标较为具体和操作性强，强调装配式建筑发展规模和龙头企业支撑。

从政策措施看，主要包括六个方面：一是在土地出让环节明确装配式建筑面积的比例要求，如规定一定规模以上的新建建筑全部采用装配式建造方式或在年度土地供应计划中必须确保一定比例采用装配式建造方式。二是多种财政补贴方式支持装配式建筑试点项目，包括科技创新专项资金扶持装配式建筑项目等；对于引进大型装配式建筑专用设备的企业享受贷款贴息政策，利用节能专项资金支持装配式建筑示范项目；享受城市建设配套费减缓优惠等。三是对装配式建筑项目建设和销售予以优惠鼓励，如将装配式建筑成本同步列入建设项目成本；在商品房预售环节给予支持；对于装配式建筑方式建造的商品房项目给予面积奖励等。四是通过税收金融政策予以扶持，如将构配件生产企业纳入高新技术产业，享受相关财税优惠政策；部分城市还提出对装配式建筑项目给予贷款扶持政策。五是大力鼓励发展成品住宅；各地积极推进新建住宅一次装修到位或菜单式装修，开发企业对全装修住宅负责保修，并逐步建立装修质量保险保证机制。六是以政府投资工程为主大力推进装配式建筑试点项目建设，如北京、上海、重庆、深圳等地都提出了鼓励保障性住房采用装配式技术和成品住宅的支持政策。

第3章

国内钢结构建筑产业基础与技术优势

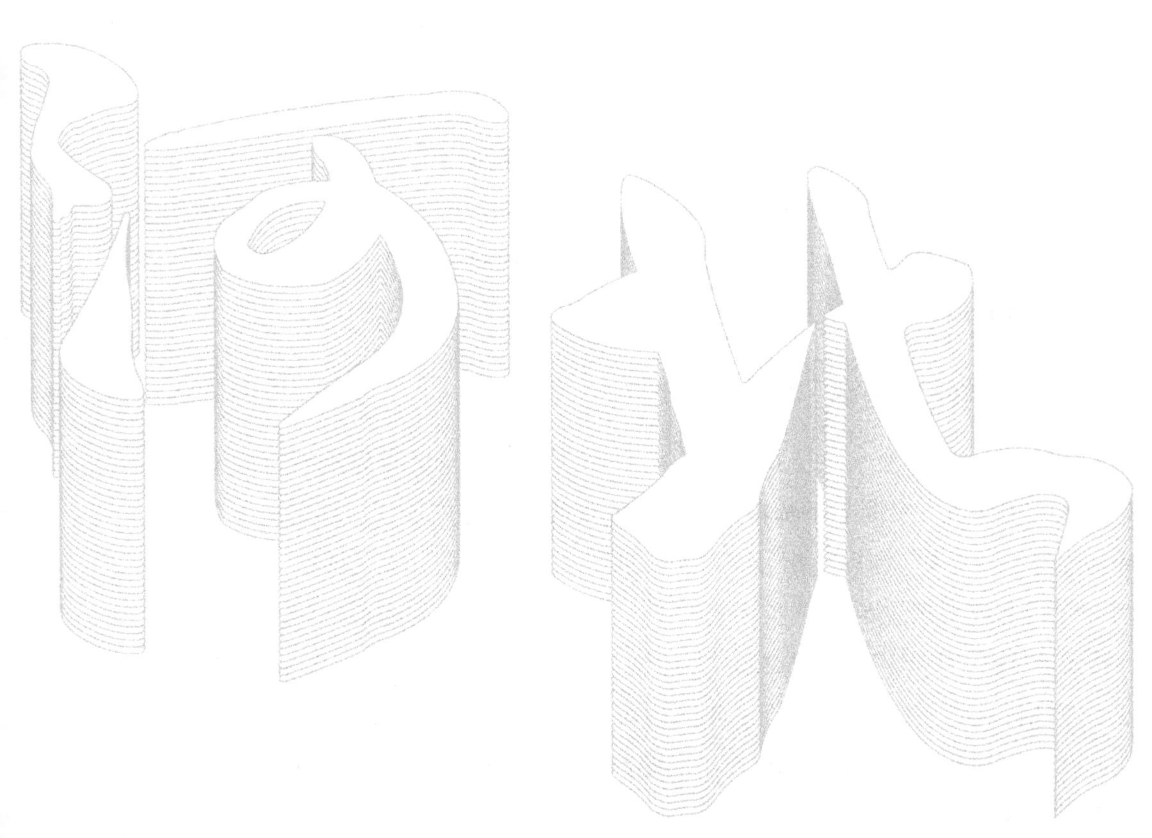

3.1 我国钢铁产能为建筑钢结构提供条件

3.1.1 中华人民共和国成立初期的钢铁产业基础薄弱

在废墟上建立的钢铁产业，从1947—1950年中央政府先后接管了30多家钢铁企业，开始集中人力、物力恢复钢铁产业的生产。当时的钢铁工人在物资极度匮乏的条件下凭借着能够吃苦耐劳的品质，发扬艰苦奋斗的精神，有力地推动了钢铁产业尽快地恢复生产。鞍钢、本钢、石景山钢铁厂（首钢前身）等的高炉很快恢复投产。1950年抗美援朝爆发后，钢铁工人更是发扬与高炉共存亡的精神，大力恢复和发展钢铁的生产，以支持抗美援朝战争。

随后，“一五”计划中所定的钢产量目标的实现，给中国的钢铁产业发展建立了很大的信心。1957年钢铁工业产值为33.1亿元，实际达到46.5亿元，平均每年增长29.8%。钢铁产量1957年为生铁594万吨、钢535万吨、钢材436万吨，平均增长率分别达到25.2%、31.7%和31%。钢材品种在1952年全国能冶炼的钢材品种为170个左右，到1957年增加到352个，1952年可生产的钢材品种为300多个，到1957年增加到4000多个。

3.1.2 1958—1960年钢铁“大跃进”时期

1957年的中国仍处于一个贫穷落后的农业国地位，与世界先进发达国家有不小差距的条件下，全国上下都希望尽快建成现代化的先进国家，结果由于急于求成，导致了在“左”的思想指导下“大跃进”的错误。1957年底提出，15年后我们可能赶上或者超过英国，在后来的7个月里，15年又被相关部门缩减到两年，提出在1959年要实现生产2500万吨钢，1958年的钢产量指标要从1957年的535万吨提高到1070万吨，即一年之内翻一番。“以钢为纲”，“大跃进”的号角就此吹响，据资料统计，在1958年，建起土高炉24万座，约有6000万人参加了大炼钢铁。

这一阶段中国钢铁工业走上了一条以追求产值、产量增长速度为目标的粗放型发展道路。由于给钢铁产业定了基本不可能实现的目标，虽然动员全国人民大炼钢铁，结果是练出了大量的废铁，小高炉等的拆除又造成了极大的浪费。至此，钢铁产业严重受创。三年“大跃进”，打破了各产业部门平衡发展的格局，破坏了国民经济建设从实际情况出发的基本原则，严重破坏了钢铁工业在“一五”时期建立起来的管理制度。

3.1.3 钢铁工业“三线建设”时期

1961 年，党的八届九中全会提出了国民经济建设的“调整、巩固、充实、提高”的方针，经过五年的恢复和发展，到 1965 年，钢铁工业不论在钢产量还是钢品种上都达到了历史最好水平。据资料统计，1965 年产钢 1233 万吨为 1957 年 535 万吨的 2.28 倍，工业产值也达到 1957 年的 2 倍。

从 1964 年开始，为了应对可能爆发的战争，也为了提高我国的国家实力和国际威慑力，毛主席亲自提出“三线建设”的方案。三线包括：从广西到黑龙江这些沿海省市地区为一线，中间地区为二线，西南和西北除新疆西藏外大部分地区都属于三线。

钢铁工业的“三线建设”是在党中央国务院 1964 年提出的“备战、备荒、为人民”的方针指导下，从战略的角度出发，对中国钢铁工业布局又进行的一次大规模调整和改善。在加速钢铁工业基地建设的同时，又促进了当地交通、煤炭电力建设等其他产业的迅速崛起和发展，为国民经济的发展注入了新的活力。1949—1978 年，钢铁产业仍然有了较大幅度的发展。据有关资料统计，1952—1978 年期间，钢铁工业产量平均每年递增 12.9%，产值每年递增 11.8%。

3.1.4 改革开放后，钢铁业迎来大发展的契机

1978 年，党的十一届三中全会后，我国开始实行改革开放政策。这就为我国的钢铁产业利用国外资金、技术和资源创造了条件。上海宝钢、天津无缝钢管厂等具备世界先进水平的现代化大型钢铁企业就是在这一时期建立起来的，同时，一些老的大型钢铁企业已得到了技术改造和升级，其中有鞍钢、包钢、武钢、首钢等。1987 年，国家计委批准了鞍钢、武钢、梅山、本钢、莱钢 5 个企业利用外资的项目建议书，中国钢铁工艺设备的现代化水平得到不断提升。

1992 年之前，钢铁产业为了提高劳动生产率，积极进行生产体制上的探索。首钢对承包经营责任制的大胆尝试，极大地调动了工人的生产积极性，不仅在面对巨大的压力时成功解决困难，同时也为全国的钢铁厂树立了一个承包制的榜样。自此，我国的钢铁产业通过企业改革释放强大的内在发展动力，实现了钢产量 5000 万吨和亿吨两次突破。1986 年，中国钢产量（粗钢）超过了 5000 万吨，达到 5221 万吨。

3.1.5 1992 年钢铁业进入高速发展时期

1992 年，邓小平同志“南方谈话”和同年 10 月召开的党的十四大，确立了社会主义市场经济体制的改革目标，极大地激发了企业的活力。中国钢铁工业面对良好的发展机遇，加快了钢铁工业现代化建设的步伐。伴随着社会主义市场经济体制和现代企业制度的逐步建立，更是为钢铁工业发展注入了强大的内在动力。1994 年以来，武钢、本钢、太钢、重钢、天津钢管厂、“大冶”“八一”等列入国家百家现代企业制度试点；酒泉钢铁，邯钢、抚顺钢铁公司，天津钢铁等 57 家企业列入第二改革试点，激活了企业生产能力大幅度提升。

“十五”期间，我国钢铁工业更是实现了持续高速发展。同时，新城镇化建设的大力推行，钢材产品的需求大增，也给钢铁产业带来了很好的发展机遇。“十五”期间，钢铁工业的固定资产投资总额为 7167.37 亿元，超过 1949—2000 年中国钢铁工业固定资产投资的总和。

另外，中国钢铁产业已经逐步具备国际性的市场竞争力，开始走向世界。宝钢等已经提前两年完成目标进入世界 500 强，成为世界级的钢铁企业。宝钢的首个海外投资项目——与巴西淡水河谷合资成立的宝钢维多利亚钢铁项目也开始启动。首钢收购了秘鲁铁矿，成立了首钢秘鲁铁矿公司，从事铁矿开采；鞍钢集团则收购了金达必金属公司 12.94% 的股份，成为国内钢铁行业第一家参股国外上市矿业公司的企业。

由以上中国钢铁的发展可以看出，我国在 1989 年之前受钢铁产量的限制，钢铁属于粗钢级别，并且基本军备及其他急需行业的需求尚不能完全满足，因此，这个阶段钢铁很少应用于建筑领域，大型钢结构建筑的应用更是凤毛麟角。

3.2 钢结构建筑产业方兴未艾

随着经济高速增长和城市建设迅猛发展，我国建筑钢结构行业迎来快速增长的机遇期。进入21世纪，随着科学技术的发展，我国建筑钢结构得到迅猛发展，其生产的钢材品种、规格越来越齐全，钢材质量有了很大的提高，钢结构形式越来越新颖，钢结构设计与施工技术越来越发达。如"鸟巢""水立方"、CCTV新址大楼、广州新电视塔、上海环球金融中心、杭州湾跨海大桥等具有代表性的钢结构建筑在世界上达到了领先水平，表现为高、大、奇、新等特点。

钢结构已逐步成为城市新建建筑的主要结构体系之一，钢结构建筑全产业链，包括钢结构专业设计单位、钢结构建筑总包单位和加工单位、钢材及钢结构加工、配套建材厂商、钢结构建筑检测及监理单位等逐步发展壮大。其中以钢结构建筑构件加工、生产和安装为主营业务的企业发展迅猛。据初步统计，2016年全国各类钢结构设计、生产加工和施工、安装企业近1万家，具有住房和城乡建设部核发的一级钢结构专业承包资质的企业860余家，具有地方建设主管部门核发的二级专业承包资质的企业2200余家，三级钢结构专业承包资质的企业有2000余家。

近年来，钢结构建筑在城市超高层、工业厂房、公共建筑等领域得到了广泛的应用，钢结构企业市场规模持续扩大，继续保持稳定的增长势头。随着"大力发展钢结构和装配式建筑"政策的实施，一些适合钢结构应用的领域呈快速增长势头，如一些地方的学校、医院、物流仓储设施建设，开始优先采用钢结构体系。据山东、浙江两省协会统计，2017年有16所学校、医院由原混凝土结构改为钢结构体系。桥梁、住宅采用钢结构体系的比重明显提升。2017年全行业钢结构加工产量约6400万吨，比2016年钢结构加工产量5720万吨增长11.89%。

3.2.1 一批行业龙头企业形成规模

经过20多年的快速增长，钢结构企业成为建筑业中的一支实体制造业大军。2016年完成产值超过50亿元的钢结构企业6家，出现了一家钢结构产量、产值超"双百"的规模型企业。钢结构产量超过30万吨企业数量有10家，钢结构产量超过10万吨的企业有29家，产量超过5万吨的企业有54家。借助装配式钢结构建筑推广的机遇，一批先行一步的企业注重技术和人才储备，提升综合施工和管理能力，产业的集中度不断提升。钢结构建筑市场逐步向规模大、技术实力强、人才相对集中、市场信誉好的集团企业倾斜。

3.2.2 国家装配式建筑产业基地企业

为提高装配式建筑推广水平，培育一批实力强、技术优、有研发能力和人才优势的企业作为装配式建筑推广的依靠力量。2017 年底，住房和城乡建设部经组织行业专家评审，公布了第一批 195 家设计、科研、建设、生产和部品类企业作为“国家装配式建筑产业基地”。其中，被认定的基地企业中钢结构企业有 40 家，具有钢结构设计资质的设计院所、科研机构 23 家，涉足钢结构建筑的总承包企业、开发企业 22 家。钢结构建筑产业联盟的成立，为钢结构建筑搭建了全产业链的合作交流平台，为发展装配式钢结构建筑提供了产业支撑。

3.2.3 钢结构企业施工总承包资质试点

经住房和城乡建设部批准，为提升钢结构企业的施工总承包实力，按照资质管理办法和考评条件，先后两批对 44 家钢结构企业开展了房屋总承包资质试点工作，取得一级房建施工总承包资质的钢结构企业，可以对以钢结构为主体的建筑单独投标等。三年来，试点企业独自承建以钢结构为主体工程项目有 439 项，合同额达 618 余亿元，总建筑面积达 2187 余万平方米。

3.2.4 国内钢结构企业的年产能、产值情况

2013—2015 年钢结构行业利润率大幅下滑。据中国建筑金属结构协会统计，2015 年叁级资质企业人均净利润仅 1.1 万元，特级资质企业人均净利润高达 4.1 万元，行业经历了整合、淘汰期，中小企业被淘汰，龙头企业市场份额提升。在环保、去产能大背景下，钢结构作为绿色材料，有效带动钢材需求，获得政府大力推广。2016 年工业和信息化部发文指出，“十三五”期间钢结构产量力争从 5000 吨增长到 1 亿吨以上，年均增幅 20% 以上才能达到既定目标，市场空间巨大。

近年来，我国钢结构行业呈现持续和快速的增长势头。2015 年，我国建筑钢结构行业产量约为 5000 万吨，同比增长约 5.93%。近几年我国钢结构行业产量情况如图 3-1 所示。

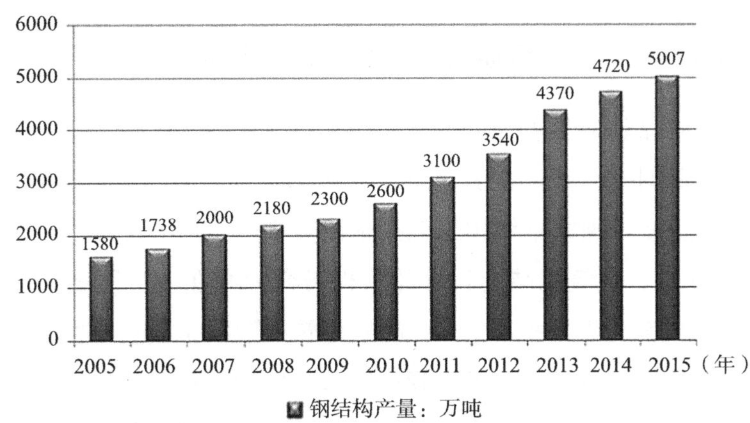

图 3-1　2005—2015 年中国钢结构行业产量情况

当前我国拥有制造企业资质的单位共 238 家，年产 10 万吨以上企业有 30 多家，其他多为年产 1 万吨以下的中小企业。行业大部分企业生产规模小，行业集中度不高。从区域分布上，规模较大的钢结构企业大多集中在上海、浙江、安徽、江苏等长三角地区以及天津、北京等京津唐地区，广大中西部地区处于起步阶段，呈"东强西弱"的现象。行业内上市公司一共 9 家，分别为精工钢构、东南网架、杭萧钢构、鸿路钢构、中泰桥梁和光正集团、美联钢结构建筑系统（上海）股份有限公司、海波重型工程科技股份有限公司、安徽富煌钢构股份有限公司。

2015 年，我国钢结构行业产值为 4906 亿元，同比 2014 年的 5100 亿元下降了 3.8%，近几年我国钢结构行业产值情况如图 3-2 所示。

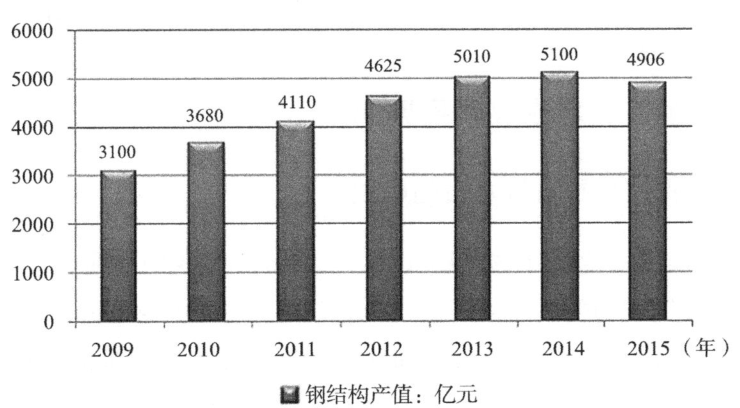

图 3-2　2009—2015 年中国钢结构行业产值情况

3.2.5 国内钢结构企业的资质情况和技术研发力量

近年来，钢结构的显著优点带来了全国各地钢结构建筑产业的蓬勃兴建，钢结构的科研、设计、生产、配套等各个领域都得到迅猛发展。2007 年 10 月，经科技部批准成立的“国家钢结构工程技术研究中心”在中冶集团建筑研究总院成立。2008 年 6 月，建筑钢结构教育部工程研究中心在上海同济大学成立。2017 年，经住房和城乡建设部批准的“装配式建筑产业技术创新联盟”由住房和城乡建设部科技与产业化发展中心负责管理运营，由中国建筑金属结构协会负责承担“住房和城乡建设部装配式建筑产业技术创新联盟钢结构分会”的技术平台和产品推广运作。

与此同时，行业内不断涌现着优秀钢结构设计方案、设计软件和科研成果，它们提高了钢结构设计、施工质量；提升了行业规范和规程。从钢结构企业的成长速度和建造水平来看，一大批有实力的钢结构企业承担了国内重点大型钢结构工程的生产和安装，新技术、新工法、新设备层出不穷，施工安装水平也达到了国际先进水平；钢结构配套产品齐全，加工设备制造厂发展迅速，较好地满足了钢结构行业的发展需求。目前，我国钢结构的产量、产业规模、市场开发应用都位居世界第一，装备制造和安装技术达到世界领先水平。

接受调查并提供完整统计数据的企业约 300 家，其中特级企业 78 家、一级企业 183 家、二级企业 27 家、三级企业 7 家，占全国约 3000 家钢结构企业的 10% 左右，从生产规模上排名基本属于前 300 名企业，其产量约占全国的 50%。

3.3 钢结构建筑技术成果硕果累累

3.3.1 超高层钢结构建筑技术日趋成熟

根据中国建筑金属结构协会统计，到 2018 年，我国已建成的高度在 250m 以上的超高层钢结构建筑有 96 栋，占世界第一。主要分布为：广东 23 栋，香港 15 栋，江苏 15 栋，上海 14 栋，重庆 8 栋，浙江 7 栋，湖北 3 栋，北京 3 栋，天津 2 栋，福建 2 栋，四川 2 栋，辽宁 2 栋，钢结构超高层施工技术成为建筑业十大新技术之一，占据世界超高层建筑顶峰。

前 10 栋超高层钢结构建筑代表作见表 3-1。

中国超高层前10栋代表工程一览表　　表3-1

序号	建筑名称	结构形式	建筑面积（m^2）	地点	建筑高度（m）	楼层数量
1	环球金融中心	核心筒-巨柱框架-巨型斜撑-3道伸臂桁架	38万	上海	492	101层
2	津塔	钢管混凝土柱框架-钢板剪力墙核心筒-伸臂桁架	30万	天津	330	75层/地下4层
3	高银117大厦	混凝土核心筒-巨型柱框架-巨型支撑	37万	天津	597	117层
4	武汉中心	巨柱框架-核心筒-伸臂桁架	34万	湖北武汉	438	88层/地下4层
5	苏州九龙仓项目	核心筒-巨型柱框架-4道伸臂桁架	39.3万	江苏苏州	420	90层/地下4层
6	无锡九龙仓项目	核心筒-型钢混凝土柱框架-伸臂桁架（2层高）	34万	江苏无锡	319	69层
7	重庆九龙仓项目	核心筒-型钢混凝土柱框架-2道伸臂桁架	22.3万	重庆	319	64层
8	周大福项目	核心筒-巨型框架/斜撑-伸臂桁架	29.2万	天津	518	93层/地下4层
9	上海北外滩（白玉兰）	钢筋混凝土核心筒-钢骨混凝土柱框架-2道伸臂桁架	41.9万	上海	320	66层/地下4层
10	上海中心	钢筋混凝土核心筒-超级组合柱-钢结构外伸臂桁架-钢结构带状桁架	57.6万	上海	632	121层

3.3.2 工业厂房钢结构应用广泛

由于钢材强度高、延性好，适合于大跨度空间结构建筑，因此，钢结构建筑在工业厂房、工业建筑领域应用非常广泛。随着互联网经济的迅猛发展，物流和仓储设施的建设规模不断增大，以及电子商务平台建设，信息产品升级、实体经济、制造业的提升等，带动了对工业厂房的更大需求。据汽车工业协会统计，仅新能源汽车新增基础设施投资就达2600亿元左右，80%投资在新兴产业制造基地、科技产业园的发展，使得钢结构厂房市场持续增长。

3.3.3 公共建筑钢结构优势明显

由于钢结构具有大空间、大跨度的空间布局特点，建筑抗震性能好、材料可回收利用，在城市文化与体育设施、交通基础设施、机场与高铁站房等领域的结构应用较为普遍（图 3-3、图 3-4）。另外，城市立体停车库、立交桥、公用建筑等采用钢结构体系均具有得天独厚的优势。一些地震活跃地区的体育文化场馆，均优先采用钢结构体系，要求建成防震减灾时城市新的避难场所。一批钢结构公共建筑成为城市的新地标工程，近年来的一批新项目见表 3-2。

近年来公共建筑代表工程一览表 **表 3-2**

序号	名称	位置
1	国家体育场	北京
2	中央电视台总部大楼	北京
3	广州塔	广州
4	上海环球金融中心	上海
5	国家大剧院	北京
6	香港中银大厦	香港
7	广州歌剧院	广州
8	北京大兴国际机场	北京
9	杭州国际博览中心（G20 会展中心）	杭州
10	北京怀柔雁栖湖 APEC 主会场	北京

图 3-3 北京大兴国际机场

图 3-4 杭州国际博览中心

3.3.4 学校医院钢结构体系成为优选

学校、医院建筑的标准化、通用化的布局，有助于钢结构体系的应用。在大力发展钢结构和装配式建筑的背景下，一部分省份在考虑抗震性能、装配式建筑推广需要，对一些新建的医院、学校项目进行混凝土结构和钢结构方案比对后，都采取了技术先进的钢结构体系。比如安丘人民医院（图 3-5），面积 11.76 万平方米；莱芜钢城金水河学校（图 3-6），面积 2.69 万平方米；萧山南都小学，面积 4.05 万平方米；台州华东师范附属中学，面积 8.54 万平方米等，今后随着钢结构技术的不断推广，建设比例将会大幅度提高。

图 3-5　安丘人民医院

图 3-6　莱芜钢城金水河学校

3.3.5 钢结构桥梁技术和应用步伐加快

改革开放初期，我国的公路和铁路桥梁中，钢结构桥梁孔数 / 延米数占比均不足 1%，经过几十年的发展，钢结构或组合结构桥梁孔数 / 桥梁钢结构用量从 2014 年约 10% 增加到 2017 年的 12% ～ 15%，总用钢量达到 700 万吨，中小跨度（30 ～ 50m）桥梁使用钢结构比例 2% ～ 3%，城市市政桥梁使用钢结构比例约为 3%。近年来采用钢结构桥梁的工程有：港珠澳大桥、南京长江大桥、江阴长江大桥、白沙洲长江大桥、上海杨浦大桥、上海徐浦大桥、广州丫髻沙桥、四川万县长江大桥以及重庆乌江大桥等。

在桥梁建设中积极推广应用钢结构和钢混组合结构桥梁，可以消化部分钢材过剩产能，支持和拉动钢铁行业，促进国家经济健康平稳运行。同时提高桥梁的安全性和可靠性，混凝土和钢材是现代土木工程两大材料。钢材产能不断提升，使得钢材价格较过去有了明显回落。但是由于受长期形成的传统建造思维、技术和造价的影响，混凝土桥梁仍然是我国桥梁建设的首选桥型。据统计，全国目前72.34万座公路桥梁和改革开放以后铁路桥梁建设中，钢结构桥梁数量占比约1%，而钢结构桥梁在日本占41%，在美国占33%。具有较大的推广空间。

3.3.6 钢结构住宅结构及配套墙材日趋成熟

钢结构具有工业化生产程度高、结构抗震性能好、节点连接技术成熟可靠等优点，且为装配化施工，已成为推广装配式建筑优先采用的结构形式，同时在化解钢铁产能过剩矛盾、促进绿色环保、BIM信息化技术应用等方面，钢结构住宅发展符合国家产业政策导向和市场需求。

从21世纪初，钢结构住宅开始进入城市房地产市场，主要是高层住宅、多层和低层轻钢集成房屋三种类型住宅产品，不同类型的房子采用不同的结构体系。据统计，2015年以前，高层钢结构住宅面积每年只在150万平方米左右，2015年以后，以政府主导的保障性住房建设、城市住宅开发积极推进钢结构住宅体系试点带动了钢结构住宅快速发展，到2017年，新建和在建的面积在1万平方米以上的高层钢结构住宅有36项，总建筑面积达673万平方米。

3.4 钢结构建筑优势明显

钢结构建筑作为一种新产品，在房地产开发、建筑业、冶金业之间架起产品通道新的产业体系。钢结构建筑相比传统的混凝土建筑而言，用钢板或型钢替代了钢筋混凝土，强度更高，抗震性更好，由于构件采用工厂化制作，现场安装，可以大大缩短工期、提高工程质量。由于采用干法施工，钢材可重复利用，可以减少建筑垃圾排放，实现节能减排、绿色环保的发展目标，因而在工业建筑和民用建筑中被广泛采用。

在高质量发展的新时代，国家发展改革委公布的《2019年产业结构调整目录（征求意见稿）》中，在21项建筑领域结构调整方向上，有13项作为优先发展的产业中，其中8项都是钢结构技术体系在民用建筑上的应用。新兴产业发展与科技研发方向如：①第一项：建筑隔震减震结构体系及产品研发与推广；钢结构整体性好，柔性材料抗震性强，结构连接技术成熟成为行业共识。②第四项：高强、高性能结构材料与体系的应用；高强钢、耐候钢、高性能钢材，材料防腐、防火材料的开发，特别是钢结构建筑金属屋墙面的材料，铝合金材料、不锈钢材料的应用，有利于提高材料寿命，降低材料用量。③第六项：先进适用的建筑成套技术、产品和住宅部品研发与推广。钢结构建筑和住宅的部品成为主流。④第七项：钢结构住宅集成体系及技术研发与推广。⑤第八项：节能建筑、绿色建筑、装配式建筑技术、产品的研发与推广。⑥第九项：工厂化全装修技术推广。⑦第十一项：建筑信息模型（BIM）相关技术开发与应用。⑧第十三项：装配式钢结构绿色建筑技术体系的研发及推广。

3.4.1 钢结构建筑自重轻，结构安全可靠

钢材与混凝土、砖石和木材等其他建筑材料相比，强度要高得多，弹性模量也高，因此结构构件质量轻且截面小。结构的轻质性可以用材、料的质量密度与强度的比值 α 来衡量;α 值越小，结构相对越轻。建筑钢材的 α 值为 $1.7 \times 10^{-4}m^{-1}$，木材为 $5.4 \times 10^{-4}m^{-1}$，钢筋混凝土约为 $18 \times 10^{-4}m^{-1}$。以相同跨度且承受同样荷载的简支屋架为例，钢屋架的重量是钢筋混凝土屋架的 1/4 ～ 1/3，冷弯薄壁型钢屋架甚至接近 1/10。

由于在同样受力条件下的钢结构自重轻，不但可以显著减小地震作用，进而减小结构内力，可以降低基础造价，这个优势在软土地区更加明显。此外，构件轻巧也便于运输和安装，适用于超高层、大跨度建筑，重型工业厂房以及桥梁、塔桅等构筑物，国内外有许多著名建筑均采用钢结构或钢组（混）合结构。由于钢材组织均匀，有良好的塑性和韧性，为理想的弹性——塑性体。钢结构的实际工作性能比较符合目前采用的理论计算模型，因此可靠性高。

3.4.2 工业化生产程度高、节约资源

钢结构是天然的装配式建筑，所用梁柱构件多是成品或半成品材料，加工比较简单，并能够使用机械操作，易于定型化、标准化，工业化生产程度高。因此，钢构件一般在专业化的金属结构加工厂制作完成，精度高，质量稳定，劳动强度低。

钢构件在工地拼装时，采用简单方便的焊接连接或螺栓连接，钢构件与其他材料构件的连接也比较方便、施工简单。根据建筑高度与跨度，钢构件可以在地面拼装成较大的单元甚至拼装成整体提升吊装，降低高空作业量，缩短施工工

期，缩短资金流动周期，而且提前收到投资回报，综合效益高。

3.4.3 钢结构建筑抗震性能好

钢结构建筑整体性强，承载强度高、抗震性能好，钢结构材料具有良好的塑性和韧性，不会突然断裂，计算模型能很好地反映力学性能，分析准确可靠，抗震、抗风性能优异、可靠。通过耐火、防腐处理的钢材，耐热性好，在火灾和易腐蚀地区的耐久性好，易于拆卸、更换或加固，特别是采用高强度螺栓连接的结构，可有效抵御震灾。

据建筑专家对台湾“9.21 大地震”后房屋破坏、倒塌情况统计：钢筋混凝土结构房屋受损为 52.5%；砖混结构房屋受损为 24.1%；钢结构房屋受损为 0.6%。钢框架结构还可以充分利用结构的减震、避震技术，提高房屋建筑抗震的等级，在地震等自然灾害来临时，最大限度地保护人民生命财产不受损害。

3.4.4 有利于提高绿色建筑水平

与传统的砌体结构和混凝土结构相比，钢结构属于绿色建筑结构体系。钢结构房屋的墙体多采用新型轻质复合墙板或轻质砌块，如各种高性能 ALC（配筋加气混凝土板）、复合夹心墙板、幕墙等；楼（屋）面多采用复合楼板，例如压型钢板混凝土组合板、轻钢龙骨楼盖等，符合建筑节能和环保的要求。

钢结构建筑通常采用干法施工，可避免混凝土湿式施工所造成的环境污染。钢结构材料还可利用夜间交通流畅期间运送，对城市正常交通秩序、周围环境影响小，噪声也小。另外，对于已建成的钢结构也比较容易进行加固和改造，用螺栓连接的钢结构还可以根据需要进行拆迁，也有利于保护环境和节约资源。

3.4.5 绿色建材助推钢结构建筑升级

为保护环境生态，我国正在大力鼓励发展绿色建材，推广各种非黏土砖，减少石子、沙子等地材的用量，研发生产新型墙板和复合材料的板材，同时进一步提高广泛使用的绿色外墙保温材料的生产率，这些材料与高强轻质的钢结构最为匹配。2015 年 11 月 4 日，国务院总理主持召开国务院常务会议，明确提出“结合棚改和抗震安居工程等，开展钢结构建筑试点，扩大绿色建材等的使用”。

建筑行业是能源消耗和污染大户，如何解决这一问题已经成为当前建筑行业可持续发展的关键。为此，国家开始推行环保建筑、绿色建筑理念，而钢结构建筑恰恰满足了建筑行业的这种发展需要。与其他建筑结构相比，在钢结构建筑的施工过程中产生的空气污染和噪声较少，不会对森林资源造成损害，可以说是一种比较环保的建筑。

3.4.6 钢结构建筑材料可回收再利用

由于钢结构主要是由钢板、热轧型钢或冷弯薄壁型钢，通过各种连接、制造、组装而成，大部分是可回收材料。钢结构建筑的改建和拆迁容易，结构拆除产生的固体垃圾少，材料的回收和再生利用率高。钢结构建筑需要拆除时，建筑材料可以回收再利用，减少固体废物污染和垃圾排放。

据测算，高层、超高层建筑钢材回收率为75%以上，工业厂房钢材回收率为90%以上，钢结构桥梁的材料回收率可达95%以上，有利于实现建筑与自然环境的协调发展，随着人们环境保护意识的增强，从提高建筑物环保性的角度出发，这种建筑形式也更加符合未来建筑的发展趋势。

第4章

雄安新区建设和京津冀协同发展的机遇

4.1 雄安新区是“千年大计、国家大事”

《中共中央　国务院关于设立河北雄安新区的通知》赋予了新区一系列发展定位：“建设绿色生态宜居新城区、创新驱动发展引领区、协调发展示范区、开放发展先行区”，最终成为“贯彻落实新发展理念的创新发展示范区”。这“五个区”的定位，清楚地赋予了雄安新区的历史使命，堪称“千年大计、国家大事”，树立绿色发展新标杆、引领高质量发展新模式。

要完成这一历史使命，未来发展目标必须围绕七项重点任务的落实上：建设绿色智慧新城、打造优美生态环境、发展高端高新产业、提供优质公共服务、构建快捷高效交通网、推进体制机制改革、扩大全方位对外开放。这七项重点任务和发展目标，已经突破当年成立深圳特区、浦东新区时主要赋予的经济建设任务，而是统筹推进“五位一体”、协调推进“四个全面”的综合示范区。

雄安新区未来的城市和产业定位、建设规模、发展速度等，按照“起步区面积约 $100km^2$、中期发展区面积约 $200km^2$，远期控制区面积约 $2000km^2$”的“路径图”，以每平方千米 10000 人口、10 亿元产值的密度计，应当在近期内具有百万人口、千亿级产值规模，足以集中疏解制造业、生产性服务业等“非首都核心功能”，有效解决目前北京对周边地区的倒虹吸效应，形成协调发展的良性生态圈。

4.1.1 交通、基础设施先行

（1）雄安新区与京津冀一小时交通圈建设。将和全国高铁网紧密衔接，将有五条高铁在雄安交汇，京雄铁路从雄安引出后，分别到香港九龙和福建。雄安新区的建立，提供一个解决“大城市病”的“中国方案”，从过去集中资源发展超级大城市转向发展城市群。这样做的目的是在推进城市化同时，力求相对均衡的城市人口分布，以避免过多人口集中在少数大城市。

（2）雄安要建“亚洲最大火车站”。雄安站是高架站，位于雄安新区内部，占地68.37hm^2。同时在雄安新区还将设立雄安动车所，占地109.88hm^2。堪称“亚洲最大火车站”的北京南站占地49.92万平方米，相当于70个足球场。而68.37hm^{2}即68.37万平方米。仅从占地面积来看，约相当于96个足球场，明显超过北京南站。

（3）推进北京至雄安城际铁路等建设。为加快北京新机场“五纵两横”综合交通网络建设，打造京津冀区域综合交通枢纽。以首都机场和北京新机场为核心，加快推进首都机场至北京新机场城际铁路联络线、北京至雄安城际铁路、北京至唐山铁路等建设，北京新机场至雄安的高速公路正在建设中，不但可以实现雄安新区与北京的高速连接，承载未来交通，高铁、高速、机场三小时连接全国主要城市，保津城际铁路、保津高速公路贯穿全境，1小时可到达北京、天津。

（4）有序实施石家庄至雄安等城际铁路。以石家庄机场为核心，完善石家庄机场与京广高速铁路正定机场站之间的顺畅连接，有序实施石家庄至雄安、石家庄至邯郸等城际铁路，沿线涉及北京市大兴区，河北省廊坊市的固安县、永清县、霸州市，雄安新区。全线设黄村站、新机场站、固安东站、霸州北站、雄安站5座车站。

4.1.2 打造高端高新产业集群

（1）BAT（百度、阿里巴巴、腾讯）全部“落子”雄安。2018年12月20日，雄安新区与百度在北京正式签署战略合作协议。百度在雄安新区组建成立了Apollo（阿波罗）理事会，并召开了第一届理事会会议。至此，雄安新区已与互联网三巨头BAT分别签署了战略合作协议。

（2）工农中建四大行筹建雄安分行。日前，河北银监局批复了中国工商银行、中国农业银行、中国银行、中国建设银行四家大型银行分别筹建河北雄安分行的申请，成为河北省在雄安新区批准筹建的首批分行级银行业机构。

（3）一批大型龙头企业要搬到雄安新区。雄安新区管委会一直严控入区产业，经过管委会的审核，阿里巴巴、腾讯、百度、京东金融、中船重工、中国建筑等48家企业落户雄安。这48家企业中，中央企业有19家，民营企业有21家；来自北京的企业24家，来自深圳的企业13家。截至12月10日，还有13家企业在雄安新注册落户。

（4）引入优质教育资源。教育部统筹整合教育资源，清华大学、北京大学、北京师范大学、北京理工大学、北京邮电大学、中国人民大学、中国传媒大学、北京体育大学、中国医学科学院、北京林业大学等高校均向雄安新区倾斜。

4.1.3 雄安新区总体规划发布

（1）区位分析。雄安新区是继深圳经济特区和上海浦东新区之后又一具有全国意义的新区，是“千年大计、国家大事。”

（2）规划研究。畿辅新区概念最早由吴良镛院士倡导，2013 年其主持的《京津冀地区城乡空间发展规划研究三期报告》明确建议选择北京新机场周边的大兴南部、廊坊市区、固安、永清、涿州、武清等地区，成立跨省市边界的“畿辅新区”，疏解首都政治文化功能。

（3）三个圈层。第一层次：北京六环沿线以内地区（半径 15 ～ 30km），为首都政治文化功能核心区；第二层次：六环至涿密高速一线地区（半径 30 ～ 70km），为首都政治文化功能拓展区；第三层次：涿密高速以外区域（半径 50 ～ 300km），为首都政治文化功能延伸区。雄安新区刚好在第三层次。如图 4-1 所示。

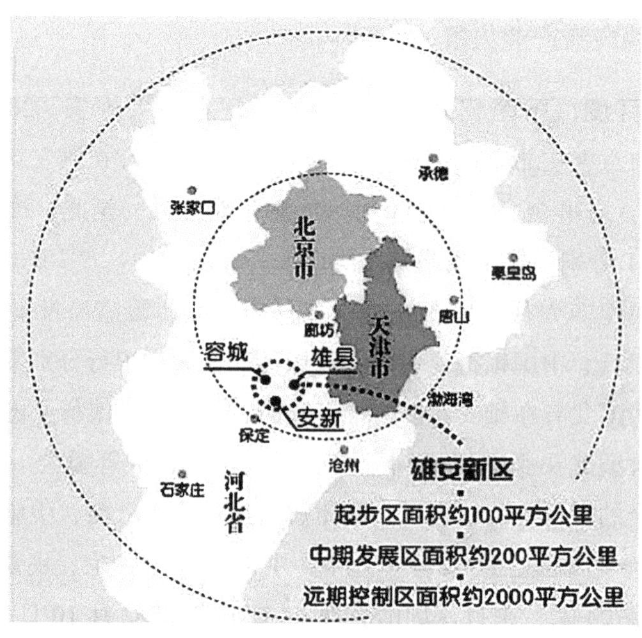

图 4-1　圈层图

这个集中疏解区，距离北京不能太远，也不能太近，最好靠近保定，避免北京摊大饼向集中疏解区无序蔓延，最后又连为一体。从雄安新区距保定的距离看，未来留有较大的发展空间（图 4-2）。

图 4-2　新机场示意图

（4）现状分析。雄安新区基地由雄县、安新县、容城县组成，中间是著名的白洋淀景区。综合来看这一区域位于整个京津冀地区腹地，围绕着河北最大的湖泊——白洋淀，真正可谓区位优势明显、交通便捷通畅、生态环境优良。

（5）规划定位。雄安新区不同于一般意义上的新区，其定位首先是疏解北京非首都功能集中承载地。雄安新区的功能定位是：绿色生态宜居新城区、创新驱动发展引领区、协调发展示范区、开放发展先行区、创新发展示范区。

雄安新区规划体现了生态优先，绿色发展。2000km^2 的地域范围内将形成以白洋淀为核心的优良的自然生态环境。形成以新区起步区、发展区和雄县、安新、容城三个县城构成的布局科学、品质优良的组团式新区。同时建设好经济繁荣、环境优美的广大乡村，保护好田园风光。

雄安新区地处京津冀大气环境和水环境敏感地区，紧邻“华北之肾”白洋淀，新区开发建设必须以生态环境保护为前提，全面实施生态、绿色发展战略。摒弃单纯功能布局和宽马路、大广场，采用多功能混合、密路网、小街区的宜人生活空间组织。

从城市布局上防止“摊大饼”，克服“大城市病”。降低对生态环境的冲击，提高新区发展的灵活度、应变性。在区域层面要加强与北京、天津、石家庄、保定的协同发展，发挥各自的区域作用。在地区层面要加强与雄县、安新、容城三地的协同发展，在城市布局、交通、服务、基础设施上高度协同融合。

4.1.4 为装配式建筑提供更大的舞台

承接北京非首都功能，特别是雄安新区的设立，建设绿色智慧新雄安，给河北省大力发展装配式建筑带来历史机遇。目前，河北省环京津地区的预制构件生产企业共有36家，其中保定6家，唐山20家，沧州4家，廊坊2家，承德1家，张家口3家。河北省墙改节能办将进一步引导预制构件生产企业面向省区域中心城市、节点城市、京津和雄安地区合理布局，降低运输成本，提高市场竞争力。

即将拉开序幕的雄安新区基础设施建设，将明显带动建材需求，成为拉动建筑用“钢”需求的强劲动力，雄安新区涉及河北省雄县、容城、安新三县及其周边地区，目前开发程度较低。虽是千年大计，但近几年内，城际铁路网、城市综合管廊、绿色节能建筑等就有望如雨后春笋般逐步搭建成型。2018年底，国家发展改革委批复京津冀地区城际铁路网规划，初步估算投资约2470亿元，其中就涉及雄安新区的安新县和雄县白沟。未来几年，新区的建设将成为拉动“钢”需的强劲动力，预计增加建筑用钢需求1000万～2000万吨。

绿色生态是主旋律，供给侧结构性改革加速推进。雄安新区的设立旨在调整优化京津冀城市布局和空间结构，建成绿色生态宜居的新城，七大重点任务中就囊括“建设绿色智慧新城”和“打造优美生态环境”，推广装配式建筑正是奏好这一主旋律的关键一步。

雄安新区建设正在紧锣密鼓加速推进，动作频频，各方全力支持，城市规划方案也将出炉。雄安新区定位“绿色新城”，装配式建筑具有绿色环保优势，符合雄安建设目标。雄安新区或将大比例采用装配式建筑，这将起到标杆示范作用，推动装配式加速发展，低碳、绿色特征的装配式建筑将成为主流，随着政府对装配式建筑正面刺激政策的不断出台，行业有望迎来腾飞机遇。

从土地面积看，雄安新区总规划面积为2000km^2。雄安新区由雄县（524km^2）、安新县（314km^2）和容城县（738km^2）及周边地区组成，三县合计1573km^2。雄安新区规划建设以特定区域（容城、安新两县的60个村）为起步区先行开发，起步区面积约100km^2，中期发展区面积约200km^2，远期控制区面积约2000km^2。

深圳、上海浦东是雄安新区最合适的对标，数据如表 4-1 所示。

深圳、上海浦东与雄安新区相关数据 表 4-1

地区	设立时间	固定资产投资（亿元）	GDP（亿元）	土地面积（km^2）	常住人口（万人）
雄安新区	2017 年 4 月	270	214	1576	113
深圳	1980 年 10 月	4078	19493	1997	1191
上海浦东新区	1998 年 10 月	1826	8732	1210	547

未来几年，雄安新区的固定资产投资将保持相当规模。2016 年深圳固定资产投资为 4078 亿元，人均固定资产投资为 3.42 万元 / 人；上海浦东新区固定资产投资为 1826 亿元，人均固定资产投资为 3.29 万元 / 人。按人均固定资产投资 3.3 万～ 3.4 万元 / 人计算，雄安新区固定资产投资将达 3000 亿～ 4000 亿元。雄安新区 GDP 可达 1.4 万亿～ 1.9 万亿元。

从国家政策及装配式建筑应用趋势看，雄安新区为装配式建筑带来历史机遇。装配式建筑是雄安新城建设中主要采取的建筑方式。首先，“绿色生态宜居新城区”和“建设绿色智慧新城”是雄安的首要定位和任务，装配式建筑绿色环保优势突出；其次，3 年内新城雏形显现，5 年内完成起步区建设，雄安推进节奏较快，装配式建筑助力在时间表内完成目标；再次，河北省注重预制构件生产企业布局，为装配式建筑的推进打下良好基础。最后，装配式建筑发展将受益于雄安标杆示范作用：雄安新区或将有 80% ～ 90% 都采用装配式建筑，我国装配式目前尚处起步阶段，在雄安的示范效应下，将加快推动装配式建筑在更多省市应用。

2017 年 5 月，河北省印发《装配式建筑“十三五”发展规划》，明确河北装配式建筑与京津共同发展的目标、路径和任务，规划期为 2016—2020 年。要求构建京津冀装配式建筑协同发展格局，发挥河北装配式建筑示范市（县）的引领作用，石家庄、保定等 6 市率先发展、稳步推进。到 2020 年全省装配式建筑占新建建筑面积的 20% 以上，其中钢结构建筑占新建建筑面积的比例不低于 10%。全省培育 2 个国家级装配式建筑示范城市、20 个省级装配式建筑示范市（县）、30 个省级装配式建筑产业基地、80 个省级装配式建筑示范项目，使装配式建造成为主要建造方式之一。

雄安新区建设为装配式建筑带来更广阔的市场空间。雄安新区远期规划将承载 200 万～ 250 万人口，根据社科院数据，假设人均居住面积为 35m^2，雄安新区需 7000 万平方米的住宅面积，考虑雄安新区的住宅全部新建，若根据河北省“十三五”规划采用 20% 的装配式比例计算，按照 2000 元 / 平方米的价格，雄安住宅装配式的投资规模可达 280 亿元；按照雄安新区 80% ～ 90% 都将是装配式建筑的比例来测算，则装配式住宅总投资规模可达 1120 亿～ 1260 亿元。

如果按照平均 30% 的预制率来简单推算，每 1 万立方米产能可能满足约 8.3 万平方米装配式建筑，这样目前上述 5 个地区的产能每年可以满足约 614 万平方米的预制混凝土装配式建筑的需求。2018 年，河北全省装配式建筑总体需求量为 1961.43 万平方米，上述地区需求量（不包含雄安新区，仅包含原来雄县、容城、安新县城）为 303 万平方米。从目前的对比来看，供给能力是大于需求的。

4.2 京津冀协同发展

4.2.1 疏解非首都功能给河北带来的机遇

为推进京津冀装配式建筑协同发展，发挥北京全国科技创新中心、天津现代制造中心及河北配套落实的优势，建立京津冀装配式建筑产业发展联盟，共建统一的成果转移转化和技术交易平台，打造协同创新载体，实现创新成果、科技人才、信息资源共享。加强装配式建筑的研究、设计、部品部件生产、施工装配等方面的相互合作，发挥建设行业领军企业的优势作用，通过有效融合行业资源，打通设计、生产、施工、装修一体化产业链，嫁接金融资源，推动 PPP 模式应用，拓宽发展途径。

京津冀各城市协同定位如下：北京为国家智库、科技创新、设计创新、人才培训、标准制定、大数据管理。天津为示范基地、科技创新、设计研发、云计算服务。

河北省将率先发展地区京津科技推广基地、部品生产、物流配送、展示交易、区域辐射中心。率先发展地区依托本地建筑业基础、城镇化发展动力和京津市场潜力，抓住北京携手张家口联合承办 2022 年冬奥会的战略机遇，突出科技创新引领，兼顾发展钢结构建筑和装配式混凝土建筑，积极推动农村装配式低层住宅建设，通过打造区域性装配式建筑产业示范园区，辐射带动周边地区，满足京津市场需求，实现生产基地科学布局。

4.2.2 京津冀区域协同的产业优势

京津冀协同发展战略作为国家级战略，重要性毋庸置疑，战略要点的主要内容是：交通体系、生态体系、文化教育体系、主要产业体系、资金技术人口等要素体系、军民融合体系、社会治理体系等方面。发挥北京的辐射带动作用，打造以首都为核心的世界级城市群。全方位对接支持河北雄安新区规划建设。主要抓手在于：体制协调优势，顶层设计落实落地，明确责任主体和监督主体。

在建筑体系发展方面，国务院常务会议定调，按照推进供给侧结构性改革和新型城镇化发展的要求，大力发展钢结构、混凝土等装配式建筑，具有发展节能环保新产业、提高建筑安全水平、推动化解过剩产能等一举多得之效。京津冀加快提高装配式建筑占新建建筑面积的比例。

为此，一要适应市场需求，完善装配式建筑标准规范，推进集成化设计、工业化生产、装配化施工、一体化装修，支持部品部件生产企业完善品种和规格，引导企业研发适用技术、设备和机具，提高装配式建材应用比例，促进建造方式现代化。

二要健全与装配式建筑相适应的发包承包、施工许可、工程造价、竣工验收等制度，实现工程设计、部品部件生产、施工及采购统一管理和深度融合。强化全过程监管，确保工程质量安全。

三要加大人才培养力度，将发展装配式建筑列入城市规划建设考核指标，鼓励各地结合实际出台规划审批、基础设施配套、财政税收等支持政策，在供地方案中明确发展装配式建筑的比例要求。用“适用、经济、安全、绿色、美观”的装配式建筑服务发展方式转变，提升群众生活品质。

2022 年北京冬奥会和残奥会，就是北京、河北联办的体育盛会，将促进京津冀区域整体发展水平提升，聚焦重点领域，优化区域交通体系，推进交通互联互通，疏解过境交通；建设好北京新机场，打造区域世界级机场群；深化联防联控机制，加大区域环境治理力度；加强产业协作和转移，构建区域协同创新共同体。实现北京、天津、河北交界地区统一规划、统一政策、统一管控有着重要意义。

4.2.3 京津冀产业配套，协同发展

实现京津冀协同发展，是一个重大国家战略，要坚持优势互补、互利共赢、扎实推进，加快走出一条可持续协同发展的路子来。此后近三年时间里，京津冀相互融合、协同发展，加快推进产业对接协作，优化城市布局和空间结构，加强生态环境保护合作，构建现代化交通网络系统，加快推进市场一体化进程，抱成团朝着顶层设计的目标一起努力。

（1）北京的未来方向是，原则上不再发展一般制造业，做大节能环保产业，加快发展新能源汽车产业，用互联网思维改造提升传统产业。无论是产业转移，或是人口调控，北京处理好协同发展关系是很关键的。有序疏解北京非首都功能，并不以大小、高低为标准。三地之间定位不同，按京津冀协同发展规划纲要，就是一核、双城、三轴、四区、多节点，做更大空间上的布局。

北京近几年关停了 1341 家企业，主要是高耗能、高污染、高耗水企业。但高端制造业中，不具备竞争优势制造环节的疏解过程中，也包括科技创新成果转化，在 2015 年的基础上，2016 年北京向津冀的技术输出额达 154 亿元，同比增长 38.7%。可以看出，京津冀协同发展绝不是向天津、河北疏解北京压力，而是更好地谋划三地产业发展。

（2）天津的思路是，立足加快发展先进制造业和现代服务业、加快发展现代都市型农业、加快提升科技创新水平。在人才工作方面，天津做了不少努力：第一，与京冀联合开展引智引才活动。第二，推动实现人力资源服务业从业资格互认互通，共建劳务用工基地。第三，简化人才引进审批流程和手续。第四，发挥示范性高职院校专业优势，为京冀培训了大批院校师生和企业职工。第五，实施三地居民身份证异地受理服务措施，实行居住证持有人异地办证便利举措。

天津的主要功能体现在中央给予我们全国先进制造研发基地、北方国际航运核心区、金融创新运营示范区、改革开放先行区的 4 个定位，反映了对天津比较优势、城市功能、发展方向的科学把握，赋予了天津更大责任和更多期望。天津也需要主动承接非首都功能疏解，科学安排功能承接布局。围绕建立分级分类对接机制，防止同质竞争和资源浪费，实施产业、平台和项目“三级清单”管理。

（3）河北的优势与不足。京津冀协同发展推动了河北人才在三地间的交流合作。专业技术人员职称资格互认等政策打破了区域限制，高层次人才创新创业

园、博士后成果转化基地等京津冀人才创新创业基地落户河北，为河北人才带来更多创新创业机会。承德、廊坊、保定充分利用毗邻京津的区位优势和产业基地，通过科学规划引导产业发展、通过园区承载实现产业集聚，逐步充实服务京津装配式建筑的综合服务环，积极承接北京装配式建筑产业转移。

但与京津相比，河北缺乏先进技术、资金支持，产业结构欠佳、技术水平较低、经济发展滞后，难以吸收优秀人才。随着京津冀户籍限制放松、城际交通完善，河北优秀人才流失可能进一步加剧。为此，河北全面实施人才强省战略和人才兴冀工程：人才引进上，放宽外省市人才到河北工作的户籍、学历等条件限制，实行"先落户后就业"，不断完善人才评价激励办法，给予业绩突出的专业技术人才相应的荣誉和待遇，深化改革职称制度。

4.3 京津冀优势互补、互利共赢

习近平总书记多次强调，实现京津冀协同发展是一个重大国家战略，要坚持优势互补、互利共赢、扎实推进，加快走出一条科学持续的协同发展路子。京津冀一体化由首都经济圈的概念发展而来，包括北京市、天津市以及河北省的保定、唐山、石家庄、邯郸、邢台、衡水、沧州、秦皇岛、廊坊、张家口和承德，涉及京津和河北省 11 个地级市。区域面积约为 21.6 万平方千米，人口总数约为 1.1 亿人，其中外来人口 1750 万。

稳步实施河北省总体规划、功能定位规划和 27 个专项规划。河北必须调整产业结构，坚决化解过剩产能、加快推进工业转型升级、提升服务业规模和水平、实施创新驱动发展战略和促进农业增效农民增收。认真积极承接非首都功能疏解，打造芦台·汉沽津冀协同发展示范区等重点承接平台，交通一体化格局加快构建，生态环境保护深入推进，产业转型升级稳步推进。

4.4 2022 年冬奥会场馆建设

2017 年 12 月，京津冀国际体育产业大会在北京开幕。此次大会以"开放、合作、共享"为主题，京津冀三地体育局相关负责人与 300 多位行业专家、学者及行业代表共同就如何实现和深化京津冀体育协同发展展开热议。值得一提的是，与会者在讨论京津冀地区冰雪产业发展、场馆设施利用及体育旅游等多个议题时，都强调了北京 2022 年冬奥会的促进作用。

《北京 2022 年冬奥会场馆及配套基础设施总体建设计划》正式发布。建设计划共列入 52 个项目，包括场馆项目 18 项，其中新建场馆 8 项、改造场馆 8 项、临建场馆 2 项；配套基础设施建设项目 31 项；其他配套项目 3 项。冬奥会的成功申请也带来更多的发展机会，其中体育场馆是举办体育赛事和发展体育产业的基础。京津冀体育产业应借此良机协同发展过程中利用好这些场馆，实现三地间的合作、开放和共赢。

北京申冬奥成功让中国的冰雪产业迎来了发展的黄金机遇。作为北京冬奥会三大赛区之一，张家口将举办多项雪上赛事。京津冀地区应利用冬奥会筹备和举办的机遇，打造世界冰雪“第三极”。据调查显示，京津冀地区去年的 GDP 总量占全国的 10%，居住着 1.1 亿人口，拥有巨大的冰雪消费潜力。此外，即将举办冬奥会和京津冀一体化的不断发展，也都是打造世界冰雪“第三极”的有利条件。

京津冀三地要利用各自优势做不同布局，北京要成为京津冀冰雪产业资源的重要枢纽，打造高端冰雪赛事中心、冰雪的体验中心、营销和会展中心、科技研发与创新中心、人才培训中心和资源服务整合中心；天津应重点建设冰雪制造业研发基地；河北需要首先将崇礼打造成国际高端冰雪旅游度假区，然后重点建设高端冰雪运动基地等。

北京携手张家口共同承办的 2022 年冬奥会，有力地促进了京津冀协同发展。以北京 2022 年冬奥会雪上项目赛事承办地张家口市崇礼区为例，近年来这里的“冰雪经济”大幕已经率先开启。数据显示，2016—2017 年雪季崇礼全区共接待游客 267.6 万人次、收入 18.9 亿元，同比分别增长 22.5% 和 22.7%。

根据规划，北京赛区的国家速滑馆、首钢滑雪大跳台中心、冬运中心综合训练馆，延庆赛区的国家高山滑雪中心、国家雪车雪橇中心等新建竞赛场馆，均将于 2020 年 6 月前竣工。北京冬奥村、延庆冬奥村、延庆山地新闻中心等新建非竞赛场馆，将于 2021 年竣工。国家游泳中心、国家体育馆、五棵松体育中心等 8 个改造场馆，将于 2020 年和 2021 年陆续竣工。

2018 年，北京冬奥工程建设将全力推进国家速滑馆、国家高山滑雪中心、国家雪车雪橇中心、冬运中心综合训练馆、北京冬奥村 5 个已开工新建场馆按计划施工，确保完成 2018 年度建设目标。

同时，2018 年，北京冬奥工程建设还将加强协调推进首钢滑雪大跳台中心、延庆山地新闻中心、延庆冬奥村 3 个新建场馆开工建设；国家游泳中心、国家体育馆、首都体育馆、首都滑冰馆、首体综合馆 5 个改造场馆，要完成开工前各项前期准备工作，确保年底前开始改造。此外，配套基础设施建设也将全面加速。

目前，已有国家速滑馆、冬运中心综合训练馆、北京冬奥村、国家高山滑雪中心、国家雪车雪橇中心 5 个主要新建场馆，以及 11 项配套基础设施项目（包括 3 项交通设施、3 项电力设施、4 项水利设施和 1 项综合管廊），共计 16 项冬奥工程开工建设。各工程施工按计划推进，进度总体可控。

这些场馆的建设，钢结构技术作为主要的结构体系，对促进河北钢结构建筑的技术提升和产品应用将发挥重要的作用。

第5章

河北省钢结构建筑产业总体规划和发展目标

5.1 河北省装配式建筑产业发展概况

自2015年以来，河北省装配式建筑发展步伐不断加快。截至2016年底，全省在建装配式建筑项目490万平方米；落实农村装配式低层住宅420套，其中竣工135套，在建、待建285套。

一是政策引导力度不断加大。2015年3月，省政府印发《关于推进住宅产业现代化的指导意见》，明确住宅产业现代化的发展目标、工作重点、支持政策和保障措施。2016年6月，省政府印发《加快推进钢结构建筑发展方案》，提出在大跨度工业厂房、仓储设施中全力推广钢结构，在适宜的市政基础设施中优先采用钢结构，在公共建筑中大力推广钢结构，在住宅建设中积极稳妥地推进钢结构应用，促进钢铁产业化解过剩产能和转型升级。2017年1月，省政府办公厅印发《关于大力发展装配式建筑的实施意见》，明确把钢结构建筑作为建造方式创新的主攻方向，大力发展装配式混凝土建筑，在具备条件的地方倡导发展现代木结构建筑，力争用10年左右的时间，使全省装配式建筑占新建建筑面积的比例达到30%以上。

二是推动力度不断加强。省政府建立了分管副省长为召集人的省住宅产业现代化发展联席会议制度，统筹规划、组织协调、整体推进全省住宅产业现代化发展。2015年10月，省政府召开全省建筑节能与绿色建筑观摩座谈会暨住宅产业现代化工作现场会，安排部署全省住宅产业现代化工作。2016年5月，省政府召开全省钢结构建筑观摩暨建筑产业现代化工作现场会，会议明确，自2016年起，各市要以保障性住房、棚户区改造住房为重点，每年至少开工建设10万到15万平方米的钢结构住宅。

三是标准体系不断完善。省住房和城乡建设厅颁布实施了《装配整体式混凝土剪力墙结构设计规程》《装配式混凝土剪力墙结构建筑与设备技术规程》《装配式混凝土构件制作与验收标准》《装配式混凝土剪力墙结构施工及质量验收规程》

《装配整体式混合框架结构技术规程》等5部装配式混凝土建筑地方标准和《装配式混凝土剪力墙结构住宅表示方法及示例》等7项装配式混凝土建筑标准设计图集，印发了《河北省装配式混凝土结构工程定额（试行）》《河北省装配式混凝土结构工程工程量清单（试行）》。正在编制《建筑用钢型材标准》等5部钢结构建筑地方标准、《交错层积木（CLT）结构应用技术规程》和《河北省钢结构建筑工程定额及工程量清单》。

四是产业基础初步形成。近年来，河北省设计、开发、施工、部品生产等企业积极探索，不断实践，取得了一定成果，推动了河北省装配式建筑发展。目前，全省有5个国家住宅产业化基地和16个省基地，涵盖预制构件、建筑部品、新型墙材、装备制造等多个领域。全省预制混凝土构件年设计产能60万立方米，钢构件年设计产能178万吨，木构件年设计产能1万立方米，具备了加快装配式建筑发展的产业基础。

五是示范效应逐步显现。自2013年起，省住房和城乡建设厅每年安排专项资金支持省住宅产业现代化综合试点城市、农村装配式低层住宅建设试点县、国家级和省级基地企业、装配式建筑示范项目建设。石家庄、秦皇岛、唐山、保定、邯郸等5个综合试点城市在组织领导、政策制定、企业培育、技术研发、项目建设、宣传培训等方面做了大量工作，取得了扎实成效。涉县、唐山市丰润区、平山县等县（市、区）积极推动农村住宅转变建造方式，开展农村装配式低层住宅建设试点工作，取得了积极进展。基地企业和装配式建筑项目，发挥了示范引领和带动作用。

5.2 河北省钢结构建筑产业跨越发展的目标

推动工业由高速增长向高质量发展转变，2018年3月《河北省人民政府关于加快推进工业转型升级建设现代化工业体系的指导意见》出台，对2020年目标进行了设定：

规模以上工业增加值年均增速保持5%以上；战略性新兴产业成为国民经济的重要支柱产业，增加值占GDP比重达到12%，装备制造业第一支柱地位巩固提升；规模以上工业企业研发经费投入强度达到1%以上；两化融合指数在全国位次前进2位；绿色发展水平大幅提升；规模以上工业企业劳动生产率达到35

万元 / 人，工业类名牌产品稳定保持在 1200 项以上等。

打造“一核、四区、多集群”产业差异化发展格局。在优化区域产业布局方面，意见提出，打造“一核、四区、多集群”产业差异化发展格局。“一核”即雄安新区高端高新产业发展核心区，“四区”即石保廊创新发展示范区、张承绿色发展示范区、秦唐沧沿海开放发展示范区、邢衡邯特色产业和新兴产业发展“双轮”驱动示范区，“多集群”是通过改造提升一批、聚集发展一批、带动培育一批，打造多个有竞争力的特色产业集群。

落实省政府一系列工作部署，钢结构生产、建材生产作为河北省的优势传统产业，在先进节能环保产业中体现，钢结构建筑产业转型的重点是产品精品化，推进钢材深加工，提高型钢构件生产的标准化，向市场终端类消费产品延伸，培育省内钢结构建筑成为拉动经济增长的优势产业。

河北省钢结构建筑跨越发展的目标是：

2017—2020 年，第一步目标：立足现有产业基础和条件，形成河北地域特色的钢结构建筑研究、设计、生产、应用和施工、管理的新兴产业体系。

钢结构生产企业成为装配式建筑重要产业支撑。到 2020 年，全省培育 10 家左右钢结构企业产能达 5 万吨以上，生产钢构件产能达 10 万吨以上的企业 3 家以上，有 5 家地方钢结构生产企业进入全国行业前 100 强，钢结构建筑龙头企业的带动效果明显。到 2020 年，钢结构建筑产值占省建筑业产值 15% 左右，钢结构占建筑用钢 20% 以上，涌现出 5 家左右的技术、规模、品牌在国内有较高知名度的钢结构企业。

发挥钢结构建筑龙头企业的带动作用，重点培育与钢结构建筑配套的部品、建材产业链的快速增长，是河北省经济转型新“亮点”。

按照国家大力发展绿色新型建材和节能环保产品的战略，省、市两级政府应落实国务院和部委提出的绿色建材发展目标，确定地方鼓励、支持的建材、部品部品生产企业推荐名录企业，确立推荐产品名录企业，挂牌监督和指导，结合地市特点，重点在建筑陶瓷、建筑门窗、新型板材、厨卫产品、五金配件等领域突出地方产业优势，到 2020 年，每个地市形成 10 ～ 30 家产值、销售、效益在国内市场有品牌影响力的生产企业。

钢结构和装配式建筑技术研发取得新成果。明确四个重点领域的钢结构建筑应用：

一是钢结构住宅领域，围绕城市高层和多层装配式住宅、特色小镇建设、农村危改和新农村轻钢集成房屋市场，推出适宜的技术产品体系。

二是钢结构桥梁领域，公路、铁路桥梁，城市市政桥梁、景观建设、立体停车库等。

三是钢结构学校、钢结构医院形成标准化、产业化发展环境；在地震地区2万平方米的公共建筑优先采用钢结构建筑体系。

四是铁塔、通信塔桅、仓储和堆料大棚等领域的钢结构产品，充分体现河北产钢大省的优势，藏钢于建筑。

到2020年，省内重点培育5家以上掌握钢结构建筑集成设计技术与能力，在国内钢结构建筑领域知名的钢结构建筑设计研究院、建筑科研院或钢结构技术研究中心。

2020—2025年，第二步目标：按照《中国制造2025》实施目标和中共中央、国务院《关于进一步加强城市规划建设管理工作的若干意见》提出的“力争用10年左右时间，使装配式建筑占新建建筑的比例达30%，积极稳妥推广钢结构建筑”的目标。到2025年，钢结构建筑产业成为河北建筑业和地方经济的骨干行业，装配式钢结构建筑占到新建建筑15%左右，对地方经济增长的贡献率占到10%以上；带动地方新型建材、绿色板材、节能门窗、建筑陶瓷、建筑机械等产业链企业共同发展，推进全省建筑工业化的转型，加快新旧动能转换。

2020年，初步建立起比较完善的钢结构建筑技术和标准规范体系。在全省培育3～5个推进钢结构建筑发展重点市县，10家以上钢结构建筑龙头企业，10～20家钢结构建筑配套部品生产骨干企业，为钢结构建筑发展奠定坚实的产业基础。

5.3 河北省推广钢结构建筑的相关政策

《河北省装配式建筑“十三五”发展规划》提出：根据国家和河北省发展装配式建筑的政策措施，结合建筑节能和绿色建筑发展有关政策，构建全面、系统的政策保障体系，确保河北省装配式建筑发展激励措施落实到位。各地引导优秀企业培育差异性、互补性强的装配式建筑产业体系，积极进行科技研发和创新工作，鼓励具备条件的企业申报国家和省级装配式建筑产业基地。各地要结合实际，探索建立装配式建筑“绿色金融”支持政策。

（1）用地支持政策。将装配式建筑园区和基地建设纳入相关规划，优先安排建设用地。住房城乡建设部门要依据有关规定，明确装配式建造方式的具体要求或面积比例，并提供给城乡规划部门。城乡规划部门在编制和修改控制性详细规划时，应增加建造方式的控制内容；在规划实施管理过程中，应将建造方式的控制内容纳入规划条件。国土资源部门应当落实该控制性详细规划，在用地上予以保障。

（2）财政支持政策。符合条件的装配式建筑企业享受战略性新兴产业、高新技术企业和创新性企业扶持政策。政府投资或主导的项目采用装配式建造方式的，增量成本纳入建设成本。在2020年底前，对新开工建设的城镇装配式商品住宅和农村居民自建装配式住房项目，由项目所在地政府予以补贴，具体办法由各市（含定州、辛集市）根据本地情况制定。

扩大科技创新项目扶持资金支持范围，将装配式建筑发展列入各级科技计划指南重点支持领域。鼓励以装配式建筑技术研究为重点攻关方向以及绿色建材生产骨干企业联合高等学校、科研院所，申报省级以上重点（工程）实验室或工程（技术）研究中心。支持钢铁生产企业进行钢结构建筑生产技术改造，优先列入省工业企业技术改造项目库，对符合条件的项目，给予一定的技改资金支持。支持装配式建筑标准编制工作，对参与编制省级及以上标准的给予资金支持。

（3）税费优惠政策。对引进大型专用先进设备的装配式建筑生产企业，按照规定落实引进技术设备免征关税、重大技术装备进口关键原材料和零部件免征进口关税及进口环节增值税、企业购置机器设备抵扣增值税、固定资产加速折旧政策。企业销售自产的经认定列入《享受增值税即征即退政策的新型墙体材料目录》的装配式预制复合墙板（体）材料，按规定享受增值税即征即退50%的政策。

（4）金融支持政策。对建设装配式建筑园区、基地、项目及从事技术研发等工作且符合条件的企业，金融机构要积极开辟绿色通道，加大信贷支持力度，提升金融服务水平。

（5）行业引导政策。装配式建筑墙体材料生产企业达到国家鼓励类墙体材料产品和相关规定的，优先列入省新型墙体材料生产示范项目，预制部品部件纳入

《河北省建设工程材料设备推广使用产品目录》。将建筑业企业承建装配式建筑项目情况，纳入省建筑业企业信用综合评价指标体系。在人居环境奖评选、生态园林城市评估、绿色建筑评价等工作中增加装配式建筑方面的指标要求。在评选优质工程、优秀工程设计和考核文明工地时，优先考虑装配式建筑。

（6）优化发展环境。各级公安和交通运输管理部门在职能范围内，对运输超高、超宽部品部件（预制混凝土构件、钢构件等）运载车辆，在运输、交通通畅方面给予支持。在《河北省重污染天气应急预案》Ⅰ级应急响应措施发布时，装配式建筑施工工地可不停工，但不得从事土石方挖掘、石材切割、渣土运输、喷涂粉刷等作业。采用装配式建造方式的商品住宅项目，在办理规划审批手续时，其外墙预制部分的建筑面积（不超过规划总建筑面积的3%）可不计入成交地块的容积率；允许将预制构件投资计入工程建设投资额，纳入进度衡量。

落实河北省政府《加快推进钢结构建筑发展方案》，对从事钢结构建筑的有关企业和钢结构建筑项目，除享受《河北省装配式建筑“十三五”发展规划》支持政策外，还享受以下支持政策：

（1）在2020年底以前，对新开工建设的城镇钢结构商品住宅和农村居民自建钢结构住房项目，由项目所在地政府按照100元/平方米予以补贴。具体办法由各市制定。

（2）支持钢铁生产企业进行钢结构建筑生产技术改造，优先列入省工业企业技术改造项目库，并给予一定的技改资金支持。

（3）对引进大型专用先进设备的钢结构建筑生产企业，按照规定落实引进技术设备免征关税、重大技术装备进口关键原材料和零部件免征进口关税及进口环节增值税、企业购置机器设备抵扣增值税、固定资产加速折旧政策。

（4）企业销售自产的经认定列入《享受增值税即征即退政策的新型墙体材料目录》的钢结构建筑预制墙体材料，按规定享受增值税即征即退50%的政策。钢结构建筑预制墙体部分，征收的新型墙体材料专项基金即征即退。

（5）在《河北省重污染天气应急预案》Ⅰ级应急响应措施发布时，钢结构加工企业可不停产，钢结构建筑施工工地可不停工。但不得从事土石方挖掘、石材切割、渣土运输、喷涂粉刷等作业。

（6）在评选优质工程、优秀工程设计和考核文明工地时，优先考虑钢结构建筑。

（7）采用钢结构方式建设的商品住房项目，在办理规划审批手续时，其外墙预制部分建筑面积（不超过规划总建筑面积的 3%）可不计入成交地块的容积率核算。在办理《商品房预售许可证》时，允许将预制构件投资计入工程建设总投资额，纳入进度衡量。

第6章

河北省钢结构建筑产业机遇与挑战

6.1 河北省大力推广钢结构的基础和优势

推广钢结构建筑，实际上推广的是高效工业化生产模式，推广的是低碳减排绿色施工方式、推广的是资源充分利用、可回收再利用的发展模式，钢结构作为较成熟的建筑结构体系，在装配式建筑中占有重要地位，是未来工程建设中优先推广、优先选用的技术体系，钢结构企业必须抓住当前发展装配式建筑的机遇，研发应用围护材料、部品部件，进行系统集成，依靠产品性能和品质占领市场。

“十三五”期间，国家着力打造京津冀产业协同共同体，形成了产业集聚效应和示范引领作用，钢结构建筑产业具有明显优势，突出与京津对接合作，借力京津的产业优势和科技资源，首先应借助京津地区原有的钢结构优势企业和先进的生产技术、产能资源到河北地区设厂、落户；钢结构建筑是新兴绿色建筑节能的产业，通过政策吸引、市场运作，促进京津科技成果到河北孵化转化，为河北省地方钢结构建筑产业的做大做强形成最佳时机和条件。

“十三五”时期，是河北钢结构建筑产业最佳发展期。从河北省的建筑产业工业化进程看：加快推动产业和要素集聚，承接首都现代制造业、服务业和农业的定位，钢结构制造企业应成为产业创新的重点特色项目，省政府提出加快推进钢结构建筑发展方案，也是基于国情、省情和地方资源条件所作出的重大产业政策调整。

发展空间大。河北省城镇化推进工作任务繁重，由农业大省转向工业强省的发展过程中，重在夯实基础、突出产业支撑。目前，全省 8700 万人口，农业人口占 65%。适应城镇化发展的方向，按照《河北省新型城镇化与城乡统筹示范区建设规划（2016—2020）》，到 2020 年，城镇化率达到 60% 左右，新建建筑市场规模在 5 亿平方米以上。新一轮新区建设的有序展开，京津冀地区的协同发展，保护好生态环境，装配式建筑将成为新区建设的首选形式；加大承载能力强的产业园区建设，优先引导转移产业布局发展，促进产业转移集聚化，装配式钢结构建筑产业园将成为产城融合、城建互促的新载体。

区位优势佳。京津冀协同发展战略，具有发展钢结构得天独厚的优势。特别是京津冀一体化协同发展战略和国家设立雄安新区的重大战略决定，“千年大计、国家大事”，坚持高标准、高起点，按照生态、绿色理念，科学规划，产业优势明显的高端产业聚集区域，要建成绿色生态宜居新城区、创新驱动发展引领区，实现新区建设模式和生产方式的转变，以产业集群为支撑，体现资源优势、区位、产能优势为特征，国家和地方都开始启动一批以创新驱动、产业支撑、协同发展的城市群经济新区建设，必然拉动固定投资规模稳步增长。最新落户新区的48家央企，高端、高新产业将是新区产业的主流，创新型高新技术企业、知名院校、科研机构将成为新区产业结构的支撑。坚持生态优先、绿色发展，发挥市场在资源配置中的决定性作用。

产业基础好。据2016年行业统计，全省现有各类钢结构生产企业49家，年设计产能达178万吨，其中，年产能在3万吨钢结构企业11家，产能为60余万吨，钢结构建筑龙头企业培育提上日程。2017年住房和城乡建设部公布了关于认定第一批195家装配式建筑示范城市和产业基地，30个试点示范城市中。石家庄、唐山、邯郸三市被住房和城乡建设部认定为“国家装配式建筑示范城市”，13家省属和地方企业被认定为“国家装配式建筑产业基地”，其中钢结构设计、生产和部品企业8家。同时，为推动全省装配式建筑发展，省住房和城乡建设厅认定了河北建设、雪龙机械等14个省级装配式建筑产业基地，涵盖预制构件、建筑部品、新型墙材、装备制造等多个领域。

绿色经济强。建设绿色生态特色经济，治污减排措施到位。2016年全省空气质量平均达标天数207天，比2013年增加78天；PM2.5平均浓度大幅降低，2016年比2013年下降35.2%。得益于优化产业结构、扬尘治理、土地使用等七大专项行动；加强与京津污染联治和生态共建，京津保生态过渡带、三北防护林、京津风沙源治理、白洋淀和衡水湖治理等重大生态工程加快实施，对未来河北绿色生态发展水平提出更高要求。

推进建筑工业化，大力发展钢结构和装配式建筑，实现现场装配施工的绿色生产方式，打好“绿色牌”，是未来钢结构建筑的最大优势，与传统混凝土框架结构相比，钢结构建筑的混凝土用量节省49.52%，施工用水量节省85.1%，建筑架设工具用量节省60%。

在经济发展新常态下，作为钢铁大省、建筑大省的河北将钢结构建筑作为装配式建筑发展的主攻方向，或将是化解钢铁过剩、提速建筑产业现代化进程的最佳路径。随着国家和河北省一系列政策利好，破解减排与产业升级双重难题，加码绿色化路径正逢其时。而近年来河北深耕绿色化，在推进建筑产业现代化、墙材革新等方面已驶入快车道，并跻身全国第一梯队行列。

在国家发展装配式建筑的政策影响下，河北省需进一步明确装配式建筑发展的目标、路径和任务。首要关注点在于抓落实，真正把市场的积极性调动起来，使装配式建筑更具生命力、创造力。下一阶段，将紧紧围绕工作目标和重点任务，做好以下几项工作。

一是继续加大科技攻关力度，把装配式建筑技术作为科技创新的重要内容，加快解决制约装配式建筑发展的关键性技术问题。

二是切实实现张家口、石家庄、唐山、保定、邯郸、沧州 6 市率先发展，指导当地划定一定范围，全力推行装配式建造方式。

三是制定和实施好《河北省装配式建筑“十三五”发展规划》，会同有关部门搞好服务，既要奠定发展的坚实基础，又要避免出现新的产能过剩。

四是抓好试点，通过典型示范，以点带面，实现河北省装配式建筑的率先发展、加快发展和重点发展。

6.2 资源优势

2016 年全国粗钢产量 8.08 亿吨，建筑用钢 3.30 亿吨，建筑钢结构产量 5585 万吨，占钢产量的 6.9%，占建筑用钢比重的 16.9%；中国钢铁工业协会数据显示，2017 年我国粗钢产量将保持 8 亿吨水平，同比增加 3.6%，钢材产量达 11 亿吨。2016 年河北省加大化解过剩产能力度，压减产能 1800 万吨，但到“十三五”末期钢铁产能仍将保持在 2 亿吨左右，政府为降杠杆积极推动冀中能源、河钢集团 500 亿元债转股，建筑结构用钢品种齐全、供应充足，推广装配式建筑所需的水泥、建陶、机械和门窗业等建筑材料量大面广，加强产业链的合作，联手央企、建筑业龙头企业与河北地方企业的协同发展，一批新的龙头骨干企业将脱颖而出。

6.2.1 矿产资源优势

（1）世界钢铁看河北。河北省是我国第一钢铁大省，从2001年起钢铁产量已连续8年位居全国首位，是我国第一个年产钢超亿吨大省，同时，粗钢产量占全国产量的比重也逐年攀升，在国内、国际市场的拉动下，2008年，河北省粗钢产量跃升到11589万吨，约占全国粗钢产量的23%，与世界第二大产钢国日本的粗钢产量相当；生产生铁11355.66万吨、钢材11571.79万吨、铁矿石38097.21万吨，比2007年同期分别增长3.43%、10.06%和34.73%，占全国总量的比重分别为24.13%、19.89%和46.23%，继续保持了钢铁第一大省的地位。图6-1为21世纪以来河北省粗钢产量及占全国比重。

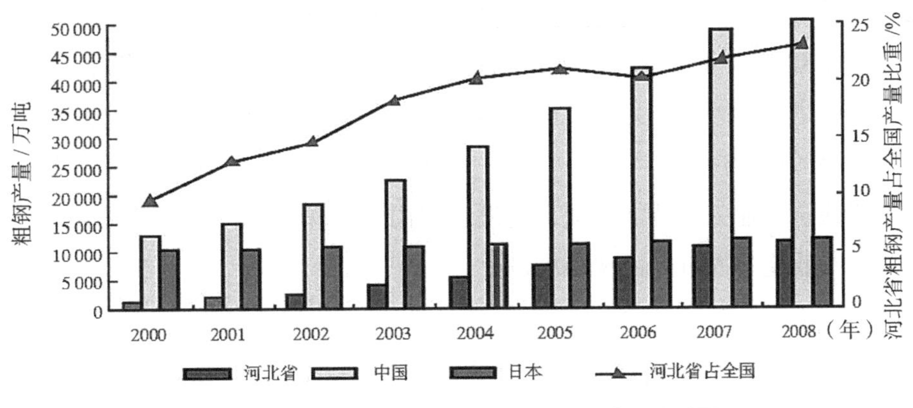

图6-1　21世纪以来河北省粗钢产量及占全国比重图

钢铁生产是铁-煤化工过程，所需大宗矿产资源包括铁矿、煤、熔剂性石灰岩。河北省成矿地质条件优越，矿产资源比较丰富，已探明矿产资源量居全国前10位的矿产有49种。

（2）铁矿储量大。河北省铁矿主要分布于冀东—北京密云怀柔、邯郸—邢台、张家口—宣化等地。①冀东—北京密云怀柔矿区已查明资源/储量62.7亿吨，找矿远景区预测铁矿资源潜力为50亿吨；其中，司家营铁矿为全国10个特大型铁矿床之一，探明资源/储量20.76亿吨。②邯郸—邢台矿区已查明资源/储量8.3亿吨。

（3）煤炭资源丰富。河北省是全国主要能源供应基地之一，煤种齐全，以炼焦用煤为主，保有储量88.48亿吨，占总保有储量的60.08%。居全国第五位，其中肥煤储量41.73亿吨，占炼焦用煤的47.16%。居全国储量第一位。全省煤田分布相对集中，按储量多少依次为唐山46.9亿吨、邯郸36.16亿吨、邢台27.58亿吨、张家口27.29亿吨。而且这些煤田与铁矿资源大多相邻，如宣化铁矿区，冀东、邯郸等地。

6.2.2 人才与科技资源优势

河北省钢铁产业现有唐钢、邯钢、新兴铸管3个国家级技术中心，宣钢、承钢、邢钢、石钢、邢机和唐山建龙6个省级技术中心，现代冶金技术省重点实验室1个。技术人员和高级技术人才占职工总数的比例处于全国同行业先进水平。

省内一批大中专院校开展装配式建筑人才培养。如唐山市依托曹妃甸大学城华北理工大学、唐山工业职业技术学院、曹妃甸职业技术学院等教育资源，联合骨干装配式建筑企业，围绕装配式建筑用工需求，开设装配式建筑工程专业课程，积极引进国内外装配式建筑优秀师资力量，采取理论教学、企业实训、技能大赛相结合的职教模式，培养与输出一大批高素质装配式建筑产业工人队伍。围绕装配式建筑产业工人技能培训，建设装配式建筑现场实训基地和现场模拟装配中心，为专业施工人员提供现场培训。

6.3 河北钢结构建筑应用领域与产业基础

河北省钢结构产品应用和在建项目，主要分布在钢结构住宅、高层或超高层建筑、大跨空间建筑、轻钢建筑、桥梁工程、塔桅工程等领域。

钢结构住宅是指以钢构件作为主要承重构件的住宅建筑。一般有低、多层钢结构住宅和高层钢结构住宅，低、多层钢结构住宅一般采用轻钢骨架体系，高层住宅一般采用钢框架结构体系、框架-剪力墙体系、交错桁架结构体系等。在轻钢集成房屋领域的代表企业有：唐山冀东集成房屋有限公司、涿州市盛景新型建材科技有限公司、廊坊市九天钢结构房屋有限公司、武强县宏宇集成房屋有限公司等。

高层钢结构一般是指6层以上（或30m以上），主要采用型钢、钢板连接或焊接成构件，再经连接、焊接而成的结构体系。高层钢结构常用钢框架结构、钢框架－混凝土核心筒结构形式。后者在现代高层、超高层钢结构中应用较为广泛，事实上，它属于钢 - 混凝土混合结构。具有高层、超高层钢结构建筑制造资质的有河北杭萧钢构有限公司等。

大跨空间钢结构建筑，目前在建筑领域主要的结构形式有网架、网壳、桁架、门式刚架、拉索结构及以上几种结构的组合，主要应用于工业厂房、体育场馆、汽（火）车站、飞机场、大型会议室等需要比较大空间的公共、运动场所。以钢结构厂房为例，其主要承重构件是钢材，包括钢柱子、钢梁、钢结构基础、钢屋架，钢屋盖。河北具有钢结构厂房资质的企业有河北佳美钢结构有限公司、河北金环钢结构有限公司、河北兴浦钢结构公司等。具有大跨空间钢结构资质的企业有河北大跨钢结构工程技术有限公司等。

钢结构桥梁是主要承重结构采用钢材的桥梁。钢结构桥梁主要的结构形式有梁式桥、钢拱桥、斜拉桥、悬索桥等。桥梁的基本组成部分一般由上部结构、下部结构、支座及附属工程等几部分组成。随着我国城市建设的高速发展和钢结构焊接、振动及桥梁上下结构设计、制造、施工等技术的日益成熟与发展，钢结构桥梁已广泛应用铁路、公路、公铁两用桥及人行天桥。具有钢结构桥梁资质的企业有中铁山桥集团有限公司、河北辰泰钢结构有限公司、河北正捷钢结构有限公司等。

轻钢结构是一种技术相对成熟、配套部品体系完善的钢结构房屋体系，已广泛应用于一般工农业、商业、服务性建筑，如办公楼、别墅、仓库、体育场馆、娱乐、旅游建筑和低、多层住宅建筑等领域。一般轻钢结构具有以下特征：厂房行车起吊重量小于 25t；每平方米用钢量小于 50kg/m^2；主要构件钢板厚度小于 10mm。具有轻钢结构资质的企业有河北辉跃轻钢结构有限公司、三河市邦士吉轻钢结构制造有限公司、衡水三和世纪轻钢结构有限公司等。

河北省也在积极促进轻钢民居体系在农村落地。基于钢结构住宅具有抗震性能好、施工速度快、有效使用面积大以及建筑材料可以循环利用等优点，在农村也非常具有推广价值。河北省已加大力度推动农村装配式低层住宅建设。支持各县（区）开展农村装配式低层住宅建设试点，引导农村住宅转变建造方式，提升农村民居品质和性能。近年，唐山丰润燕东新民居项目、涉县绿建方洲项目、张家口建设的近 3 万平方米的钢结构装配式 CL 集成住宅等钢结构项目，起到了积极的引领带动作用。

表 6-1 为“十三五”期间河北省钢结构在各类工程中的应用比例。

“十三五”期间河北省钢结构在各类工程中的应用比例（%）　　表 6-1

年份	高层	大跨空间、网架	轻钢	桥梁	塔桅	住宅
2011	25.2	39.9	31.5	2.1	1.4	—
2012	25.8	44.9	25.8	2.2	0.6	0.7
2013	32.8	41.6	15.2	7.2	—	3.2
2014	27.1	42.6	24.0	4.5	—	1.5
2015	28.9	43.0	18.4	5.2	1.7	3.5

6.4 区位优势

河北省独特的区位优势，京津冀协同发展战略，具有发展钢结构得天独厚的优势。特别是京津冀一体化协同发展战略和国家设立雄安新区的重大战略决定，“千年大计、国家大事”，是高标准、高起点，按照生态、绿色理念，科学规划，产业优势明显的高端产业聚集区域，要建成绿色生态宜居新城区、创新驱动发展引领区，在新区建设之初，绿色、环保的建设方式就应该及早介入，为实现新区建设服务，钢结构建筑将发挥其独具特色的优势，成为新时期装配式建筑的优选体系。

河北地处两条地震断裂带上，多处在 7 度以上区域。发生于 20 世纪的邢台、唐山、张北三次大地震，带来的灾难让人们深受其害。人们期盼能住上抗震、节能、环保的住房，而钢结构建筑恰恰具备这些优势。可以说钢结构建筑快速发展时代的到来恰逢其时，也是建筑业、房地产业转型升级的必由之路。

通过设计问卷、访谈，分别对河北省内用户、房地产开发商、设计施工企业、政府部门和高校、科研院所进行了分类调研，对河北省发展装配式钢结构住宅产业基础、资源优势、区位优势以及存在的问题有了比较清晰的认识，为下一步引导产业的有序发展打下基础。

6.5 河北省钢结构建筑推广面临的挑战

河北省政府印发了《关于钢铁行业化解过剩产能实现脱困发展的实施意见》和《加快推进钢结构建筑发展方案》等文件，各地政府对装配式钢结构住宅产业化的支持和鼓励，省内部分大型钢结构企业、房地产开发企业开展了钢结构住宅样板房的试点，不断提高社会和人们对其认知和了解。但是，受我国的房屋建筑仍以钢筋混凝土结构为主导的影响，省内设计、施工企业和社会层面，对促进钢结构住宅发展仍然存在一定的局限。

高层钢结构住宅是钢结构住宅主流应用体系，今年来得到国家和社会的更多关注，在充分体现钢结构建筑发展优势上，省内一批企业做了有益的尝试。中国二十二冶钢结构公司在唐山新区建设的唐山滦阳新城项目，总建筑面积 22 万平方米，采用钢框架—支撑—剪力墙结构体系，相比混凝土结构和木结构建筑，钢结构装配式建筑无论在绿色环保、安全节能，还是在培育新动能、化解钢铁产能以促进城市转型等方面，优势都很明显。

作为河北省乃至全国钢结构住宅示范性推广项目的沧州市福康家园，是大元集团与沧州市住建局合作承建的保障性住房项目，是河北省首家高层钢结构住宅小区工程，该项目在施工进度、劳务用工、节能、环保、绿色施工等方面效果显著，与高层钢筋混凝土剪力墙结构相比，主体工程技工用工量减少 50%，每 $100m^2$ 减少用工量 23%，主体施工工期减少 25%，建筑垃圾和污水排放、噪声排放减少约 80%，该项目受到了社会的广泛关注，推动了河北省钢结构住宅的应用与发展。

装配式钢结构住宅既符合国家产业化发展方向，节能减排，又能有效化解钢铁产能过剩矛盾，具有良好的发展前景。河北省装配式钢结构住宅目前处于初级发展阶段，应加大对装配式钢结构住宅的宣传，转变用户思想观念；进一步加快河北省住宅产业化政策的落实，加强对技术人员的培训；加快结构体系、钢材部品和围护结构研发、推广，加大力度进行规范标准的修订、完善工作。

6.5.1 技术体系单一、核心技术力量不强

从国内钢结构技术的发展看，以规范体系为引领。河北省要加快建立钢结构制作资质认证制度，严格市场准入，能够给设计、安装提供可靠的质量保证，当前发展的问题是钢结构规范标准滞后。目前钢结构住宅相关的设计、施工、评价和验收规范、规程标准共有 169 个，其中 2010 年以后的 81 个，占 48%，这说明有一半的规范近 10 年没有修订，而有关装配式钢结构住宅的图集、规程也没有发布，严重阻碍了钢结构住宅体系的发展。

钢结构必然要考虑防火问题，钢结构防火、防腐及围护结构问题经过对企业的调研，有 84% 的人员认为钢结构住宅的防火存在一些问题，70% 的人员认为结构防腐技术要改进。钢结构防火涂料的生产和施工存在一定问题。国内多数钢结构防火涂料生产企业的规模不大，生产工艺流程自动化水平不高，部分企业还处于手工作坊式操作模式，对专用于防火涂料的原料研究不够，对原材料的检测、控制不够，生产过程的检测手段不全，施工设备有待改进提高。而由于钢结构住宅外部有围护结构，没有直接暴露在空气中，所以其腐蚀不应与钢材腐蚀混为一谈，处理装配式钢结构住宅的防腐主要解决办法是采取隔离措施或改善围护结构的特性。

根据课题组调研收集情况看，省内装配式钢结构住宅体系还存在一些薄弱环节，表现在：结构体系不统一，结构选型不明确，结构性能不了解，设计标准不一致等。其主要原因在于：①装配式钢结构住宅体系属于各企业自行研发成果，缺乏统一性；②结构相关设计规范太多，规范之间的偏差导致设计标准难以界定；③大量的结构体系，其受力性能、抗震性能等仅靠某个企业或某个科研院所很难把握；④建成结构较少，很难从结构经济性、适用性等方面对结构户型、层高等因素进行设定。

成熟的技术体系是实施装配式建筑的根本，在当前实施中，省内部分城市和企业对“预制率”“装配率”等指标的认识存在一些误区，简单地认为越高越好，越高技术越先进，致使部分城市的试点项目存在建造成本居高、施工难度加大、综合效益不明显等问题。装配式建筑的技术选型需要系统、全面、综合考虑，其技术体系要融合土建与装修技术、设计与生产施工技术、预制与现浇技术、建造与运维等技术，集成一套对项目价值最大化的系统技术，同时还需结合区域气候特点、本地产业配套资源等现状做完善，以提高工程质量、提高建设效率、节约资源、减少排放为目的。提高技术认识，加强技术体系建设是发展装配式建筑的重要途径。

缺乏适合河北地域特色，具有独创的技术，研发具有自有知识产权的建筑产品，河北应该重在设计环节广泛开展自主创新活动。提升建筑设计水平，是实现工厂化生产的基础。在钢结构住宅的施工中严格按工艺流程组织施工，楼板梁柱的连接和装配方式严丝合缝，配套的楼墙板、门窗体系、整体厨卫体系均按设计图生产，现场按图序施工，发挥科研院校、设计施工单位的联合研制开发，加快技术成果的转化的步伐，尽快生产出从图纸设计到用户入住全系列、全过程的钢结构住宅产品。

要强化钢结构的设计力量和专业人才，更新设计理念、突破设计难题、完善从工厂化生产的构配件设计到现场装配化的工序设计，不断扩大钢结构住宅的标准化、装配化与部件化应用范围，形成完整配套的创新设计思路。

6.5.2 示范项目较少、龙头企业不多

钢结构作为比较成熟的装配式建筑技术体系，应该在装配式建筑推广中先行一步，推进装配式钢结构建筑，是一项涉及政府、行业、科研机构和企业的系统工作。企业既是研究成果的转化主体，也是产品的生产施工单位，通过培育龙头企业和配套部品生产骨干企业，拉动装配式建筑的市场需求，大力推进绿色建筑板材、墙材和部品的生产和应用，结合河北省建筑业发展现状，加快钢结构在民用住宅领域的推广步伐，推动传统的施工生产方式的转变。

现阶段，在装配式建筑方面，河北省内龙头企业匮乏，示范项目较少，主要的原因是建筑企业对装配式建筑普遍处于观望态度，试水装配式建筑多以民营企业为主，比如万科、远大住工、杭萧钢构等。随着政府的大力号召，这几年来企业对待装配式建筑的态度发生了明显转变，一些大型国有企业已经纷纷跟上脚步，加大了产业化投入力度，有的公司还专门成立了科技集团，来推动新型建筑工业化与建筑节能的发展。

目前，实力强的龙头企业充当了推行装配式建筑的主力，而大量中小建筑企业依然顾虑重重。由于目前政策鼓励不足、创新能力欠缺、技术成熟度不够等原因，要搞装配式建筑，往往投入大、成本高，令中小企业望而却步。目前来看，只有少部分国企、央企和产品结构较为合理、具有前瞻性提前布局且有良好信誉的民企才能介入建筑产业化、装配式建筑，中小建筑企业很难参与。

中小建筑企业在装配式建筑发展的过程中将如何发挥作用。中小企业都有自己特点，有的擅长施工管理，有的擅长加工制作，甚至有的擅长门窗、建筑材料、建筑机械等某一细分领域，企业应根据自己的优势特点进行发展，而不是都投入到建立大型工厂，投入到大而全的重资产投入，要根据自己的技术特点与资金实力，围绕产品做深耕细作。

6.5.3 突破地域瓶颈、打通全产业链

我国传统的建设模式是设计和施工分为两个完全独立的阶段，即设计方完成设计后交由施工方按图实施，施工企业不参与设计阶段的工作。长期以来，行业内绝大多数企业都按这种模式生产经营，导致设计、施工企业的相互关注度和参与度减弱，设计与施工脱节，建筑产业链上下游之间沟通联系严重不足，建设过程分段分块割裂的现状十分明显，而装配式建筑发展要求采用全过程系统化思维理念，设计要充分考虑后端构件生产、施工安装的条件并要为后端工序创造更多有利条件，设计、施工要一体化才能有效地解决建设全过程的问题。由传统的设计、施工分段割裂的现状，转向工程总承包的建设模式，是推动装配式建筑发展的制度保障，是制度创新的关键。

近年在产业链培育和引导中，部分地方过于注重对构件生产厂的“高、大、上”定位要求，在产业资金投入上，生产环节固定资产投入占用了绝大多数份额。据有关数据统计，截至2014年底，全国共有200条PC构件生产线投建，部分城市出现PC构件厂集中投产，在市场供需关系不均衡时，构件生产环节提前进入非理性的价格竞争阶段，对产品质量和产业发展带来负面影响。而同期在装配式设计技术研究、施工技术研究及与绿建技术、BIM技术融合研究等方面的投入严重不足，因研发产生的新技术、新工艺以及工业化配套机械工具的成果不足，又直接影响建造成本和现场作业环境改善等方面。

建立适合装配式建筑发展的建设模式，必须突破地域发展瓶颈的障碍。当前，在装配式建筑领域尚存大量基础研究有待探索，少数企业为开发专有技术体系在研发投入方面压力巨大，各地应加大公共研发经费投入力度，鼓励企业开展产业化成套技术研究，保护其研发知识产权，对开发领先技术成果的企业和团队给予支持和奖励，同时能够促进产业链均衡发展。

突破瓶颈大力发展装配式建筑除了从政策及市场导向等大处着手外，亦须从多方面降低建造成本、不断提高相关人员认知度，打通设计、生产、施工、装修一体化产业链的同时，降低成本，提高各环节技术工种的技能水平。

6.5.4 产能疏解机遇应突出地方特色

强化首都功能，合理疏解产能，就要构建京津冀装配式建筑协同发展格局。

河北积极承接北京非首都功能疏解，发挥河北装配式建筑示范市（县）的引领作用，明确功能定位，突出发展重点，建立以科技创新、智慧发展、要素集聚、产业联动为特点的装配式建筑立体发展格局。规划张家口、石家庄、唐山、保定、邯郸、沧州市和环京津县（市、区）率先发展，其他市、县加快发展。

率先发展地区依托本地建筑业基础、城镇化发展动力和京津市场潜力，抓住北京携手张家口联合承办2022年冬季奥运会的战略机遇，突出科技创新引领，兼顾发展钢结构建筑和装配式混凝土建筑，积极推动农村装配式低层住宅建设，通过打造区域性装配式建筑产业示范园区，辐射带动周边地区，满足京津市场需求，实现生产基地科学布局。

环京津县（市、区）结合本地既有特色产业基础，规划形成面向京津市场的装配式建筑综合服务环，进一步整合并提升现有产业门类，以市场需求为导向，建立服务京津及周边地区的装配式建筑全产业链产品供应与服务带，使装配式建筑相关产业成为促进区域内产业转型的新动力。

6.5.5 依靠地方产业化协同，突破造价瓶颈

钢结构建筑从当前造价看，低于装配式混凝土体系，高于现浇施工生产体系。课题组选取了钢结构高层建设相关案例，分析了钢结构住宅耗用水泥、砂石、钢材、施工用水、用电、人工费、主材费占比情况。

钢结构住宅成本构成情况：商品混凝土占总造价5.96%，钢材（钢板、钢筋）占总造价21.2%，施工用水占总造价0.05%，施工用电占总造价0.27%，人工费占总造价22.1%，主材费（桁架板、内外墙板）占总造价18.2%。其他主辅材、机械费、管理费、利润及税金等占总造价32.22%，从构成比例可以看出经济性研究方向（表6-2）。

从河北在建的一个钢结构住宅项目成本构成情况看，现阶段钢结构住宅建造，由于产业化暂不成熟、标准化程度不高，企业自身力量研发、集成、投入成本较大，钢结构住宅的建安造价，比传统现浇的混凝土结构平均高约300元/平方米，占总造价的15%左右。

唐山在建某栋钢结构住宅与其他体系成本比较　　表 6-2

项目	3 号楼	7 号楼	9 号楼	4 号楼
结构形式	现浇混凝土剪力墙	水平构件预制 PC	预制混凝土剪力墙 PC	钢结构
建筑面积（m^2）	11912	19824	9630	10850
预制率（%）	12	36.6	64.76	90
地上结构钢筋用量 (kg/m^2)	47	54	54	42(25.6)
钢结构用量 (kg/m^2)	/	/	/	71
人工费（元 /m^2）	327	252	275	186
材料费（元 /m^2）	1200	1432	1564	1673
机械费（元 /m^2）	55	58	63	163
管理费（元 /m^2）	55	58	63	70
利润（元 /m^2）	36	39	42	46
规费（元 /m^2）	55	39	42	46
税金（元 /m^2）	18	19	21	23
安全文明费（元 /m^2）	73	39	42	70
粗装造价合计（元 /m^2）	1818	1935	2113	2324
直接成本对比（%）	100	106	116	128

6.6 河北省内主要钢结构企业情况介绍

为了解清楚河北省钢结构企业情况，特进行企业调研，并整理形成文件如下（此次调研不进行排名，不分先后）：

（1）金环建设集团有限公司

金环建设集团有限公司创建于 2003 年，注册资本 3.2 亿元，是一家集工程总承包和钢结构设计 / 制造 / 施工于一体的集团型建筑企业，目前年钢结构产能达到 20 万吨，年建筑业产值突破 30 亿元。集团总部位于河北石家庄，并在全球设有 5 家分支机构，其中包括：北京工程总承包总部、石家庄生产基地、邯郸生产基地、上海设计院，以及美国生产基地。

金环建设集团拥有建筑工程施工总承包一级资质、钢结构工程专业承包一级资质、轻型钢结构工程设计专项甲级、中国钢结构制造特级企业资质等多项国内资质，同时获得美国钢结构协会AISC认证，加拿大焊接协会CWB以及欧盟EN1090等多项全球最具权威的钢结构产品管理体系国际认证。

金环建设集团获得首批国家认证的装配式建筑产业基地，诸多工程荣获“中国钢结构金奖”，河北省“安济杯”“兴石杯”“从台杯”等优质奖项，连续多年被授予“河北省诚信企业”，中国建筑钢结构行业诚信企业，河北省建筑工程招标投标诚实守信AAAAA级施工企业等荣誉。金环建设集团入选中国建筑金属结构协会中国建筑钢结构行业20强企业，被评为国家级“高新技术企业”，同时也被授予河北省工业企业研发机构、钢结构施工工程技术研究中心、河北省企业技术中心等。

金环建设集团目前现有员工2000余人，拥有一大批建筑和钢结构领域的高级专业人才，其中80人拥有高级职称，120余人拥有建造师证书。吸纳了大量高级技术人才，培养出一大批达到美国、加拿大、欧盟等地国际焊接技术认证的焊接工人。近年来，金环建设集团引进了一大批来自双一流大学的优秀研究生人才，不断强化人才力量。

在生产能力提高的同时，金环建设集团还注重技术提高及企业发展。与清华、同济、京冶等钢结构领域最著名的科研院所建立紧密联系，研制出波纹腹板、钢筋桁架楼承板和屈曲支撑等15项发明专利。

凭借过硬的品质和行业信誉，金环建设集团承接了一大批国内外高端工程项目。包括国家会展中心（天津）、河北奥林匹克中心体育场、石家庄全民健身中心、邯郸五得利大厦、西安浐灞河2号桥、石家庄先天下、北京华贸写字楼等经典工程，全面覆盖市政建设、工业建筑、公共建筑等多个领域。与此同时，金环建设集团不断拓展国外市场，取得了骄人的成绩。金环建设集团承建的洛杉矶体育场项目，是美国2028年洛杉矶奥运会开闭幕式的主场馆，也是美国20年来最具影响力的公共工程。与此同时，“美国梦”综合体、苏黎世保险北美总部大厦、卡塔尔多哈大厦等，已经成为世界各地的标志性建筑，向世界展示了中国品质和工匠精神。

金环建设集团始终坚持品质至上，以诚信为立企之本，以先进为服务之宗，以共赢为合作之道。“缔造金牌建筑，追求环世精品”是每一个金环人的愿景和追求。金环建设集团将继续坚持经营与管理创新，持续优化品质服务，实现跨越式发展。

（2）大元建业集团股份有限公司

大元建业集团成立于1952年，于1998年在沧州市率先完成企业改制，2005年组建集团公司。市场分布在全国30个省市自治区。集团下设50家非法人分支机构和10家子公司。在金融、房建、市政、公路、水利、铁路、化工石油、桥梁、隧道、房地产、商品混凝土、建材、租赁等各个领域铸就了属于自己的品牌。

资质情况为：总承包序列为特级，专业承包序列为一级，设计专项资质为甲级。具有包括建筑工程施工总承包特级资质，市政公用工程施工总承包壹级资质等在内的各专业资质24项。技术研发力量方面：拥有专利36项，工法43项。参与编制标准：行业标准6项；地方标准7项。建筑设计力量为专项设计甲级。

人员构成：员工总数3378人，其中高级职称50人，中级职称216人，技术工人42人。

现已完工的钢结构项目有：天津中央直属棉花储备库扩建工程项目，沧州华巨汽车零部件有限公司1号厂房及外网建设工程，中央储备粮潮州直属库储备仓扩建，400MW太阳能电池组件厂房改造项目施工，重庆成元汽车零部件有限公司车身覆盖零部件生产等。目前在建的钢结构项目有：高端装备制造基地1号车间，成安县北方阀门产业创新创业孵化基地项目施工，天津金洪制造机械有限公司天津汽车零部件基地项目，年产280万件卫生陶瓷生产线项目（4号生产线），沧州市体育运动学校综合训练馆施工。获得中国钢结构金奖项目有沧州市福康家园公共租赁住房住宅项目钢结构工程。

“筑诚信大厦，创建业纪元”是大元永恒的主题，“项目做品质，企业做品牌”是大元不变的方针，“打造核心技术，实现大元施工转型升级大元创造”是大元既定的目标。近年来，大元荣获“鲁班奖”“长城杯奖”“安济杯”“海河杯”“泰山杯”“杨子杯”等省级以上优质工程奖300余项，主编过2项国家级标准、荣获5项国家级工法，取得86项国家专利。系中国承包商80强、中国建筑业竞争力百强企业，被评为全国建筑业先进企业、全国守合同重信用优秀企业、全国工程建设质量管理优秀企业、全国用户满意企业、全国建筑业技术创新先进企业等荣誉称号。

大元建业集团适应新常态、把握新常态、引领新常态，转型升级，全员创新，向着“上市企业、创新企业、千亿企业、幸福企业、百年企业”昂首进发。大改革、大格局的时代强音，大智慧、大发展的梦想脚步，拓印在未来的征途。

（3）河北建设集团股份有限公司

河北建设集团前身为中央轻工业部东北工程公司（1952年成立）和纺织工业部华北纺织管理局第一建筑安装工程公司（1953年成立），这两支中央部属企业合并后于1964年更名为建筑工程部华北工程管理局第二建筑工程公司，1997年正式组建河北建设集团有限公司，2017年更名为河北建设集团股份有限公司。

本公司坐落于河北省保定市，注册资本金13亿元。按2016年全集团实现收入386亿元，新承接项目合同额482亿元，于2017年位居中国企业500强（366位），中国承包商80强（20位）。根据弗若斯特沙利文的资料，按2016年收益计算，是京津冀地区最大的非国有建筑承包公司和中国第二大非国有建筑承包公司。

近几年年产能在2014年3万吨，2015年3.5万吨，2016年5万吨。年产值在2014年8.7亿元，2015年9.9亿元，2016年12.8亿元。

资质情况：总承包序列为特级，专业承包序列为一级，设计专项资质为甲级。河北建设由一个专业单一的土建公司发展为建筑工程施工总承包为主项跨行业的特级资质企业。技术研发力量方面：拥有专利36项，工法85项；参与编制标准：国家标准1项，行业标准5项，地方标准5项。建筑设计力量为专项设计甲级。

人员构成：员工总数836人，其中高级职称95人，中级职称200人，技术工人162人。

现已完工的项目有：山东阿诺达汽车零件制造有限公司机械加工车间二、四（门式刚架结构），北京华源泰盟节能设备有限公司保定满城工厂建设工程（门式刚架结构），中铁电化保定科技工业园（一期）项目（门式刚架结构），后四厂石油石化设备厂——轻容联合厂房完善工程（门式刚架结构）等。在建的项目有石家庄市欧洲产业园电机总装车间、整车控制器生产车间，新建年产2亿平方米锂离子动力电池隔膜项目，河湖治理研究基地项目——太湖试验厅工程，天津新港船舶重工海工装备造修基地建设项目修船区轮机车间及仓库工程等。获得中国钢结构金奖项目有邯郸客运中心主站钢结构工程。

河北建设坚持和发扬“做有思想的企业，做有人格的法人”的企业精神，坚守“诚信为本、操守为重”的法人人格，坚持“追求超越、奉献真诚、组织无界、共创价值”的核心价值观，全力打造“达人达己的幸福企业，基业长青的百年老店”，不断提高为客户服务的能力，在社会和广大客户的支援下，实现了快速发展，先后荣获“国家级守合同重信用企业”“全国模范职工之家”“全国五一劳动奖”“全国用户满意企业”“全国优秀施工企业”“全国工程建设管理先进单位”“全国工程建设品质管制优秀企业”“全国建筑业新技术应用先进集体”等国家级荣誉称号。

（4）河钢集团有限公司

河钢集团是我国最大的钢铁材料制造和综合服务商之一，以钢铁材料为主业，横跨矿山资源、金融证券、现代物流、钢铁贸易、装备制造等板块。连续9年上榜《财富》世界企业500强位列第221位，在中国冶金工业规划研究院发布的MPI中国钢铁企业竞争力排名中获“竞争力极强”最高评级。河钢是世界钢铁协会执委会成员、中国钢铁工业协会轮值会长单位。

河钢集团在中国乃至全球钢铁产业布局中占据重要席位。钢铁主业拥有世界钢铁行业顶级的工艺技术装备，具备进口钢材国产化、高端产品升级换代的强大基础。集团主要产品覆盖除无缝钢管外所有品种领域，是中国产品规格最齐全的钢铁企业。冷轧薄板、高强螺纹钢筋、宽厚板、管线钢和特钢棒材等品牌产品在国内外享有盛誉。

2016年实现营业收入2908亿元，年末资产总额达到3604亿元。资质情况为：总承包序列为特级，专业承包序列为一级，设计专项资质为甲级。技术研发力量：构建了完善的技术研发平台，拥有2个国家认定企业技术中心、4个省级认定企业技术中心和7个通过CNAS认可理化试验室，以及冷轧及涂层钢板、高品质钢连铸、钢结构用钢、钒钛、宽厚钢板和钢铁产业6个省级工程技术研究中心，设有3个“院士工作站”和3个“博士后科研工作站”。建筑设计力量为专项设计甲级。人员构成：员工总数112657人，其中高级职称（高工）3155人，中级职称（工程师）5845人，技术工人13687人。

河钢集团切实履行社会责任，建设清洁循环可持续发展的绿色钢铁企业，核心企业被业内誉为“世界最清洁钢厂”，被工业和信息化部树为钢厂与城市协调发展的典型。在业内率先制定《绿色发展行动计划》，明确了推动绿色发展的目标和路径，在引领行业“绿色发展”的道路上阔步前行。

（5）河钢中建钢结构有限公司

河钢集团是全球较大的钢铁材料制造商和综合服务商之一，致力于为社会提供优质的绿色钢铁和满足用户需求的材料解决方案。中建钢构是我国最大的钢结构建筑产业集团，拥有强大的品牌影响力和社会美誉度，目前已成为推动建筑产业绿色转型的重要力量。河北建投是河北最大的国有资本投资运营集团，是支持河北经济社会发展的重要投融资平台、金融服务平台和基础设施建设平台。成立河钢中建钢构，是合作三方以产业联盟的形式推动建筑产业绿色发展的重要举措。该公司的设立，构建了更加适应经济发展新常态的商业模式，顺应了建筑行业绿色发展趋势。

近几年的年产能：2014 年 10 万吨，2015 年 12 万吨，2016 年 15 万吨。年产值：2014 年 5 亿元，2015 年 6 亿元，2016 年 7.5 亿元。

资质情况：总承包序列为特级，专业承包序列为一级，设计专项资质为甲级。技术研发力量方面：拥有专利 323 项，工法 15 项。参与编制标准：国家标准 23 项，行业标准 20 项，地方标准 10 项。建筑设计力量为专项设计甲级。

人员构成：员工总数 2623 人，其中高级职称 236 人，中级职称 580 人，技术工人 1523 人。

近年来完工的项目有：河北开元环球中心（钢框架核心筒结构），石家庄苏宁电器广场项目（钢框架核心筒结构），新合作大厦项目（钢框架核心筒结构），石家庄国展中心项目（大跨度钢框架结构）。在建的项目有：廊坊大剧院项目（管桁架结构）。

河钢集团与中建钢构、河北建投合资成立河钢中建钢构。该公司将以三大股东为依托，抢抓循环经济、绿色发展机遇，立足河北，面向京津冀以及国内、国际市场，实施和运营钢结构建筑项目的开发和建设，致力于打造成为河北省集设计、生产、施工一体化的装配式建筑龙头企业。

（6）河北津西新材料科技有限公司

系津西绿建产业集团骨干企业，位于唐山市迁西县，是集团延伸产业链的重要组成部分，拥有年产矿渣微粉 210 万吨、各类钢结构 5 万吨的生产能力，年销售收入超 5 亿元，集固废综合利用、PC 板、装配式钢结构制造于一体的能源综合利用现代新型制造示范企业。同时，公司依托国家钢结构技术研究中心装配式标准化钢结构建筑研究院这一国家级设计研发平台，自主研发装配式钢结构体系，与之配套的钢结构件和“三板体系”，联合清华大学、北京建筑大学、东南大学，拥有强大的技术研发实力和技术研发团队。

公司有一级注册建筑师 25 人、一级注册建造师 10 人、一级注册结构师 20

人、一级注册工程师3人等；公司获得原建设部国家住宅产业化示范基地、国家钢结构住宅中试基地、中国建设科技自主创新优势企业称号；承担编制国家装配式钢结构建筑规范及国家标准图集等数本，先后承担了国家“863”计划、国家火炬计划、国家“十三五”重大研发课题，将工业废弃物研发成绿色板材。

其中，钢渣水渣固废综合利用项目的建成，可有效解决高炉炼铁、转炉炼钢过程中产生的固体废渣，既保护环境，又减少资金占用。通过加工后的矿渣微粉作为水泥和混凝土原料，实现绿色循环利用。

PC板是装配式钢结构建筑全产业链上最重要也是最基础的一环，串接起型钢、研究院、设计院、产业园、地产和消费者等各个环节，通过PC生产线进行加工处理，制造外墙板、叠合板和楼梯阳台等异型预制件，可以像搭积木一样装配建筑。

钢构制造加工目前拥有2条焊接型钢生产线和1条加工生产线，主要涵盖设备钢构和建筑钢构，产品成功应用于北京顺义文化中心、哈尔滨银行大厦、青岛绿城、宁夏庆华国际广场、天津滨海航天器厂等重点项目。

（7）杭萧钢构（河北）建设有限公司

杭萧钢构（河北）建设有限公司是杭萧钢构（集团）的控股子公司。公司集钢结构设计、制作、安装为一体。产品主要有厂房钢结构、多高层钢结构、超高层钢结构以及管桁架等大跨度空间结构。经过十多年的努力，杭萧钢构（河北）已经成为中国北方地区最大的钢结构生产加工基地和出口商。公司地处京、津、唐交汇的玉田县现代工业园区，注册资金6000万元，占地20万平方米，生产车间建筑面积7万平方米。年产钢构件10万吨，年产压型板材100万平方米。

近几年年产能：2014年5.7万吨，2015年3.9万吨，2016年5万吨。年产值：2014年4.91亿元，2015年3.39亿元，2016年4.05亿元。

资质情况为：总承包序列为一级，专业承包序列为一级，设计专项资质为甲级。拥有建筑工程施工总承包一级资质、国家钢结构工程专业承包壹级资质、中国钢结构协会颁发的钢结构制作特级资质、中华人民共和国对外工程承包资质、钢结构工程设计甲级资质。

技术研发力量方面：拥有专利17项。参与编制标准：国家标准6项，行业标准25项，地方标准4项。建筑设计力量为专项设计甲级。

人员构成：员工总数620人，其中高级职称6人，中级职称18人，技术工人390人。

现已完成的工程有：马来西亚精英柏威年工程，北京市CBD核心商务区Z2b地块商业金融工程（北京三星中国总部大楼工程），丰台区成寿寺B5地块定向安置房项目，临汾市滨河西路与彩虹桥、景观大道立交桥项目钢箱梁专业分包工程等。获得中国钢结构金奖项目有：北京CBD核心区Z13地块商业金融项目钢结构工程，机房楼A等3项（中国航信高科技产业园）钢结构工程等。

杭萧钢构通过ISO9001质量体系、ISO14001：2004环境管理体系、BSI-OHSAS18001：1999职业安全管理体系认证，并于2010年12月通过美国钢结构协会AISC认证、通过新加坡钢结构协会S1认证、新加坡建筑建设局一级专业建造商认证。

杭萧钢构以"为客户提供优质产品，为社会承担更多责任"为方针，以"做大、做精、做强"为发展信念，抓住环渤海经济圈发展的契机，为客户提供优质的产品和服务，同时公司积极投身国际市场的开拓与运营，成立了HANGXIAO STEEL STRUCTURE（MALAYSIA）SDN. BHD. 和HEBEI HANGXIAO（OVERSEAS）PTE. LTD.，产品遍布冰岛、巴西、新加坡、马来西亚、卡塔尔、沙特阿拉伯、赞比亚、坦桑尼亚、日本等全球多个国家或地区，成为世界一流的钢结构企业。

（8）河北冶金建设集团有限公司

河北冶金建设集团有限公司，是具有国家一级施工总承包资质的大型综合性建筑施工企业，成立于1965年3月，2000年4月改制为国有独资有限公司，并同时组建河北冶金建设集团。公司是河北省重点支持的大型建筑业企业之一，1998年8月通过质量管理体系认证，2006年5月通过质量、环境和职业健康安全管理体系认证。

集团公司下设六个工程分公司，房屋建筑、装饰装修、地基基础三个专业分公司，石家庄、邢台、天津等四个区域公司。公司具有冶金工程施工、建筑工程施工、市政公用工程施工三项总承包一级资质；钢结构工程、地基基础工程、建筑装修装饰工程、建筑机电安装工程四项专业承包一级资质以及起重机械安装、维修A级，锅炉安装一级，压力容器制造安装D2级，压力管道B级安装资质等多项特种资质，公司拥有经省质量技术监督局批准设立的焊工考试委员会。公司注册资本1亿元，在册职工2100人，各类专业技术管理人员860人，其中注册一、二级建造师213人，高、中级职称人员502人，具有大型设备1000余台（套），拥有较强的技术力量、装备能力和管理水平。

公司大力实施名牌战略、精品战略和市场多元化战略，先后完成了冶金、建筑、市政、钢结构、化工、医药、电力、机电等一大批大中型工程项目建设，足迹遍及河北、河南、山东、山西、湖南、湖北、江苏、江西、福建、浙江、安徽、四川、内蒙古、宁夏、新疆、辽宁、吉林、黑龙江、北京、天津、广西、广东等省、市、自治区以及越南、马来西亚等国家。在长期的施工实践中，公司在冶金、钢结构、锅炉、电力、压力管道、起重机械、化工、机电、建筑、市政公用工程建设等方面形成了企业的技术优势，具有较强的综合施工能力和市场竞争能力。公司在施工中创建了一大批国家、省、市优质工程，获河北省工程建设工法20多项、河北省建设科技进步奖18项。

近几年完成钢结构工程：江苏省镔鑫钢铁集团有限公司智能化全封闭原配料综合处置中心项目，唐山文丰山川轮毂有限公司高炉工程，天津荣程联合钢铁集团有限公司1100mm全连轧带钢生产线工程，舞钢新希望炼铁有限公司原料场地封闭，安徽省贵航特钢有限公司料场环保升级改造工程，邯郸钢铁集团有限责任公司第二料场环保改造项目料场棚化工程。

（9）中建二局安装工程有限公司

中建二局安装工程有限公司是国有建筑安装施工企业，隶属于世界500强企业——中国建筑股份有限公司，具有独立法人资格。公司创建于1952年，2007年12月改制后更名为“中建二局安装工程有限公司”。公司总部设在北京，在上海、深圳、大连、北京、成都等地设有5个区域性分公司，在廊坊设有年产10万吨钢结构加工基地，在阿尔及利亚、东南亚设立海外分公司，在博茨瓦纳等国家设有海外项目经理部。拥有各类先进的施工设备850余台（套），年施工能力40亿元以上。

近几年年产能：2014年10.51万吨，2015年11.34万吨，2016年11.95万吨。年产值：2014年31.66亿元，2015年34.16亿元，2016年36亿元。

资质情况为：总承包序列为一级，专业承包序列为一级，设计专项资质为乙级。技术研发力量方面：拥有专利21项，工法9项。建筑设计力量为专项设计乙级。人员构成：员工总数887人，其中高级职称7人，中级职称19人，技术工人472人。

现已完工的项目有：上海迪士尼度假区项目宝藏湾片区（轻钢结构），南昌万达城万达茂（桁架结构），北京通州万达，大吉片公建项目等。在建项目：东北亚（长春）国际机械城会展中心项目（网架结构），武汉国际航空工程中心（FB0）项目工程（框架结构）等。

公司工程履约率100%，各类工程验交合格率100%。先后荣获中国建筑工程鲁班奖、国家优质工程奖、上海市“白玉兰”优质工程奖、上海市“申安杯”优质安装工程奖、北京市“结构长城杯”奖、北京市“建筑长城杯”金奖、四川省“天府杯”金奖、东北三省市“优质观摩银杯奖”、重庆市“巴渝杯”优质工程奖、无锡市“太湖杯”优质工程奖、广东钢结构金奖“粤钢奖”等36项奖项。多次获得中国安装协会“安装之星”、建设部文明单位、河北省文明单位、北京市模范职工之家、河北省重合同守信用单位、全国建设系统精神文明先进单位、北京及上海诚信企业等荣誉称号。

公司坚持实施科技兴企战略，并在超厚钢板焊接、超高层钢结构安装、大跨度钢结构安装、金属屋面安装、机电设备安装调试、BIM技术的应用及深化设计等方面形成独具特色的技术优势。

公司秉承“品质保障、价值创造”的核心价值观和“为客户创造更大价值”的经营理念，坚持“科技兴企”的战略方针，发扬“诚信、创新、超越、共赢”企业精神，以质量求生存，以科技求发展，重履约守信用，严管理创效益。不断提高工程管理水平，竭诚为社会各界服务。

（10）多维联合集团

多维联合集团创始于1983年，注册资本3.16亿元，总部位于北京市中关村科技园丰台园区总部基地，是以绿色建筑钢结构系统与金属围护系统为主导产业，集“设计研发、精益制造、施工管理、国际贸易”于一体的综合服务商。

目前，多维联合集团在北京、河北、沈阳、哈尔滨、包头、乌鲁木齐、南通、西安、上海等地拥有研发制造基地及子公司，年产工业建筑钢结构、多高层钢结构、设备框架钢结构、公共建筑钢结构、住宅钢结构等绿色建筑钢结构30万吨，聚氨酯节能夹芯板、防火岩棉/玻璃棉夹芯板等绿色建筑板材500万平方米，预制金属围护板材3000万平方米，钢筋桁架楼承板300万平方米，年施工面积400万平方米。集团在哈萨克斯坦、委内瑞拉、埃塞俄比亚、印尼、越南、蒙古、古巴等国设有海外公司，产品行销全球50多个国家与地区，年销售收入逾50亿元，海外收入超20亿元。年产钢结构30万吨，绿色建筑夹芯板500万平方米，预制金属围护板材3000万平方米，钢筋桁架楼承板300万平方米，年施工面积400万平方米。年销售收入逾50亿元，海外收入超20亿元。

资质情况为：房屋建筑工程（钢结构）施工总承包一级资质企业，拥有建设工程（建筑行业）设计甲级资质、钢结构工程专项设计甲级资质、钢结构制造特级资质、钢结构工程专业承包一级资质、金属屋墙面设计施工特级资质、对外工程承包资质、国家高新技术企业、北京市企业技术中心、中国建筑钢结构与金属幕墙夹芯板行业十强。

技术研发力量方面：拥有发明专利15项，实用新型专利66项，软件著作权22项。参与编制标准：国家标准13项，行业标准15项。建筑设计力量为专项设计甲级。

工程业绩有（含在建项目）：北京大兴新城北区体育中心（空间大跨度钢结构），中芯国际集成电路制造（北京）有限公司B2、B3、B3A大跨度钢桁架厂房，新疆奥特莱斯国际城（多高层钢结构），研发A楼等5项（中信银行信息技术研发基地项目）钢结构安装工程等。

多维联合集团钢结构及金属围护产品通过了美国AISC、美国FM、欧盟CE及俄罗斯GOST认证，并通过了ISO9001质量管理体系认证、ISO14001环境管理体系认证、OHSAS18001职业健康安全管理体系认证。并先后参编近30项国家标准、行业标准，形成了近百件国家授权知识产权。

多年来，多维联合集团成功服务于宝马汽车、三星电子、京东方电子、中国中车、中国石油、宇通客车等知名企业，并参建了国家大火箭、国家大飞机、空客A330天津基地、APEC会议中心等重点项目。在国家“一带一路”引领下，承接了埃塞俄比亚轻纺园、加纳空军机库、哈萨克斯坦世博主场馆、委内瑞拉国家新三色项目、斯里兰卡军队营房等海外项目。

多维联合集团始终专注于绿色建筑钢结构行业，持续为客户创造价值，并始终致力于营造最具价值的钢结构建筑系统集成供应商。

（11）巨力索具股份有限公司

巨力索具股份有限公司始建于1985年，专注于索具研发制造，是目前中国规模最大、品种最齐全、制造最专业的索具制造公司，占据中国索具行业“第一品牌”的主导地位，2010年1月26日在深交所上市。在河北保定总部建立了索具技术研发、索具生产制造、索具检测试验三大基地。拥有博士后科研工作站、国家级企业技术中心、国家认可实验室、河北省吊索具工程技术研究中心。截至目前，公司拥有150项专利，执行标准1800项，主编、参编国家和行业标准45项，填补了国内空白。巨力索具具备钢结构贰级资质，桥梁工程专业承包叁级资质，特种工程专业承包资质。

巨力索具积极参与国家重要领域基础设施、重大工程项目的建设，近年来积极推动装配式建筑，公司产品广泛应用于桥梁、场馆、会展中心、火车站、港口、造船、电力、交通运输、铁路救援等各大工程建设领域。

6.7 省内部品部件类企业

6.7.1 墙板、楼板类生产企业

（1）廊坊市中安科贸发展有限公司

廊坊市中安科贸发展有限公司始建于1988年，是同一家研发的保温产品科技型集团企业。公司位于河北省廊坊市大城县仰止工业园区，占地1.3万平方米，主要经营外墙外保温、外墙内保温、保温粘结砂浆、柔性抗裂砂浆，FTC新型蓄能节能保温材料、装饰一体化保温材料等系列产品。

资质情况：获得安徽省建设新技术新产品推广证书，河南省建设科技成果推广项目证书，内蒙古自治区建设工程新型建筑材料（产品）登记证书，山西省建筑节能技术（产品）认定证书，山东省新型墙材建筑节能技术产品认定证书，江苏省建设科技成果推广项目认定证书，河北省建筑节能产品认定证书。

技术力量及荣誉奖励情况：北京节能产品认证委员会认证，廊坊市知名商标企业，获河北省建设厅颁发的建筑节能产品认证、中国建筑材料流通协会颁发的绿色环保百家畅销品牌，是中国建筑材料流通协会理事单位，获得中国绿色建材产品推广证书，中国建材企业管理协会颁发的中国著名品牌，中国建材市场协会颁发的质量服务信誉AAA级企业，河北省科学技术厅颁发的河北省科技企业证书，是中国绝热隔音材料协会会员单位。建立了商标管理制度和机构。

经营范围：生产销售粘接砂浆、抗裂砂浆，销售腻子涂料、墙体保温材料，承揽保温工程施工。

廊坊市中安科贸发展有限公司是开发、生产新型建筑节能材料、化工产品的

省级科技企业。公司拥有雄厚的技术力量和先进的电脑自动化设备，实行科学化管理、按照规范化标准化组织生产，设有健全的资保体系和灵活的服务机制。公司曾获市“科技进步奖”、河北省科技型企业、国家绿色建材推荐企业。

公司以科技为先导，以开发新优节能产品为己任。近年来成功推出了外墙外保温、外墙内保温、保温胶粘剂、柔性抗凝剂等系列多个品种的科技产品。在全国各地及亚太地区得到应用，受到诸多赞誉和好评。

（2）廊坊华兴现代建筑材料有限公司

廊坊华兴现代建筑材料有限公司（以下简称华兴建材或公司），位于京津黄金经济走廊河北香河钱旺工业园区。公司前身为“廊坊华霖现代建筑材料有限公司”和“中油建材华通砼管厂”，成立于1993年，有20年生产“SP预应力混凝土空心板”和“钢筋混凝土排水管”的生产经验，于2005年整体迁移至河北香河钱旺工业园区新址，是一家专业生产SP预应力混凝土空心板和钢筋混凝土排水管的建材企业。

资质情况：公司全套引进美国SPANCRETE公司的生产设备、工艺及先进技术，生产的SP预应力混凝土空心板在技术上属国际同类产品优质水平。适用于砖混、框架、钢结构等多种建筑结构形式，可广泛用作工业厂房、学校、办公楼、库房、医院、文体场馆、立体车库、商场及现代化公寓、大开间住宅等建筑的楼板、屋面板和墙板。

技术力量方面：公司为国内首家全套引进了具有先进水平的美国HAWKEYE公司的全套钢筋混凝土管材成型设备和德国MBK公司生产的全自动化钢筋滚焊机，生产的钢筋混凝土排水管采用立式芯模振动成型生产工艺和技术，工艺水平优于国内传统的离心式和悬辊式生产工艺。生产流程采用数控操作，自动点焊制网、机器人布网、振动挤压成型和即时脱模全自动化作业，在产品质量、生产效率和安装工艺等方面，与国内传统工艺生产的同类产品相比，具有明显优势。

公司自成立以来，始终如一坚持“客户导向，团结协作，开拓创新，诚信至上”的经营理念，以优质的产品、合理的价格、完善的售后服务为宗旨，向用户提供周到满意的服务。

6.7.2 门窗及其他配套类

（1）丰南集成厨卫特色产业基地

丰南集成厨卫特色产业基地依托丰南惠达集团“整体浴室”科技创新基地项目，加强自主研发，加快由传统湿法施工方式向现场干法快速施工方式转变，培育打造丰南集成厨卫特色产业基地。

（2）曹妃甸乐亭钢结构产业基地

曹妃甸乐亭钢结构产业基地结合唐山钢铁企业向沿海临港地区搬迁，依托曹妃甸、乐亭现有产业基础，发挥滨海临港的独特区位优势，以装配式钢结构体系创新发展为基本定位，以唐钢集团、中物杭萧等钢铁、钢结构企业为核心，立足本地市场、拓展域外市场，重点对接国内外新型钢结构技术体系，搭建科技成果产业化转化平台，以新型装配式钢结构建筑集成制造为重点，带动唐山钢结构装配式住宅应用技术提升，实现唐山钢结构产品“走出去”。

（3）河北德辉门窗有限公司

河北德辉门窗有限公司于2015年11月11日在保定工商局登记注册，公司注册资本300万元，办公地址位于河北省保定市涿州市清凉寺街道办事处全家场村东。

经营范围：门窗、家具、中空玻璃加工销售；门窗工程；幕墙工程；钢结构工程；建筑工程装饰装修；建筑工程及装饰装修设计服务；电脑图文设计、制作；建筑材料、装饰材料、不锈钢制品、机械设备、电子产品、通信器材、五金产品、日用品百货批发、零售。

公司有最好的产品和专业的销售和技术团队，在公司发展壮大的一年里，为客户提供最好的产品、良好的技术支持、健全的售后服务，是保定金属门窗厂行业知名企业。

（4）河北悍将门窗有限公司

河北悍将门窗有限公司位于河北省任丘市城南铝材市场，专业生产钢质防火门、管道井门、木质防火门、钢木防火门、防火防盗门、固定防火门、平开防火门、防盗门、不锈钢防火门、钢制防火卷帘门、无机布防火卷帘、挡烟垂壁等产品。可广泛应用于现代化高层建筑、大型商场、工业建筑、厂房、宾馆、各种娱乐场所等。质量方针是：质量保证、服务至上，以优良的产品在竞争中赢得市场和信誉。

拥有先进的流水线生产设备，公司凭借自身雄厚的科技力量，结合国内外实际情况开发出具有高水平的系列产品。将一如既往地向新老顾客提供满意的产品和完善的售后服务。同时，公司坚持以科技为依托，以质量为核心，以研发创新为先导，客户至上的经营理念。“优良的产品质量，满意的售后服务，真诚的合作意识”是公司一贯奉行的宗旨。全体员工愿以积极进取、勇于创新、互助合作为精神追求，不断开发好产品服务贡献于社会。

（5）河北安能绿色建筑科技有限公司

河北安能绿色建筑科技有限公司创建于 2014 年，是河北裕隆新昌建设有限公司、石家庄市住房开发建设集团有限公司与国家开发银行发展基金、国投创益产业基金共同参股形成的混合所有制企业，主要生产绿色、节能、环保建筑材料，是河北省装配式建筑生产基地、河北省高新技术企业。

资质情况：河北安能绿色建筑科技有限公司是以全面实现住宅产业现代化为愿景，整合设计、研发、生产、施工等整个产业链于一体的建筑工业化企业。前身为武警水电指挥部（中国安能建设总公司）的分支机构，是国家能源、水利水电建设的骨干力量，参加过引滦入津、三峡水利枢纽、南水北调等国家重点水利水电工程建设，具有丰富的施工管理经验和先进的机械化配套生产能力。

技术研发力量方面：公司研发中心已有 10 余项专利技术获得国家知识产权局授权，并与中国建筑科学研究院、中冶建筑设计研究总院、北京工业大学、华北理工大学等具有国际科研水平的机构建立了产学研战略合作。

人员构成：公司拥有各类专业技术人员 280 人，其中高、中级专业技术人员 171 人，并在管理上导入了国际先进的工程管理经验及现代化的管理模式。

主要产品：安能绿建住宅产业化基地已建成建筑保温与结构一体化生产线、石家庄市第一条住宅产业化生产线、石家庄市第一条预制装配式综合管廊生产线。基地全面建成后可具备 CL 网架板、预制柱、预制梁、预制墙板、隔墙板、叠合板、预制楼梯、预制阳台和预制道路等生产能力，同时还可生产水利、交通、市政构件等，能够实现建筑产业化率 40% 以上，可全面满足石家庄市新型城镇化建设和新农村建设的需求。

公司将努力提高企业的管理水平和生产能力，使企业在激烈的市场竞争中始终保持竞争力，实现企业快速、稳定发展，将坚持立足京津冀，布局全国，融入并服务于“一带一路”的国家战略，实现集团化发展，致力于打造全国最大的建筑产业化航母。

河北安能绿色建筑科技有限公司承载着荣耀与梦想，立足于雄厚的根基之上，一如既往地执着于打造百年品质企业，并愿与社会各界一起助力建筑产业化发展，建设绿色文明。

第7章 培育地方龙头企业的措施和目标

因地制宜、扬长避短。结合地理经济、产业资源基础等因素综合分析河北省情况，努力做到因地制宜、扬长避短可以有效避免资源浪费，根据以上原则制定出河北省率先发展装配式地区的发展定位与产业引导方向。

张家口：借助举办冬奥会机遇，重点发展钢结构建筑，服务场馆建设。积极发展装配式混凝土建筑，探索在旅游景区发展现代木结构建筑。以承办冬奥会、旅游区及美丽乡村建设为契机，依托区位优势，整合资源，稳步推进钢结构建筑项目与绿色生态示范区建设。培育 1 个推进钢结构建筑发展重点县（区），2 ～ 4 家钢结构建筑配套部品生产骨干企业。打造河北省北部美丽乡村钢结构建筑特色示范区，重点发展奥运会场馆钢结构建筑、旅游景区的低层钢结构集成房屋建设，全面贯彻落实资源节约型环境友好型钢结构建筑应用推广。

石家庄：依托省会城市技术和人才优势，发展装配式建筑技术、生产和安装设备，创新工程项目管理模式，建立装配式建筑智慧建造信息化平台。依托区位优势、国家与省级建筑产业化示范基地，逐步打造全省钢结构建筑综合示范区，选址在主城区四区和平山县。培育 1 个推进钢结构建筑发展重点县，2 家以上钢结构建筑龙头企业，2 ～ 5 家钢结构建筑配套部品生产骨干企业。形成钢结构建筑设计、产品研发、设备制造及配套产品生产等产业化链条，积极推动钢结构信息化管理示范与创新，带动冀中南地区钢结构建筑全面发展，打造国内一流的钢结构建筑综合示范区。

唐山：依托钢铁产业优势，重点发展钢结构建筑。积极发展装配式混凝土建筑，特色发展现代木结构建筑，研发农村装配式低层住宅体系。依托资源优势、国家与省级建筑产业化基地，逐步打造以钢结构建筑为特色的国家级住宅产业化综合试点城市，选址在主城区、丰润区、玉田县及迁西县。培育 1 个推进钢结构建筑发展重点县（区），2 家以上钢结构建筑龙头企业，3 ～ 5 家钢结构建筑配套部品生产骨干企业。形成钢结构建筑、研发、人才培养、部品、装修等全产业链企业和部门，推进钢结构建筑供给侧结构性改革试点工作，带动冀东地区的钢结构建筑协同发展，积极拓展钢结构建筑国内外市场，打造以钢结构建筑为特色的国家级住宅产业化综合示范区，树立河北省钢结构建筑优势品牌。

保定：借助北京非首都功能转移和雄安新区建设机遇，建设预制部品部件生产基地，形成满足北京产业转移和雄安新区建设的产业基础。以国家级雄安新区规划建设为契机，依托区位优势和省级住宅产业化基地，以新型城镇化与美丽乡村建设为重点，以首都城市功能疏解为契机，积极推进钢结构建筑项目建设。培育 1 个推进钢结构建筑发展重点县（区），2 家以上钢结构建筑龙头企业，2 ～ 5 家钢结构建筑配套部品生产骨干企业。形成钢结构建筑、结构、门窗部品生产、装修等全产业链企业，推进钢结构建筑在公共建筑、住宅（含新农村住宅）等领域的应用，打造京冀钢结构建筑协同发展综合示范区。

邯郸：以打造国家级钢结构建筑住宅示范园区为契机，依托晋冀鲁豫区位和资源优势拓展省内外钢结构建筑产业市场，积极推进钢结构建筑项目建设。培育 1 个推进钢结构建筑发展重点县（区），2 家以上钢结构建筑龙头企业，2 ～ 4 家钢结构建筑配套部品生产骨干企业。形成钢结构建筑结构建材、研发、生产、施工等产业链条，打造冀南钢结构建筑发展综合示范区。

沧州：以打造国家级钢结构建筑住宅示范工程为出发点，依托制造加工及港口区位优势拓展国内外钢结构建筑产业市场，积极推进钢结构建筑项目建设。培育 1 个推进钢结构建筑发展重点县（区），1 家以上钢结构建筑龙头企业，1 ～ 3 家钢结构建筑配套部品生产骨干企业。形成钢结构建筑结构、加工制造、施工等产业链条，推进钢结构建筑在住宅、公共建筑等领域的应用，打造津冀钢结构建筑协同发展综合示范区。

邯郸依托冀南中心城市区位优势，发展装配式混凝土和钢结构建筑，积极发展装配式建筑围护体系，研发农村装配式低层住宅体系。

沧州依托临雄安新区、天津区位优势和沿海港口优势，发展装配式混凝土和钢结构建筑，服务本地及周边市场。

环京津县（市、区）依托环京津区位优势，重点发展装配式建筑围护体系、部品部件生产和物流基地，建设环京津装配式建筑产品服务带。

7.1 根据省情提出发展目标和措施与步骤

7.1.1 突出河北特色，培育优势产业

（1）指导思想。以习近平新时代中国特色社会主义思想为指导，全面落实习近平总书记对河北工作重要指示，深入贯彻党的十九大和十九届二中、三中全会精神，按照省委九届八次全会和省“两会”决策部署，坚持新发展理念，坚持高质量发展，紧紧抓住京津冀协同发展、雄安新区规划建设、冬奥会筹办等重大战略机遇，以政府为责任主体，以特色产业振兴为根本任务，以质量和效益为中心，立足资源禀赋和产业基础，与推动“万企转型”、实施系列“三年行动”计划相衔接，强化创新驱动，完善产业链条，加强质量品牌建设，优化市场发展环境，加速产业聚集和转型升级，培育和发展一批规模体量大、专业化程度高、延伸配套性好、支撑带动力强的特色产业，成为县域经济高质量发展的主引擎，为新时代全面建设经济强省、美丽河北提供有力支撑。

（2）基本原则。坚持高质量发展。落实新发展理念，将特色产业发展与产业布局、产城融合、生态建设等有机结合，各方力量和政策聚焦，各种要素和服务聚集，形成土地节约、资源集约、产业聚集的县域特色产业发展新模式，推动县域经济创新发展、绿色发展、高质量发展。

坚持突出特色。立足产业基础，突出重点、明确方向、因地制宜，有所为有所不为，放大优势、错位发展。对跨区域相同或相近产业，合理布局、优势互补、协同发展，避免同质化无序竞争，实现差异化协调发展。

坚持扶优扶强。突出培植主导特色产业、龙头骨干企业、优势产品、区域品牌，扶持重点产业项目，打造优势产业链条，实行项目、基地、园区、产业整体推进，做大规模，提升层次，活跃县域经济全局。

坚持开放合作。狠抓招商引资、招才引智，积极引进大企业、大项目和高新技术、高端人才，培育新兴产业，增强龙头企业带动作用，提升产业配套协作能力，提高大中小企业融通发展水平，构建开放包容、合作共赢的特色产业发展体系。

坚持协调联动。实行省级指导、市级统筹、县级主体的工作机制，推动构建责任协同、上下贯通、落实有力的责任体系，因地制宜、积极作为，分类指导、

精准施策，梯次推进、狠抓落实，创造性地推动县域特色产业发展。

（3）主要目标。到“十三五”末，建立起比较完善的钢结构建筑技术和标准规范体系。在全省培育3～5个推进钢结构建筑发展重点市县，10家以上钢结构建筑龙头企业，10～20家钢结构建筑配套部品生产骨干企业，为钢结构建筑发展奠定坚实的产业基础。

到“十三五”末，除特殊功能需要外，大跨度工业厂房、仓储设施原则上要全面采用钢结构；市政桥梁、轨道交通、公交站台等适宜的新建市政基础设施项目，应用钢结构的比重达到75%以上；政府投资的办公楼、医院、学校、场馆等单体建筑面积超过2万平方米的新建公共建筑率先采用钢结构，社会投资的新建公共建筑应用钢结构比重达到15%以上；启动一批钢结构住宅规模化示范项目。结合农村基础设施及新民居建设，推动钢铁产品下乡（表7-1）。

区域特色产业培育重点（建议） **表7-1**

地区	区域特色产业培育重点（建议）
唐山	钢结构生产、陶瓷产业、绿色建材
石家庄	钢结构生产、新型板材生产
保定	门窗业、建筑五金
衡水	钢结构、塔桅铁塔
邯郸	钢结构、新型建材、节能板材
张家口	钢结构、绿色建材
廊坊	装配式建筑、钢结构生产
秦皇岛	建材机械、绿色建材
邢台	建筑抗震技术、产品，新型建材

7.1.2 推进措施与步骤

（1）制定发展规划。各地要结合实际，依据省政府提出的发展钢结构建筑目标，编制本地钢结构建筑发展规划和年度实施计划，明确发展目标、主要任务、激励政策和保障措施。钢铁生产大市要制定更高的发展目标和更优惠的支持政策，率先推进钢结构建筑发展。从项目立项和可行性研究阶段开始，各市要区别不同类型建筑，明确钢结构建筑的发展要求。以出让方式提供国有土地使用权的建设项目，在国有土地使用权出让前，在规划条件中应明确钢结构建筑应用的相关要求，并作为国有土地使用权出让合同的附件。以划拨方式提供国有土地使用权的建设项目，对应该选用钢结构的，在核发建设用地规划许可证时作为规划条件予以明确。

（2）完善政策措施。2015年，河北省政府印发《关于推进住宅产业现代化的指导意见》（冀政发〔2015〕5号），明确了河北省协同推进装配式混凝土、钢结构和木结构的工作思路，在土地出让、容积率核算（奖3%）、商品房预售（总投资25%，施工正负零）和构件运输等方面予以支持。

2016年，河北省政府又印发了《加快推进钢结构建筑发展方案》，确定钢结构建筑作为河北省发展装配式建筑的主攻方向，分类施策予以推进，明确在大跨度工业厂房、仓储设施中要全力推广钢结构；在适宜的市政基础设施中优先采用钢结构；在公共建筑中大力推广钢结构；在住宅建设中积极稳妥地推进钢结构。

进一步加大了对钢结构建筑的支持力度，对新开工建设的城镇钢结构商品住宅和农村居民自建钢结构住房项目，予以100元/平方米的补贴，弥补增量成本；钢铁生产企业进行钢结构建筑技术改造享受技改资金支持，固定资产加速折旧等6项具体支持政策。为落实《国务院办公厅关于大力发展装配式建筑的指导意见》（国办发〔2016〕71号），起草完成了河北的实施意见。

（3）加强组织领导。河北省把推广钢结构建筑作为促进钢铁产业化解过剩产能、转型升级的重要举措，推动建筑业供给侧改革、提高建筑抗震性能的重要抓手，大力推动。省委、省政府主要领导高度重视，多次做出重要批示。建立了以省政府分管领导为召集人，统筹协调，整体推进全省装配式建筑发展。省住房和城乡建设厅成立了“建筑产业现代化促进中心”负责推广装配式建筑。

（4）编制标准规范。为与国家标准规范搞好衔接，结合河北地域特点和产业基础，不断完善地方标准规范体系。在2015年完成5部装配式建筑地方标准的基础上，2016年启动了13部标准和图集的编制，围绕钢结构型材和钢结构住宅的有5部，其中3部计划2016年内完成、两部计划2017年完成，其中《钢结构建筑型材标准》主要由建筑设计和钢铁企业组成的技术攻关小组合力完成，目的是促进钢铁产业和建筑业的深度融合，推动钢铁企业直接生产符合建筑模数的型钢，建立钢构件生产的“直通车”，减少钢构件的二次加工，降低钢结构建筑成本，促进钢铁产品从线材转向型材，增加其附加值。同时，以编制《钢结构建筑围护结构技术规程》为抓手，梳理相对成熟稳定的钢结构围护技术加以推广，进一步完善钢结构住宅地方标准体系，为钢结构住宅建设提供支撑。

（5）加大技术创新。将钢结构建筑发展列入各级科技计划重点支持领域，鼓励钢结构建筑生产和施工企业与大专院校、研发设计企业合作，研发和推广满足结构安全和建筑性能需求、易于施工安装的高效连接技术；研发轻质节能环保钢结构建筑围护体系，提升围护体系性能，并满足居住建筑 75%、公共建筑 65% 节能标准；研发适合钢结构建筑施工特点的配套工具。加大建筑信息模型（BIM）等技术应用力度，支持和引导搭建钢结构建筑产业信息协作平台和 BIM 协同管理平台，实现钢结构建筑投资决策、勘察设计、构件加工、装配施工、运营维护各阶段的信息共享和各参与方的无缝对接，满足工程建设不同阶段对质量控制和工程进度、投资控制的需求。

（6）推动项目建设。一是明确责任主体。省政府明确市、县（区）作为落实项目的主体，在 2016 年 5 月 19 召开的河北省钢结构建筑观摩暨建筑产业现代化工作现场会上省政府分管领导提出："自 2016 年起，各地要以保障性住房和棚户区改造为重点，每年至少开工建设 10 万 ~15 万平方米的钢结构住宅。"石家庄、保定、廊坊和唐山等市先后出台配套落实文件，涉县、望都等县也相继出台支持政策，实现了政策层层传递、工作层层落实的局面。据不完全统计，目前河北省在建钢结构建筑项目 220 个、建筑面积 380 万平方米，这些项目既有住宅，也有公建和厂房，其中住宅为 1533 万平方米，示范项目为沧州福康家园（13 万平方米）。2016 年底和 2017 年初计划开工的钢结构住宅至少 30 万平方米，规模较大的有河北工程大学学生公寓（10 万平方米）和邯钢回迁房（12 万平方米）等。

二是坚持示范引领。各地每年要在政府投资、主导的市政基础设施、公共建筑等建设项目中筛选一批项目采用钢结构方式建设；在政府投资和主导的棚户区及危旧房改造、抗震安居工程等住宅项目中，拿出不低于 5% 的项目开展钢结构住宅项目规模化示范；鼓励房地产开发企业建设钢结构住宅；结合美丽乡村建设，在农村居民自建住房项目中开展钢结构建筑试点；督促工业企业采用钢结构建设大跨度工业厂房、仓储设施。

在实际工作中，紧紧抓住钢结构住宅这一重点和难点开展试点示范，坚持一手抓城市、一手抓农村。在城市重点抓沧州福康家园公租房（8 栋 13 万平方米）项目，成功解决了内墙板与钢构件的节点连接问题，初步解决了建筑整体隔声和钢构件防腐防火等问题，对外墙板与钢构件的节点连接进行了有益探索。2016

年6月，省住房和城乡建设厅组织结构工程、造价等方面的专家，对福康家园钢框架剪力墙体系和杭萧钢管束体系的造价进行了对比、梳理，分析成本增加的原因，提出了优化设计、改进工艺等降低施工成本的具体措施。同时，基于福康家园的创新成果和实践经验，大元集团提出了钢结构住宅安装预制楼板的优化方案，正在积极实施。

农村轻钢农房体系应用的重点在丰润、平山等10个县（区），开展农村低层钢结构住宅建设试点，已经取得初步成功。燕东新民居低层钢结构住宅示范项目一期工程（20套5000m^2）已全部封顶，在农村地下空间的利用方面进行了大胆尝试，当地群众反响良好。启动了新型建材（技术）下乡宣传千里行活动，采取省、市、县三级联动模式，将“新材料、新工艺、新模式”送到田间地头，转变钢结构就是“简易房”的片面认识，让老百姓真正接受钢结构住宅。下一步，河北省将抓住打造美丽乡村片区的有利契机，继续在农村探索村民出宅基地、城里人出钱、装配式方式建造的农村低层钢结构住宅建设新模式。

（7）抓好队伍建设。建立多层面的钢结构建筑专业人才培训体系，培养满足市场需求的多层次专业人员。结合工程建设，加大培训力度，培育一批熟练掌握钢结构建筑核心技术的设计和施工企业，形成一批高素质的钢结构建筑设计和施工专业人才队伍，为保障钢结构建筑质量安全奠定坚实的技术和人才基础。

（8）保障质量安全。建立健全钢结构建筑设计、构件生产、施工和运营维护等全过程质量安全体系，推行质量管理标准化，强化钢结构建筑工程质量安全监管，严格项目质量安全主体责任。加强钢构件生产质量监督，强化装配施工现场安全管理和钢结构建筑防火、防腐等质量安全环节的检查和验收，保障钢结构建筑质量安全，提升工程质量水平。

（9）培育龙头企业。整合现有资源，搭建钢结构有关企业组成的产业联盟。支持国内外优势企业与本省企业合作，提升本省企业综合实力。鼓励有条件的钢铁企业调整产品结构，提高钢结构建筑用钢的防火、防腐性能，完善钢材品种和规格。支持设计单位提高钢结构建筑集成设计能力，统筹装配式施工和部品部件应用、一体化装修等环节。鼓励传统建筑企业产业转型，发展钢结构建筑，创新钢结构建筑施工工法和项目管理模式，完善质量检验技术，提高施工质量和效率。

支持钢构件生产企业加大高性能钢材的应用，促进钢构件清洁生产。支持有实力的配套部品生产企业开发防火防腐与装饰装修相结合、结构保温与装饰相结合的一体化技术和产品，提高配套部品的标准化、系列化和通用化水平。引导传统建材企业向新型建材企业转型，大力发展与钢结构建筑配套的绿色建材。培育从事钢结构建筑的装配式建筑生产基地，促进上下游产业链的联动发展，形成支撑钢结构建筑发展的产业规模。

（10）形成产业配套。一是引进一批国内外钢结构建筑优势企业，带动河北省产业水平的整体提升。宣钢、河北钢山集团、冀鑫房地产公司与杭萧钢构开展合作，分别在张家口宣化、保定望都和邯郸涉县建设了3个钢构件加工厂，年设计产能30万吨；中建钢构、东南网架、长江精工等国内知名钢结构企业已与河北省开展对接，前期工作进展顺利。智想建筑河北公司已与澳洲智能模块建筑集团签署协议，计划在衡水建厂，引进国外相对成熟的钢结构技术，破解裂缝、隔声等技术难题和质量通病。

二是引导支持省内钢铁企业、钢结构企业和传统施工企业转型发展，打造本土龙头企业。河北钢铁、敬业钢铁、金环钢构等企业正向钢结构建筑生产企业转变。在钢结构集成房屋方面，唐山冀东发展集成房屋有限公司开展了有益的探索，项目已在内蒙古、海南落地。全国500强企业如河北建设、河北建工等大型传统建筑施工企业纷纷转型，发展钢结构建筑。

钢结构建筑的发展必须依靠行业科技的整体进步，必须借助建筑信息模型（BIM）技术和建筑物联网平台（正在筹建过程中），建立健全钢结构建筑设计、构件生产、施工和运营维护等全过程质量安全体系，切实保障质量安全。下一步，河北省将结合项目建设，不断积累经验，与全国同行一道，集合行业资源优势，持续组织技术攻关，突破钢结构住宅节点连接、三板性能等共性关键难题。

7.2 承载非首都功能的分流产业

河北省承载非首都功能的产业分流见表7-2。

河北省承载非首都功能的产业分流　　表 7-2

地区	发展定位与产业引导方向	产业基地等级	优先推广产业
唐山	依托钢铁产业优势，重点发展钢结构建筑。积极发展装配式混凝土建筑，特色发展现代木结构建筑，研发农村装配式低层住宅体系	区域性生产基地	钢结构生产、陶瓷产业
石家庄	依托省会城市技术和人才优势，发展装配式建筑技术、生产和安装设备，创新工程项目管理模式，建立装配式建筑智慧建造信息化平台	综合性产业基地	钢结构生产、板材生产
保定	借助北京非首都功能转移和雄安新区建设机遇，建设预制部品部件生产基地，形成满足北京产业转移和雄安新区建设的产业基础	环京津装配式建筑综合服务环基地	门窗业、建筑五金、预制构件（混凝土 + 钢结构）
衡水		自给性生产基地	钢结构铁塔
张家口	借助举办冬奥会机遇，重点发展钢结构建筑，服务场馆建设。积极发展装配式混凝土建筑，探索在旅游景区发展现代木结构建筑	自给性生产基地	钢结构和绿色建材
廊坊		环京津装配式建筑综合服务环基地	装配式建筑、钢结构生产、家具生产 + 集散、物流仓储
秦皇岛		自给性生产基地	建材机械、绿色建材
邢台		自给性生产基地	建筑抗震技术、新型建材等
邯郸	依托冀南中心城市区位优势，发展装配式混凝土和钢结构建筑，积极发展装配式建筑围护体系，研发农村装配式低层住宅体系	区域性生产基地	钢结构、新型建材
沧州	依托临雄安新区、天津区位优势和沿海港口优势，发展装配式混凝土和钢结构建筑，服务本地及周边市场	自给性生产基地	

7.3 加快适合河北农村轻钢房屋产品体系的研发

从国内情况看，农村危改和新农村农房建设，是未来建设的新领域。要鼓励省内企业围绕绿色节能新技术、新产品应用，探索装配式建筑、轻钢结构房等建筑应用技术。引导建筑师、设计师下乡与农民“共同缔造”的农房建设理念；发展新型结构技术和围护材料，推广应用农房现代建造方式；以农房建设促进村容村貌提升。

7.3.1 通过试点、示范引领

2020 年争取在条件较好、基础好的地市、县建成一批示范农房项目。到 2022 年，在取得试点经验基础上，轻钢集成房屋产品成为新农村建设的一种主流体系，农房设计服务、工匠培训管理等农房建设管理机制初步健全。到 2035 年，全省农房建设消费市场形成，农民居住条件和乡村风貌普遍改善，农民基本住上适应新的生活方式的宜居型农房。

7.3.2 坚持性能、品质，满足农村市场需要

2020 年，河北省将选择西部 2 ～ 3 个县市，作为全省轻钢农房和住房和城乡建设部农房试点，在技术体系、产品性能、建造方式开展创新。农房设计要充分研究地域特征和文化特色，积极探索村庄整体风貌下的个性需求，处理好传统与现代、继承与发展的关系，注重村居整体的错落有致，有序构建村庄院落、农房组团等空间，着力探索形成具有地方特色的新时代民居范式，以点带面促进村容村貌提升。

7.3.3 提升农房一体化综合服务管理水平

按照建设一批功能现代、风貌乡土、成本经济、结构安全、绿色环保的宜居型示范农房的目标，改善农民居住条件和居住环境，提升乡村风貌。大力发展装配式钢结构建筑，用实际行动遵循绿色循环低碳的理念，推动河北省社会绿色、生态、可持续发展进程。

7.4 强化产业链专业配套、系统集成能力的建设

从省内产业现状看，装配式钢结构建筑的产业链延伸还有较大空间，构件、建材、部品等配套产业远远滞后于钢结构建筑产业本身的发展，配套的外墙板、楼板、内墙板等可供选择的余地不大，价格也高。而钢结构公共建筑采用幕墙和楼承板的居多，配套问题不大。近年来，国内一些行业龙头与地方企业联合，引进成熟技术与产品体系，以及自主研发的相关新型建材企业正在蓬勃发展，装配式建筑产业园和示范基地遍地开花，可供选择的部品部件已经基本形成体系。

推广装配式钢结构建筑，关键是建筑围护材料、配套部品、构件、接点连接技术与材料的研发与应用，钢结构公共建筑的结构设计问题并不突出，但在装配式钢结构建筑专业系统集成方面至关重要。装配式钢结构住宅的建造，是一个建筑系统集成实现整体建筑功能并满足用户需求的过程。

在推进省内钢结构产业发展过程中，一定要摒弃简单地用钢结构直接替换混凝土结构的做法，组织省内钢结构企业从系统工程的角度去看待、研发与推进，以建筑功能为核心、以结构布置为基础、以工业化围护和内装部品为支撑，整体提升钢结构住宅的使用功能和居住品质。需要综合考虑建筑功能、结构、围护、内装、机电，实现户型、外立面、结构体系、围护系统、管线系统、防火、内装等各方面的协同与集成，最终实现“像造汽车一样造房子”。

河北钢结构建筑产业的跨越，应避免跟在别人后面走，跳出其他省市、地方传统产业发展思路的框架，走出一条激活省内产业基础资源、在钢结构建筑产业链配套、集成上努力创新的快速发展之路。

通过统筹发展装配式建筑设计、生产、施工及设备制造、运输、装修和运行维护等全产业链，各地将不断增强产业配套能力。依托国家重点研发计划，建立装配式建筑部品部件库以及装配式混凝土建筑、钢结构建筑、装配化装修等的标准化部品部件目录，将大大促进河北地方部品部件社会化大生产环境与市场的发育、完善。

通过完善装配式建筑施工工艺和工法，研发与装配式建筑相适应的生产设备、施工设备、机具和配套产品，提高装配施工、安全防护、质量检验、组织管理的能力和水平，提升部品部件的施工质量和整体安全性能。通过培育一批设计、生产、施工一体化的装配式建筑骨干企业，发挥装配式建筑产业技术创新联盟的作用，将大大加强产学研用等各种市场主体的协同创新能力，不断增强产业配套能力。

7.5 培育装配式钢结构建筑各类技术人才

目前的人才教育培养资源较为缺乏。现如今之所以存在建筑产业化专业技术人才缺口，与教育资源分配有一定的关联。多数省份虽然将装配式纳入发展规划中，但真正建立服务于装配式的人才培养机构却很少，河北省应在钢结构专业人才培育上走出一条新路。

钢结构企业对设计、施工、研发和管理人才需求引导不足。钢结构建筑技术与质量的水平，实际上是人才能力水平，不少企业都在为人才短缺发愁、犯难，因为高校学生大多对装配式建筑缺乏认知，没有在相关单位实习，缺乏实践经验。因此，人才硬技能的提升，就只能由企业买单，根据一些装配式建筑领域的企业提供的数据，企业在人才培养上每年需花费30万元左右。

通过大力培养装配式建筑设计、生产、施工、管理等专业人才，逐步解决目前行业面临的人才和产业队伍紧缺问题。随着各地加快培养技术和管理人才，装配式建筑将涌现出一批行业管理人才、企业领军人才、专业技术人员、经营管理人员和产业工人队伍。部分装配式建筑相关企业将陆续开展装配式建筑工人技能评价，着力培养自有专业人才队伍，促进建筑业农民工转化为技术工人。一些建筑劳务企业将转型创新发展，建设出一批专业化的装配式建筑技术工人队伍。相关的院校、骨干企业、职业培训机构和公共实训基地将设置装配式建筑相关课程，建立起若干装配式建筑人才教育培训基地，形成有利于装配式建筑人才培养和发展的长效机制。

装配式建筑人才队伍建设包括管理、设计、生产、施工、监理、检验检测、验收等人员的职业教育和培训。首先，通过装配式建筑技能人才调查，摸清行业人才结构和需求规模，制定产业队伍发展规划，建立有利于装配式建筑工人队伍发展的长效机制。其次，制定从事装配式建筑工作的各类人员标准，研究设立有关装配式建筑的职业工种。最后，加强岗位专业、职业技能和职业道德规范培训，落实先培训后上岗，培育新型建筑产业工人队伍。

鼓励钢结构工程总承包企业和专业企业与高等院校及职业院校开展对口培训，增设相关专业、增加装配式建筑方面的教学内容。相关专业职业资格考试和继续教育要强化装配式建筑内容。以产学研合作教育为主体的装配式建筑教育培养模式，通过搭建企业与企业、院校与企业合作平台、联合院校与企事业单位建立装配式建筑实训基地，推广装配式建筑教育体系，其中包括人才培养基地和人才实训基地。同时，充分发挥协会与联盟作用，调动装配式建筑企业和建筑工人的积极性，大力提升建筑产业工人队伍的整体素质和水平。

建筑钢结构工程技术专业培养面向城市建设行业生产一线、具有本专业所要求的文化水平与素质，扎实掌握计算机应用技术，熟悉建筑钢结构工程的基本原理、生产制造、施工、装配、质量检测、预算等专业知识，具有较强的实际工作能力，适应从事钢结构工程及装配式建筑领域需要的一线施工及管理工作的产业技术转型升级及企业技术创新需要，具备扎实专业理论基础和专业技术能力，具有良好职业道德和可持续发展基础能力的技术人才。

各类钢结构专业人才是一种稀缺资源，资源只有循环运作，才能源源不断地发挥作用。通过在企业内部设置装配式相关的机构，由专业人员负责运营，不断吸纳更多人才加入，才能让企业在装配式方面做大做强。

第8章 河北省钢结构建筑技术体系研究与应用

针对河北省“十三五”时期，建筑业基本建设投资的新特点，应重点研究钢结构在交通基础设施领域、桥梁钢结构领域、钢结构学校、医院等公共建筑、工业厂房以及抗震型钢结构住宅和特色小镇建设项目，农村危改房屋等市场领域的应用，形成具有河北地域特色的钢结构建筑技术成果。

8.1 钢结构建筑主要结构体系

8.1.1 低层轻钢结构房屋体系

（1）钢结构低层体系中以门式刚架结构最为常见

几年来，随着我国彩钢板产量增加和焊接H型钢的广泛应用，门式刚架发展迅猛。门式刚架结构是以梁、柱单元构件的组合体，是柱和直线形、弧线形和折线形横梁刚性连接的承重骨架的结构体系。在工业和民用建筑中，常采用单跨、双跨或多跨，双坡或单坡等单层门式钢架。

门式刚架自重轻，内力分布均匀，有利于充分发挥材料的承载力，在多跨建筑中也可做成一个屋脊的大双坡屋面，为长坡面排水创造了条件，该种形式的中间柱可减少横梁的跨度，从而使梁截面减小，降低造价。门式刚架结构构件可全部在工厂制作，工业化程度高，构件单元可根据运输条件划分，单元之间在现场用螺栓相连，安装方便快速，土建施工量少。建筑体型简洁、美观。

门式刚架（图8-1）通常应用于跨度9～36m，柱距一般为6m，柱高为4.5～9m，这种体系目前在河北设有较小起重量吊车的单层工业厂房或公共建筑中应用广泛。

（2）低层轻钢龙骨体系

轻钢龙骨体系（图8-2）就是以C&C形和C&U形这两种简单的截面形式的冷弯型钢龙骨为基本结构构件，经装配工艺构成各种复杂形势的大型组合构件，再经过组装工艺成为完整的住宅结构体系。该结构体系抗震好、重量轻、寿命

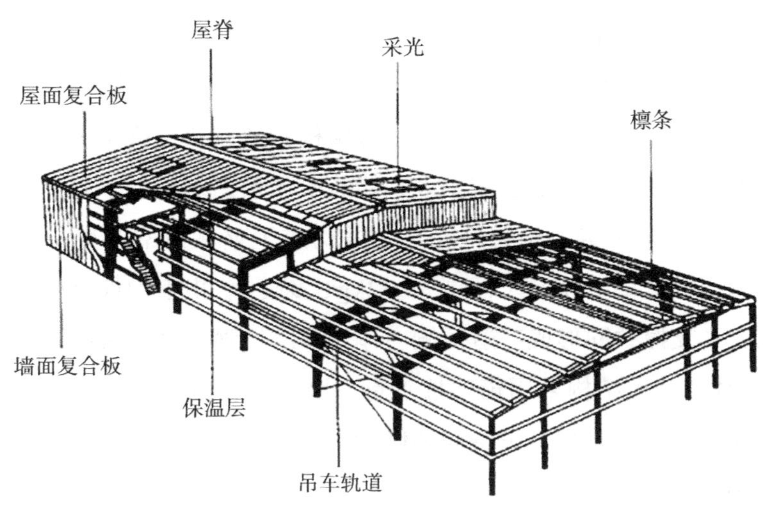

图 8-1　门式刚架

图 8-2　轻钢龙骨体系

长、使用面积大、灵活开间、建筑周期短、舒适度高、绿色环保。低层结构体系的围护结构：经调研墙体主要有轻质砌块（加气混凝土、煤矸石多空砖、黄河淤泥烧结砖等）、轻质墙板（金属夹芯板、现场复合金属板、真空挤压高密度水泥纤维板、稻草板等）；屋面主要有现场金属复合板、金属夹芯板、压型钢板组合楼板、蒸压加气混凝土（ALC）等。

由于轻钢龙骨骨架截面小，承载力较小，主要应用于一个到两个家庭居住的独立式或联排式的低层住宅，在河北轻钢农房建设体系中较为常见。

（3）集束轻钢住宅体系

集束建筑体系（图 8-3），以智能冷弯生产线制造的集束体系型材（G 型钢）为基材，以集束方式在工厂内组装成梁柱等结构构件，并在施工现场装配成为满足不同功能的建筑体系。低层建筑集束智能装配体系，采用少于 4 种标准的集束构件截面，组成了桁架梁、桁架柱结构，并构成了整体桁架体系，该结构重量轻，每平方米用钢量小于 33kg（低层）、52kg（多层）。集束构件梁柱与集束集成墙板、集束交叉支撑共同形成三道抗侧力体系，结构强度高，可以抵抗 8 度地震和 12 级风荷载。这类结构采用桁架柱承重，墙体为非承重墙，可提供灵活的空间布置。同时，建筑、水暖电设备和装修设计，预制装配率达到 AA 级以上。适用于低层、多层建筑。

结构体系采用 G 型钢桁架结构 + 耗能支撑体系。竖向构件采用桁架柱，立柱本体为 G 型钢组合异型柱，可在两个垂直方向添加桁架支撑；水平构件采用标准桁架主梁与次梁体系。立柱桁架支撑可根据实际建筑功能布局进行增减，立柱及支撑均藏于墙内，室内无突柱。结构以及结构构件设计合现行国家标准及规范的规定，采用抗震耗能系统吸收大部分地震能量。该体系适合于省内地震活跃地区采用。

图 8-3　集束轻钢住宅体系

8.1.2 多、高层结构体系

河北在建的多、高层钢结构建筑体系多采用框架体系，在设计中须加强框架间的连接梁和支撑结构。钢结构框架体系自重轻，自振周期长，对地震作用不明显。但框架体系抗侧移刚度小，在风荷载、地震荷载的作用下，其层间位移和总的侧向位移较难满足规范的要求，设置各种侧向抗力支撑。多高层钢结构建筑结构体系主要有：钢框架结构体系、钢框架 - 支撑体系、框架 - 剪力墙体系、框架 - 核心筒体系等。

（1）钢框架结构体系

钢框架结构体系（图 8-4）类似于钢筋混凝土框架体系主受力构件为梁与柱，不同的是将混凝土梁柱改为钢梁、钢柱。因为钢材强度高、刚度大，当采用与钢筋混凝土结构相同的开间和进深时，梁柱的截面将减小一半左右，增加了房间的使用面积和净空，扩大了房间的采光面积。框架结构因为其空间灵活性较大，它可以组成大开间，充分满足建筑布置上的要求。

钢框架体系的结构形式主要有 H 型钢柱 +H 型钢梁；方形、矩形、异型管（内加混凝土）钢柱 +H 型钢梁；也有方形、矩形、异型管（内加混凝土）钢柱 + 钢筋混凝土梁或者组合梁（如劲性混凝土梁等）。

图 8-4　钢框架结构体系

钢框架体系适用于建筑高度30m以下的各类民用建筑，钢框架体系的受力特点与混凝土框架体系相同，竖向承载体系与水平承载体系均由钢构件组成，是一种典型的柔性结构体系，其抗侧移刚度仅由框架提供。该体系具有开间大的特点，充分满足各功能建筑室内灵活布置的要求，结构受力明确，建筑物抗震性能较好，框架杆件类型少，可以大量采用型材，制作安装简单，施工速度较快等优点。适合多层、10层左右的各类民用建筑。

纯钢框架体系是指沿房屋纵向和横向均采用框架作为承重和抵抗侧力的主要构件所构成的结构体系。按梁和柱的连接形式又可分为半刚性框架和刚接框架。由于半刚接框架梁柱间会产生相对变形，将降低结构的刚度和承载力，半刚接框架结构一般只能用于多层建筑，而刚接框架结构可用于30层以下的建筑。地震区的建筑采用框架体系时，纵、横向框架梁与柱的连接一般采用刚性连接，某些情况下，为加大结构的延性，防止梁与柱连接焊缝脆断，也有采取半刚性连接构造。一般采用的纯框架体系的结构形式有H型钢柱+H型钢梁、方（矩）管钢柱+H型钢梁，方（矩）管钢柱+钢筋混凝土梁或者组合梁（如劲性混凝土梁等）的结构。

钢结构框架体系的优点：开间大，平面布置灵活，充分满足建筑布置上的要求，自重轻，延性好，具有良好的耗能性能，不易产生应力集中，框架杆件类型少，且大部分采用型材，安装制造都很简单，施工速度快，装配化程度高。

钢结构框架体系的缺点：纯框架结构较柔，弹性刚度较差。为抵抗侧向力所需梁柱截面较大，导致用钢量大，相对于围护结构梁柱截面较大，导致室内出现露梁露柱，影响美观和建筑功能；节点要特殊处理，为了防火要外包混凝土，带来了施工的复杂单一抗侧力体系，在地震时可能会产生较大的破坏。

钢结构框架体系适用性评价：根据其受力特点看出该体系一般适用于10层以下的多层住宅，不适用于强震区的高层住宅，用于高层住宅经济性相对较差。

非常值得一提的是，异型钢管柱钢框架体系，它是由普通钢框架结构体系衍生而来，即用异型钢管柱（或异型钢管混凝土柱）代替普通的H型钢或者普通方管柱作为主要竖向受力构件。这种体系能够满足建筑美学和技术经济指标的要求，充分发挥钢结构的优良性能，满足大开间的住宅市场需求，最大限度完善房间的使用功能，在集方钢管混凝土结构优点的基础上，进一步对方钢管混凝土结构进行优化组合设计，使构件结构更合理、建筑更经济，结构中采用方钢管混凝土构造柱、异形柱作为构造柱。

从河北沧州大元福康家园钢结构住宅应用案例看，异型钢管混凝土组合柱在工程中的应用有许多优势，主要有以下几个方面：

一是融合了纯钢结构与混凝土结构的优势。将钢材受拉性能高和混凝土受压性能好的优点巧妙融合，达到 1+1>2 的效果，承载力高、塑性和韧性好、抗震性能好。能够适应现代结构工程向大跨、高耸、重载发展和承受恶劣条件的需要。

二是结构形式、布置灵活。截面形式灵活，可根据实际工程需求，灵活调整单肢柱的间距，既增大了房屋的使用空间，又提高了建筑室内空间美感。建筑效果好，可隐藏于墙体内部，室内不露柱子凸角。

三是综合性能好。异型钢管混凝土组合柱，相比钢筋混凝土结构，减小了柱截面尺寸，相同柱截面时既有钢管混凝土结构力学性能优、耐火性强等优点，且各单肢通过缀件连接形成的格构式空间桁架结构形式，进一步提高了组合柱的抗侧力能力。

四是便于施工，降低成本。异型钢管与相连接的各构件之间可以保证相贯线在同一平面内，从而解决了柱与墙板的连接构造问题，便于制作安装，而且节点构造简单，有利于缩短施工周期，降低成本。又由于维护墙都是非承重的轻质隔墙，原则上允许任意穿墙打洞，甚至拆除重砌，这对住户装修和改造也提供了极大的灵活性。同时，单肢采用方钢管混凝土柱，可以节约钢材、降低造价。

五是工厂预制，装配化程度高。异型钢管柱可在工厂提前预制，并运输到施工现场进行安装，解决了传统钢筋混凝土柱现场施工复杂、工期长、工人需求量大的难题。把传统建造方式中的大量现场作业转移到工厂进行，将生产工地变为“总装车间”。

（2）钢框架 - 支撑体系

钢框架的侧向刚度较弱，为了加强多层钢结构建筑的侧向刚度，抵抗水平风荷载和地震作用，减小层间错移，可在梁柱间加支撑，即钢框架 - 支撑体系（图 8-5）。支撑要在适当位置设置，以便与建筑设计相协调，支撑的形式有很多，有十字交叉形、人字形等。钢框架 - 支撑体系主要有：钢框架 - 中心支撑体系；钢框架 - 偏心支撑体系。支撑一般做成铰接，按压杆或拉杆设计，在地震烈度较高地区或者风荷载较大情况下，为了保证稳定性，多按压杆设计。该体系不仅因

图 8-5 钢框架 - 支撑体系

为有刚度较大的支撑作为抗侧体系，使得整体结构侧移减小，而且由于框架和支撑的共同作用，大大减小了结构下部较大层间位移，各楼层的层间侧移角渐趋一致。

根据钢框架构件形式的不同，又分为方钢管混凝土框架 +H 型钢梁 + 支撑结构、方（圆）钢管混凝土组合异形柱 +H 型钢梁框架 + 支撑结构。在钢框架体系中设置支撑构件以加强结构抗侧移刚度，形成钢框架 - 支撑结构。支撑形式分为中心支撑和偏心支撑，中心支撑根据斜杆的布置形式可分为十字交叉斜杆、单斜杆、人字形斜杆、K 形斜杆体系。偏心支撑采用斜拉杆、防屈曲斜支撑等，与框架体系相比，框架 - 中心支撑体系在弹性变形阶段具有较大的刚度，增强建筑高度，抗震性好。

因此钢框架 - 支撑体系适用的层数比框架体系增加较多，层数一般在 35 ～ 40 层以下。

（3）框架 - 剪力墙体系

框架 - 剪力墙体系（图 8-6）是以框架体系为基础，沿其柱网的几个主轴方向，通常是沿建筑平面的纵向、横向或斜向，在框架间布置一定数量的剪力墙，使框架和剪力墙结合起来，共同抵抗水平荷载的结构体系。在框架间设置的剪力墙，可以分为钢筋混凝土剪力墙、钢板剪力墙两大类。在框架 - 剪力墙体系中，剪力墙的刚度较大，承担大部分水平剪力，整个结构的侧向刚度大大提高，框架

图 8-6 框架 - 剪力墙体系

主要承担竖向荷载，同时也承担少量的水平荷载，因此柱的截面也减小，增加了室内的净面积。

钢框架 + 延性墙板结构体系，是利用延性剪力墙板、钢板剪力墙等作为结构抗侧力构件，大大提高了结构的抗侧刚度，解决了框架 - 支撑结构中支撑构件很难布置的问题，并且降低了用钢量。在国内已经实施的项目中，采用的钢框架 - 剪力墙结构主要有：钢管混凝土框架 - 混凝土剪力墙结构，方钢管混凝土组合异形柱 - 混凝土剪力墙结构，H 型钢柱 H 型钢梁 - 钢板剪力墙结构体系。

结构设计特点是：沿框架结构纵、横两个方向，根据抗侧力的大小，配置一定数量的剪力墙，使框架和剪力墙相结合，共同抵抗水平荷载，即构成框架 - 剪力墙体系。剪力墙的抗侧刚度较大，可减小钢柱的截面尺寸，降低用钢量，同时仍具有框架结构平面布置灵活的特点。该体系适合高层和超高层钢结构建筑。

（4）框架 - 核心筒体系

框架 - 核心筒体系（图 8-7）是以核心筒为基础外围辅以钢框架的一种体系。核心筒一般布置在电梯间、楼梯间、卫生间等，大大提高了材料的利用效率。这种结构体系将钢材的强度高、质量轻、施工速度快和混凝土的抗压强度高、防火性能好、抗侧刚度大等优点有机结合起来。

该体系主要用于多高层建筑，经合理布置亦可以建成超高层建筑。

8.1.3 大跨度结构体系

中、大跨空间结构是最近 40 多年来发展最快的结构形式，大跨度和超大跨度建筑物及作为其核心的空间结构技术的发展状况，是河北省钢结构公共建筑、文化、体育场馆的常见体系。

图 8-7　框架 - 核心筒体系

（1）格构梁式结构体系

格构梁式结构体系（图 8-8），主要是由桁架做主受力构件的结构体系。桁架是指由杆件在端部相互连接而组成的格子式结构，它包括平面桁架和立体桁架。这里仅介绍立体桁架中在大跨中应用较多的管桁架，管桁架即是指结构中的杆件均为圆管杆件。桁架中的杆件大部分情况下只受轴线拉力或压力，应力在截面上均匀分布，因而容易发挥材料的作用，这些特点使得桁架结构用料经济，结构自重小。大部分桁架结构中的杆件均在节点处采用焊接连接。

由于桁架结构中各杆件之间是以相贯线形式相交，杆件端头断面形状比较复杂。近年来兴建的大型公共建筑大多都采用了钢管杆件直接汇交的管桁结构，它的外形丰富、结构轻巧、传力简捷、制作安装方便、经济效果好，是当前应用较多的一种结构体系。

图 8-8　格构梁式结构体系

（2）空间网格结构体系

空间网格结构体系（图 8-9）包括网架和网壳。网架、网壳是一种新型的屋盖承重结构，是以多根杆件按照一定的规律组合而成的网格状的空间结构体系。它改变了一般平面结构的受力状态，能够承受来自各方面的荷载。空间网格结构体系，结构新颖美观，杆件规律性强，网格划一，整体性好，空间刚度大，抗震性能好，杆件之间全部采用焊接或螺栓球连接，便于安装，操作简便，受力明确，已经得到广泛的应用。

该体系广泛用于体育馆、展览厅、餐厅、候车室、仓库及单层多跨工业厂房

图 8-9　空间网格结构体系

等屋盖承重结构。

（3）索结构体系

索结构体系（图 8-10）是以一系列受拉的索作为主要的受力构件，并将其按一定规律排列组合成各种形式的体系后，悬挂到相应的支承结构上。从几何形状、组成方法、悬索的材料以及受力特点出发，是比较理想的大跨度结构形式之一。目前，悬索屋盖结构的跨度已达 200m 以上。悬索结构的主要承重构件是受拉的钢索，钢索是用高强度钢绞线或钢丝绳制成。悬索结构包括三部分：索网、边缘构件和下部支承结构。索非常柔软，形状随荷载性质而变，抗弯刚度忽略不计。它是中心受拉构件，既无弯矩也无剪力，拉力取决于跨中的垂度，垂度越小拉力越大，垂度一般为跨度的 1/30。

这种结构体系多用于多功能体育场馆、会议展览中心、博览馆、候机厅、飞机库等。河北巨力索具有限公司在索膜技术研究、应用方面处于国内领先地位。

图 8-10　索结构体系

8.2 钢结构住宅集成技术研发方向

钢结构具有装配简单、抗震性能好、对大自然破坏程度小等优越性能，加上在钢铁业中，由于冷轧薄钢板的生产而导致轻质型钢的制造成为可能，这在技术上为钢结构工业化住宅的发展奠定了原料供应的基础。当前发达国家已从工业化的专用体系走向大规模的通用体系，即发展以标准化、系列化、通用化建筑构配件、建筑部品为中心，以专业化、社会化生产和商品化供应为基本方向的住宅产业现代化模式，其依托就是钢结构。

根据日本钢结构住宅的调研情况，日本建筑商在规划设计钢结构建筑时，充分考虑产业化生产条件，尽可能采用标准化、通用化的材料和配套产品。由于有齐全、规范的住宅建筑标准，建房时从设计开始，就采用标准化设计，产品生产时也使用统一的产品标准，建筑使用部件组装应用十分普及。日本国内的三星级、四星级酒店，大多采用钢结构和轻质复合板材建造而成，给人印象较深的是客房卫生间体系和装饰材料，全套的卫生洁具（浴缸、坐厕、洗脸盆），地板、墙面，是由一个整体部件安装而成，墙体墙面的装饰材料鲜亮明快，看不到混凝土和瓷砖，所用材料都是复合材质的材料，全部在工厂生产，现场按照图纸进行装配（图 8-11）。

图 8-11　日本整体卫浴管线布置图

钢结构住宅作为一种新的结构体系，无论选择哪种结构体系，都必须结合我国住宅建筑发展现状，钢结构住宅必须改变传统的建筑施工管理模式，走建筑工业化的道路，对住宅主要构件实行工厂化生产、现场装配化施工。而提升建筑设计水平是实现工厂化生产的基础。在钢结构住宅的施工中严格按工艺流程组织施工，楼板梁柱的连接和装配方式严丝合缝，配套的楼墙板、门窗体系、整体厨卫体系均按设计图生产，现场按图序施工。

发挥科研院校、设计施工单位的联合研制开发，加快技术成果转化的步伐，尽快生产出从图纸设计到用户入住全专业、全系列、全过程的钢结构住宅生产、加工、施工的系统集成。

引导建筑业转变传统的施工生产方式，逐步走建筑工业化的发展道路，是政府主管部门的责任，也是行业发展的历史责任。实现建筑产品的工业化生产，可以从根本上有效解决现实体制下的弊端。通过提高钢结构住宅产品的品质和舒适性，改变人们对钢结构住宅的片面认识，提高社会和市场的认知度，加快我国的钢结构住宅产业化进程。

河北省作为全国装配式钢结构建筑项目推广的排头兵，更应积极学习国内外先进经验，消化吸收后因地制宜，推出适合河北发展、适合京津区域应用的高层装配式钢结构住宅技术和农村低层轻钢住宅系列产品。

8.3 钢管结构在住宅工程的应用

8.3.1 传统矩形钢管结构在住宅工程中的应用情况

矩形钢管也统称为矩形管，是一种中间空、呈长条形或方形的一种钢管材料，也被广泛地称之为扁管、方扁管等。在当今社会发展中，它被大量地用于建筑工程领域，当作主要的结构施工材料采用，同时也用于输送流体的管道，更有甚者被广泛地应用在机械生产制造领域。在目前的建筑工程领域，钢管材料主要可以分为热加工管和冷成型管两部分。

发达国家在目前的建筑结构设计中，对于矩形钢管结构的研究极为深入，也是整个结构设计规范最为明确的国家之一。在这些国家中，通过对其组合规范设计标准进行逐个分类，根据矩形钢管的设计条款、形状特征以及应用部位进行严格控制。事实上，在矩形钢管结构设计当中，不少条例中明确规定出在工作开展之前提前做好相关的控制和管理工作，尤其是图纸设计与管理更为严格。特别是在住宅建筑结构中，因为住宅建筑结构本身存在的特殊性和与人们生活的密切性，这使得设计工作要更加严格，以保证住宅结构整体质量。矩形钢管结构便是在这种基础下形成的，它在住宅建筑结构设计中发挥着显著的优越性。国内很多学者结合国外先进技术和国内工程现状有针对性地对矩形钢管结构设计要点进行了研究，结合最新的科研成果，我国正在不断完善有关矩形钢管的结构设计规范与规程，这必然会给工程设计和施工提供扎实的理论参考和指导。

近十几年来，随着我国经济和建设事业的迅猛发展，钢管混凝土在桩、大跨度和空间结构、商业广场、多层办公楼和住宅、高层和超高层建筑以及桥梁结构中的应用日益增多。

8.3.2 钢管异形柱在住宅工程中的应用情况

为同时满足建筑美学和技术经济指标的要求，充分发挥钢结构的优良性能，满足大开间的住宅市场需求，最大限度完善房间的使用功能，在集方钢管混凝土结构优点的基础上，进一步对方钢管混凝土结构进行优化组合设计，使构件结构更合理、建筑更经济，建议结构中引入方钢管混凝土异形柱。方钢管混凝土异形柱可应用于结构不同部位。方钢管混凝土异形柱构件的具体各项受力性能指标及结构计算，还需通过大量的试验研究，积累丰富的数据资料，进行技术经济分析，以便更好地应用于钢结构住宅工程。

8.3.3 壁式钢管柱住宅体系

这种结构体系结构形式与传统框架结构较为接近，具有大空间、不外露梁柱等特点，装配率高，施工周期短，抗震性能好；截面形式统一，采用热轧矩形钢管柱，构件加工简单，原有钢结构设备即可满足，无须购置新设备，容易实现工业化和标准化生产。该体系的研究主要面向未来河北省钢结构高层住宅建设需要。

8.4 冀东低层轻钢房屋

在河北省承德市滦平县巴克什营镇稻池村，由唐山冀东发展集成房屋有限公司（简称冀东房屋）建造的巴克什营文化产业园项目，采用轻钢结构体系的低层装配式住宅，与传统木结构、砖木结构、砖混结构相比，具有建筑强度高、自重轻、抗震性能好、工业化程度高、建筑品质高、最轻的结构、最好的延性和最短的工期、适合于不同气候条件和大气环境、可再次利用、减少建筑垃圾和环境污染等优势和特点。

冀东房屋的装配式住宅的特点归纳起来有三个方面：一是采用独立基础加地梁形式的基础体系。二是在结构体系方面，该体系采用 H 型钢 + 方钢管的钢框架承重结构，这样充分利用了钢材的高强度特性，保证结构的安全性能和抗震性能。在结点连接上采用螺栓 + 连接板 + 部分焊接方式，梁柱连接节点以强节点、弱杆件以及全装配化为原则，采用全螺栓连接节点。通过计算调整梁拼接处连接板厚度，从而提高结构安全性能。三是在围护体系方面，由纤维增强复合保温外墙板、纤维增强复合轻质隔墙板、钢骨架轻型屋面板、钢骨架轻型楼层板、保温装饰一体化板等，该板材具有保温、隔热、阻燃、抗震、强度好、重量轻、隔声、无放射性污染、抗霉变、安装简便快捷、干法作业、不开裂不变形、占用空间少等诸多优点，大大提升了房屋的品质。

在“十三五”期间，要积极落实国家大力发展装配式建筑、推动产业结构升级有关政策，不断吸收先进技术，提高自动化、标准化、模块化生产能力，依托集团公司产业布局，推进国内外区域基地建设，发挥装配式钢结构低层住宅技术优势，积极改善传统住宅结构，助推新型城镇和美丽乡村建设。

第9章

河北省钢结构产业跨越发展之路

河北省整合资源，构建装配式建筑相关企业组成的产业联盟。支持国外、省外优势企业与本省企业合作，提升本省企业技术水平和综合实力。支持有条件的钢铁生产企业、省内特一级建筑业企业、一级钢结构专业承包资质的企业、一级房地产开发企业、甲级建筑设计企业和有一定影响的部品部件生产企业转型升级，发展成为设计、生产、施工一体化的装配式建筑龙头企业。大力培育装配式建筑生产基地，促进上下游产业链的联动发展，积极培育龙头企业，起到良好的典型示范作用。

9.1 消化吸收国内外成熟钢结构技术体系

河北省钢结构产业的跨越发展，必须依靠成熟技术引进与消化吸收，在对国内先进钢结构建筑技术应用和了解的基础上，对其他省份一些成熟体系通过合作与共同研发，对适合省内钢结构建筑和钢结构住宅应用的成果注重培育和积累。

（1）冷弯矩形钢管柱和冷弯型钢组合框架体系。上海现代房产实业有限公司运用这种体系在多层和高层轻钢结构住宅试点工程，多层住宅采用冷弯矩形钢管柱和冷弯型钢组成的框架体系；高层住宅采用矩形钢管混凝土柱和帽型冷弯型钢组合梁组成的框架体系，钢材采用耐火、耐腐蚀、强度高的磷铜稀土钢。楼板为密布燕尾钢筋混凝土组合板。

（2）钢框架混合结构体系。中国建筑科学研究院与天津建工集团合作，从研究开发、技术设计、产品生产和工程施工等方面形成了“钢—混凝土组合建筑体系”的钢结构住宅成套技术，并采用该体系在天津建成了30万平方米的钢结构住宅。该体系的钢结构住宅由钢管混凝土柱、钢骨混凝土梁、抗侧力支撑、双向密肋混凝土组合楼盖等组成的框架—支撑体系及节能型复合外墙板、挤出型内墙板等部品进行优化组成，具有多项专利。该体系的工程造价可与钢筋混凝土结构持平，且产业化程度高、施工速度快、综合经济技术水平先进。

9.2 加快绿色墙材及外墙板部品部件体系的配套

目前，国内装配式外墙板的研发、生产与应用已经取得了很大的发展。随着复合墙板的不断深入研究、墙板设计理论的完善、墙板节点形式的改进、墙板安装技术的完善、新型材料的使用，将有力地推动复合墙板在工程中的应用。加气混凝土外墙板和挤出成型水泥纤维墙板具有轻质、高强、节能、防火、防水、结构一体化功能，将成为河北省高质量发展钢结构建筑的主攻方向，形成地方特色的新型绿色墙板体系，在京津冀一体化建设中具有广阔前景。

9.2.1 认真研究与钢结构配套复合墙板生产优势

组织省内墙板生产企业，认真借鉴国内外装配式复合墙板的研究成果，比如美国的轻质墙板以各种石膏板为主，以品种多、规格全、生产机械化程度高而著称，年产量20亿平方米，居世界首位；日本石棉水泥板、蒸压硅酸钙板、玻璃纤维增强水泥板（GRC板）的生产居世界领先水平；英国以无石棉硅酸钙板为主；德国、芬兰以空心轻质混凝土墙板生产为主。长期以来国外主要形成了法国地戎CsatelEiffle住宅群的FCIS墙体系统、意大利BSAIS工业化建筑外墙体系、日本高层钢结构住宅墙体采用的PCa墙板体系。

9.2.2 国内装配式外墙板的发展现状和性能比较

建筑外墙是建筑的主要组成部分，其构造以及所使用的材料影响着建筑能耗指标和室内居住舒适度。在住宅建筑中，围护结构能耗中外墙可以占到34%，楼梯间隔墙约11%。工业化生产的外墙复合保温墙板是实现住宅产业化和推广节能建筑的重要捷径。一些发达国家的墙板墙体材料的生产在其国家墙体材料总产量中所占比例已高达60%，而我国仅占3%。在建筑物的外墙结构方面，我国正在大力鼓励发展绿色建材，大力推广各种非黏土砖的、轻型、大尺寸的墙材，同时进一步提高广泛使用的绿色外墙保温材料的生产率。

目前国内可作为装配式外墙板使用的主要墙板种类有：承重混凝土岩棉复合外墙板、薄壁混凝土岩棉复合外墙板、混凝土聚苯乙烯复合外墙板、混凝土膨胀珍珠岩复合外墙板、钢丝网水泥保温材料夹芯板、SP预应力空心板、加气混凝土外墙板与真空挤压成型纤维水泥墙板（简称ECP）等。

（1）承重混凝土岩棉复合外墙板。承重混凝土岩棉复合外墙板是由钢筋混凝土结构承重层、岩棉保温层和饰面层复合而成。承重混凝土岩棉复合外墙板厚度为250mm，其中钢筋混凝土结构承重层厚度150mm、岩棉保温层厚度50mm、饰面层厚度50mm。

与传统的砖混墙体或膨珠、浮石、陶粒混凝土外墙板相比，该种复合外墙板除了具有适应承重要求的力学性能外，还符合民用建筑节能设计标准对其保温、隔热性能的要求，具有强度高、保温隔热性能好、施工方便等特点，冬季保温效果相当于厚度为490mm的砖墙，热稳定性也优于厚度为370mm的砖墙。但面密度较大，安装效率较低，不利于推广应用。

（2）薄壁混凝土岩棉复合外墙板。薄壁混凝土岩棉复合外墙板是由钢筋混凝土结构层（里层）、岩棉保温层（中层）和混凝土饰面层（外层）复合而成的非承重型复合外墙板，墙板厚度为150mm。主要用作框架结构轻板建筑体系的非承重外墙。薄壁混凝土岩棉复合外墙板不但具有优良的保温、隔热性能，其冬季保温相当于370mm的砖墙，而且比传统材料的外墙板重量轻得多。但制作工艺较复杂，不利于推广应用。

（3）混凝土聚苯乙烯复合外墙板。混凝土聚苯乙烯复合外墙板是由70mm厚钢筋混凝土承重层（里层）、60mm或80mm厚聚苯乙烯板保温层（中层）和70mm厚钢筋混凝土饰面层（外层）复合而成。

这种复合外墙板可用作钢或钢筋混凝土框架结构、框架—抗震墙结构的围护外墙，也可应用于其他需要围护外墙的结构。它的平均传热系数仅为0.58W/（m^2•K），约相当于1m厚块的保温效果。但面密度较大，需要专用吊机安装，不利于推广应用当前的建筑工业化。

（4）混凝土膨胀珍珠岩复合外墙板。混凝土膨胀珍珠岩复合外墙板是由钢筋混凝土结构承重层、膨胀珍珠岩保温层和饰面层复合而成。混凝土膨胀珍珠岩复合外墙板厚度为300mm，其中承重层厚度150mm，保温层厚度100mm，饰面层厚度50mm。

该种复合外墙板除了具有适应承重要求的力学性能外，还能满足民用建筑节能设计标准对其的要求。混凝土膨胀珍珠岩复合外墙板的隔热、保温性能大大优于以往的轻混凝土外墙板，稍逊于混凝土岩棉复合外墙板，其冬季保温效果相当于厚度为490mm的砖墙。但面密度大，需要专用吊机安装，不利于当前建筑工业化的推广应用。

（5）钢丝网水泥保温材料夹芯板。钢丝网架水泥夹芯板是在工厂内将低碳冷拔钢丝焊成三维空间网架，中间填充轻质保温芯材（主要用阻燃的聚苯乙烯泡沫板）而制成的半成品，在施工现场再在夹芯板的两侧喷抹水泥砂浆或直接在工厂内全部预制完成。

该种夹芯板具有重量轻、强度高、防震、保温、隔热、隔声性能好、防火性能好、抗湿、抗冻融性好、运输方便、损耗极少、施工方便经济、提供建筑使用面积。能根据设计上的要求组装成各种形式的墙体，甚至可在板内预先设置管道、电气设备、门窗框等，然后在生产厂内或施工现场，再于板的钢丝上铺抹水泥砂浆，施工简便、快速，加快施工进度。但制作工艺复杂，质量参差不齐，不符合工业化推广应用。

（6）SP预应力空心板。SP预应力空心板生产技术是采用美国SPANCRETE公司技术与设备生产的一种新型预应力混凝土构件。该板采取高强低松弛钢绞线为预应力主筋，用特殊挤压成型机，在长线台座上将特殊配合比的干硬性混凝土进行冲压和挤压一次成型，可生产各种规格的预应力混凝土板材。

该产品具有表面平整光滑、尺寸灵活、跨度大、高荷载、耐火极限高、抗震性能好等优点及生产效率高、节省模板、无须蒸汽养护、可叠合生产等特点。但价格较高。

（7）加气混凝土外墙板。加气混凝土外墙板是以水泥、石灰、硅砂等为主要原料再根据结构要求配置添加不同数量经防腐处理的钢筋网片的一种轻质多孔新型的绿色环保建筑材料外墙板。

该墙板高孔隙率致使材料的密度大大降低。墙板内部微小的气孔形成了静空气层减小了材料的热导率。因为墙板的孔隙率大，具有可锯、可钉、可钻和可粘结等优良的可加工性能，便于施工。该墙板同时具有良好的耐火性能、较高的孔隙率使材料具有较好的吸声性能等优点，已具有50多年的欧美发达国家推广应用经验，工艺技术成熟。

（8）真空挤压成型纤维水泥墙板。真空挤压成型纤维水泥墙板是以硅质材料（如天然石粉、粉煤灰、尾矿等）、水泥、纤维等主要原料，通过真空高压挤塑成型的中空型板材，然后通过高温高压蒸汽养护而成的新型建筑水泥墙板。通过挤出成型工艺制造出的新型水泥板材，相比一般板材强度更高、表面吸水率低、隔声效果更好。

其优异的性能和丰富的表面，不仅可用作建筑外墙装饰，而且有助于提高外墙的耐久性及呈现出丰富多样的外墙效果。可直接用作建筑墙体，减少多道墙体的施工工序，使墙体的结构围护、装饰、保温、隔声实现一体化。

（9）CCA 板 + 龙骨 + 岩棉 + 预制条板。这种外墙构造优点是能够满足北方地区对外墙的保温要求，内铺设防火防潮和面层材料，形成一体化板材。不足之处是构造复杂、墙板裂缝、开裂等问题需要进一步优化和解决，CCA 板由于密度较大，在干燥的环境中容易开裂。生产企业为全国各地板材生产企业、基地（图 9-1）。

图 9-1 CCA 板 + 龙骨 + 岩棉 + 预制条板

（10）ALC 条板 + 轻钢龙骨 + 保温装饰一体板。这种外墙采用冷弯薄壁 C 型钢轻钢龙骨，通过连接件固定在钢柱和钢梁上，可形成保温装饰一体板，外面采用金属板，内侧含有聚氨酯、岩棉等材料来解决保温问题，通过自攻螺钉固定在轻钢龙骨上。这种墙体构造将钢梁和钢柱包裹在里面，并将保温和装饰做成一体，便于安装，价格较低（图 9-2）。

图 9-2　金属保温装饰一体化板及其效果

（11）ALC 板 + 保温板 + 涂料。河北沧州市公租房项目中，为了解决外墙的开裂、保温、防火等问题，采用了 ALC 板 + 保温板 + 涂料的构造形式（图 9-3）。

图 9-3　ALC 板 + 保温板 + 涂料的构造形式

9.3 钢结构建筑楼承板生产与应用

楼板、楼盖板系统在整个钢结构建筑的工程量中占相当的比例，在很大程度上影响了整个结构的工程造价和施工进度。如何提高装配化程度、加快施工速度也是推广钢结构建筑所要解决的问题。

鼓励省内预制板材生产企业，积极为钢结构建筑推广研发，推出适合钢结构住宅应用的装配化楼承板产品，目前市场上经常应用的楼板主要有以下几种：

9.3.1 装配式钢筋混凝土楼板

装配式钢筋混凝土楼板是在工厂或现场预制好的楼板（按其截面形式可分为平板、槽形板和空心板三种类型），然后人工或机械吊装到房屋上经坐浆灌缝而成。此做法可节省模板，改善劳动条件，提高效率，缩短工期，促进工业化水平，缺点是运输困难，需要特别考虑运距问题。

9.3.2 压型钢板楼承板

压型钢板楼承板是采用镀锌钢板经辊压冷弯成型，其截面成V形、U形、梯形或类似这几种形状的波形，主要用作永久性模板。根据开口程度来分可分为开口楼承板、缩口楼承板、闭口楼承板。其主要优点：钢板与混凝土组合受力，并且钢板能够作为混凝土浇筑过程的模板，易形成流水作业，提高施工速度；主要缺点：钢板作为受力主构件之一，防火、防腐要求高，用于住宅类项目装修较困难。

9.3.3 钢筋桁架楼承板

普通钢筋桁架楼承板是由将楼板中的钢筋在工厂采用焊接设备加工成钢筋桁架，并将钢筋桁架与镀锌钢板在工厂焊接成一体。该楼承板系统是将混凝土楼板中的钢筋与施工模板组合为一体，组成一个在施工阶段能够承受混凝土自重及施工荷载的承重构件。并且该构件在施工阶段可作为钢梁的侧向支撑使用。在使用阶段，钢筋桁架与混凝土共同作用，承受使用荷载。

普通钢筋桁架楼承板受力合理，大大减少或者无须施工临时支撑，施工便捷，可大大降低楼板综合成本，并且底模不参与受力，防火、防腐要求低。然而与压型钢板楼承板一样，用于住宅类项目时装修较困难。

为了解决普通钢筋桁架楼承板底模板难拆除、不利于装修的问题，在钢筋桁架楼承板的基础上进行优化研发，研发了新型的装配式钢筋桁架楼承板 - 可拆卸式钢筋桁架楼承板。可拆卸式钢筋桁架楼承板：模板和钢筋桁架的工厂连接方式为机械连接而非焊接，现场浇筑完待混凝土强度达到设计要求后，模板和连接件可以拆卸并重复利用。

可拆卸式钢筋桁架楼承板拥有普通钢筋桁架楼承板各种优点的同时，解决了住宅装修的问题，同时又避免了装配式钢筋混凝土楼板运输困难的问题；不足之处在于其底模需要循环利用，循环次数直接影响着可拆卸式钢筋桁架楼承板的综合成本。

拆除的连接件和模板需要进行维护，模板表面的水泥浆可以较容易地清除。保证模板和连接件可以多次重复利用，另外可拆卸式钢筋桁架楼承板的设计，仍可以采用规范，因为改变的只是模板和钢筋桁架的连接形式，楼承板各阶段的受力形式并没有改变。

9.3.4 预应力叠合板

预应力叠合板，也称 SP 叠合板。在预制混凝土结构中应用较多，该种板利用 SP 预制板作为底模板，上面再浇筑混凝土面层，省去脚手架支撑，施工速度快，成型效果好，但造价目前相对较高（图 9-4）。

图 9-4 SP 叠合板示意图

9.4 发展装饰和装修材料及部品产业及技术

装配式钢结构建筑内装系统应采用轻质材料，宜采用装配式装修；厨房和卫生间宜采用集成式部品。装配式钢结构住宅存在露梁露柱、条板墙开裂、钢结构防腐和防火、保温隔热、钢结构的冷桥和声桥处理、楼层上下穿管线等问题，需要专业化的处理方案，因此钢结构与装配式装修是“绝配”。

依据当前河北省的钢结构建筑推广需要，注重培育本地装配式厨卫或整体式厨卫体系产品生产企业做大做强，加强标准化、通用化生产，与建筑设计同步协调，根据建筑性能、功能配套，进行模数化设计、工业化生产、模块化设计，有利于与工程安装和施工相协同，使钢结构住宅施工更方便，安装更简单，时间更节省，有利卫生间中五金、洁具、照明及水电系统集成全产业链新产能、新动能的培育。

第10章

河北省钢结构建筑产业强省的配套政策和措施

大力发展钢结构建筑产业，重点推广装配式钢结构需要政策引导及保证措施。装配式钢结构建筑，不再是单纯的结构，而是以钢结构作为承重结构的装配式建筑。众所周知，钢结构生来就是装配式的，即便是局部的现场焊接，并不改变其构件工厂化制作的事实。所以，看待问题的出发点，应该着眼于构成整个建筑的部品部件的工厂预制化程度和现场安装效率，而不仅仅是钢结构，这是实现建筑工业化的根本所在。

装配式钢结构建筑在国内已不是新事物，尤其是国家政策层面暖风频吹，各地相关政策陆续落地。但是，不可否认的是，现状似乎是差别迥异：一方面，装配式钢结构建筑在公共建筑中应用广泛，接受度高；另一方面，装配式钢结构住宅在市场巨大的城市住宅应用比重偏低。

其原因是多方面的，先期的产业化环境较差，造价偏高，可靠性、耐久性受质疑。也在于围护系统技术与材料相对于主体钢结构的发展滞后，而装配式钢结构住宅的结构系统、围护系统、设备与管线系统和内装系统四大系统紧密联系，装配式钢结构住宅的建造，是一个建筑系统集成实现整体建筑功能并满足用户需求的过程。越来越多的企业将重心转移到以建筑专业牵头，进行建筑系统集成、建筑产品化的思路上来。换言之，任何一个影响产品功能的细节问题，都可能导致产品无法让客户满意。

装配式钢结构建筑产业做大做强，就必须摒弃传统的用钢结构直接替换混凝土结构的做法，从系统工程的层面去看待，以建筑功能为核心、以结构布置为基础、以工业化围护和内装部品为支撑，整体提升钢结构住宅的使用功能和居住品质。综合考虑建筑功能、结构、围护、内装、机电、实现户型、外立面、结构体系、围护系统、管线系统、防火、内装等各方面的协同与集成。

10.1 河北省“十三五”时期建筑改革和发展目标已明确

10.1.1 河北省装配式建筑发展目标已经发布

到2020年，河北省钢结构建筑的发展环境、市场机制和服务体系基本形成，技术体系与标准体系基本完备，管理制度完善、关键核心技术和成套技术应用成熟，建筑品质全面提升，创新能力大幅提升，形成一批具有较强综合实力的企业和产业体系，全省钢结构建筑发展取得显著成果，确立钢结构建筑在河北省建筑产业现代化发展中的首要位置和主攻方向。

到2020年，在全省培育3～5个推进钢结构建筑发展重点市（县）、10家以上钢结构建筑龙头企业，10～20家钢结构建筑配套部品生产骨干企业，形成一批以优势企业为核心、贯通上下游产业链的产业集群和产业联盟，为钢结构建筑发展奠定坚实的产业基础。

到2020年，除特殊功能需要外，大跨度工业厂房、仓储设施原则上要全面采用钢结构；市政桥梁、轨道交通、公交站台等适宜的新建市政基础设施项目，应用钢结构的比重达到75%以上；政府投资的办公楼、医院、学校、场馆等单体建筑面积超过2万平方米的新建公共建筑率先采用钢结构，社会投资的新建公共建筑应用钢结构比重达到15%以上；启动一批钢结构住宅规模化示范项目。

到2020年，逐步确立河北省钢结构建筑及配套部品评价、认定、设计、产品、验收标准、图集编制或者修订办法；涉及钢结构建筑、结构、内装、外围护、机电设计等全专业，以及设计、生产、施工、验收、运营维护等全生命周期的产业化发展链条逐步完善，区域联盟、产业联盟发挥的优势逐步显现，钢结构建筑在城市与农村建设中应用范围逐步拓宽。

到2020年，培育和引进一批层次分布合理、全产业链覆盖的钢结构建筑人才队伍，逐步确立钢结构建筑相关人才培养体系。力争新增省级行业领军人才2～4名；新增300名以上具有钢结构建筑方向的技术人才，具体涵盖管理、研发、设计、生产、施工、验收等领域，成立河北省钢结构建筑行业协会，为河北省钢结构建筑稳步推进提供智库支持。

展望到2025年，河北省每年新开工钢结构建筑占当年新建建筑比例有较大提高，创新能力大幅提升，产业体系、技术体系、管理体系与标准规范体系完备，形成一批具有较强实力的钢结构建筑全产业链骨干企业与稳定的专家队伍、后备人才培养机制。区域联盟、产业联盟协同创新体系初步完成。与京津优势互补、分工协作、创新驱动、协同发展的产业格局基本形成。

10.1.2 河北省钢结构建筑“十三五”规划已经发布

目前，我国钢结构用钢量占钢产量的比例为 5% ～ 6%，在量大面广的住宅建筑和中小跨度桥梁中，钢结构所占比例不到 1%，远低于发达国家的水平。因此，在我国发展钢结构建筑产业空间巨大。“十三五”期间我国钢结构行业总体发展路线和目标，即坚持创新驱动，着力化解制约钢结构发展的瓶颈问题，推动钢结构建筑快速发展，力争实现“十三五”期间钢结构用量超过年增长 15% 的快速健康发展。

为了加快钢结构建筑产业发展，省内外专家、学者进行了研讨、论证，具体措施和建议为：一是加强顶层设计和战略布局，发挥政府培育钢结构市场的引领和示范作用，加大政策支持力度并加强监管；二是完善钢结构全产业链条，扶持龙头企业和产业联盟，落实钢结构建筑试点项目；三是以钢结构带动相关产业“走出去”；四是创新驱动，集中力量解决共性关键技术问题和人才瓶颈问题；五是更新观念并提高社会及市场认可度。“十三五”期间，在建设领域广泛应用钢结构，对于化解产能过剩、促进产业结构调整、加快新型城镇化建设可以发挥重要作用。

河北省将从技术研发环节、工程化应用环节和产业化推广环节入手，解决“十三五”期间钢结构行业有序快速发展存在的问题，梳理和解决人员瓶颈问题、技术瓶颈问题、市场和管理瓶颈问题，通过企业、科教机构、政府和社会组织相互协作，做好技术攻关、人员培养、市场开拓工作。此外，还应大力实施创新驱动战略，做好钢结构建筑产业供给侧改革，并加大政策支持力度，解决技术和人员的突出问题，形成全产业链成套产业化技术，提高钢结构生产效率和质量。

地方建设质量监管部门，将配合全省钢结构建筑大发展的形势，建立以全产业链为基础的政策、法规、规范体系，统筹优化全产业链的分工和利益分配，降低钢结构建筑产业化的综合成本，提高钢结构建筑的质量水平。

10.2 合理布局、科学规划，形成地方特色的产业优势

在装配式钢结构发展的潮流中，需要河北省各级政府的大力引导，科学规划、合理布局，体现地方特色产业优势，才能推动装配式钢结构科学、合理、有序的发展。在河北正在研究的钢结构建筑具体实施措施中，对倡导地方政府推广投资主导的办公楼、保障性住房、医院、学校、体育馆、科技馆、博物馆、图书馆、展览馆、棚户区改造、危旧房改造、历史建筑保护维护加固以及大跨度、大空间和单体面积超过2万平方米的公共建筑，优先采用钢结构技术。鼓励房地产开发企业建设钢结构住宅小区，有序推进轻钢结构农房建设。

为加快钢结构建筑推广应用，省内唐山、石家庄、邯郸等钢铁产业基地，要培育具有钢结构设计、制造、施工、运营管理能力于一体的工程总承包龙头企业，构建龙头带动、集群发展的钢结构建筑产业链作为地方体系培育，力争2020年全省钢结构建筑产业初具规模，规模以上钢结构企业销售产值提升档次；提升钢结构产值占建筑业总产值，政府投资的新建公共、公益性建筑应用钢结构，社会投资的公共建筑应用钢结构，新建市政交通基础设施应用钢结构的比重和钢结构用钢本地采购率，全省的钢结构建筑产业集群基本形成，规模以上钢结构企业销售产值会有较大幅度的增长。

在产业布局方面，要综合分析不同地区钢结构建筑产业的客观实际，明确不同地区的长远功能定位，围绕各地的产业基础、要素聚集能力科学规划产业布局，形成重点突出、产业互补、优势明显、定位明确的产业发展格局，从而形成地方产业优势。

河北省要利用钢结构建筑千载难逢的发展机遇，在京津冀协同发展战略和国家设立雄安新区的重大战略背景下，雄安新区以高标准、高起点，按照生态、绿色理念、科学规划，建设绿色生态宜居新城区，创新驱动发展引领区。绿色环保的建设方式应及早介入，其中蕴含钢结构建筑发展的重大机遇，河北企业应及早谋划、及时对接，抓住机遇发展壮大；河北省在2020年城镇化率将达到60%左右，其对应建筑市场的年需求在5亿平方米以上，应根据国家大力发展钢结构建筑的政策，推出新的加快发展钢结构建筑地方实施意见。

河北钢铁产业面临化解产能的形势，建筑行业是用钢大户，也急需通过供给

侧结构性改革实现行业转型升级，二者可以加速结合、融合，共谋发展，实现共同提升。总之要充分利用省内资源优势，区位优势，在新的“十四五”规划的指导下，充分发挥自己的钢结构建筑产业优势。

10.3 利用当地资源条件，推广绿色建材

河北省有良好的资源条件，省内建筑节能走在全国前列，主要表现在：节能建筑占既有建筑总量比率超过 40%，完成既有居住建筑供热计量及节能改造 1375.59 万平方米；新增可再生能源建筑应用面积 1500 万平方米，应用比率达 40% 以上。据统计，自 2010 年开始，全省已获得绿色建筑评价标识 83 项，建筑面积 1028.16 万平方米。其中，6 项是保障性住房项目，建筑面积达 226.82 万平方米。

为了实现新建建筑绿色建筑占比达到 20% 这一目标，河北省提出要建立闭合的绿色监管体系，强化规划、设计、施工、验收等全过程管理，执行严格的监管问责制。各市至少建一个绿色小区。按照河北省统一部署，所有政府投资建筑、单体建筑面积超过 2 万平方米的大型公共建筑和省会保障性住房全面推选绿色建筑标准，其他设区市和省直管县至少要有 40% 的保障性住房执行绿色建筑标准。实施“绿色建筑百项工程”的主要内容包括：每个设区市和省直管县都要谋划建设 1 ～ 3 个 20 万平方米以上的绿色建筑小区，1 ～ 3 个被动式低能耗建筑示范项目，“4+1”生态示范城市要建成一批绿色建筑项目。

河北省明确提出，要把被动式低能耗建筑示范、建筑节能与结构一体化、规模化绿色建筑小区打造成全国亮点。推广绿色节能建材设备为了实现“建筑节能省”目标，河北省将加大新技术产品推广力度。近期正在推广 16 类 67 种绿色节能建材设备产品，包括建筑用钢、混凝土材料及制品、墙体材料、建筑保温材料、装饰装修材料、建筑门窗及配套件等。

装配式建筑可有效利用资源能源，符合绿色、循环、低碳的可持续发展方向。预制装配式混凝土建筑可大幅降低模板、水、砂、石、水泥等材料消耗，减少模板和脚手架用量。钢结构建筑可做钢材储备之用，拆除后还可循环利用。从当前发展趋势看，实现新型工业化、信息化、城镇化和农村现代化发展目标，提升国家治理能力现代化和突出绿色化发展已放在越来越重要的位置。对建筑钢结

构行业说，顺应大趋势，抓住机遇、迎接挑战，是实现可持续发展的根本性要求。

推广钢结构建筑，实际上推广的是高效工业化生产模式，推广的是低碳减排绿色施工方式，推广的是资源充分利用的建造形式。未来工程建设中都将是优先推广、优先选用结构体系，关键是钢结构企业必须依靠成熟配套的技术、产品体系做支撑。国家调整产业结构、转变增长方式，关键要改变简单、粗放、浪费和污染严重的发展方式。

10.4 加快钢结构建筑标准、规范的修订、编制

国内钢结构相关的设计施工类标准主要分为国家标准、行业标准和协会标准三大类。其中，国家标准主要有:《钢结构设计规范》《冷弯薄壁型钢结构技术规范》《钢结构工程施工质量验收规范》等。具有代表性的行业标准有:《高层民用建筑钢结构技术规程》《轻型钢结构住宅技术规程》《钢骨混凝土结构技术规程》等。协会标准主要有《门式刚架轻型房屋钢结构技术规程》《钢结构加固技术规范》等。据行业协会不完全统计数据显示，截至目前钢结构行业共发布了45项标准。

全省装配式钢结构住宅建设标准体系健全。已经发布地方标准有《建筑用钢型材标准》DB13（J）/T 277-2018、《钢结构住宅技术规程》DB13（J）/T 275-2018、《装配式低层钢结构住宅技术规程》DB 13（J）/T 239-2017 等 24 项，涉及装配式钢结构住宅的材料、设计、施工、验收、运维、计价等各环节及建筑信息化技术（BIM 技术）在各环节中的应用，初步构成了河北省装配式钢结构住宅较为完整的标准体系（表 10-1）。

装配式钢结构住宅类标准 **表 10-1**

标准类别	标准名称	标准编号
钢结构住宅技术基础标准	《建筑用钢型材标准》	DB13（J）/T 277-2018
	《钢结构住宅技术规程》	DB13（J）/T 275-2018
	《装配式低层钢结构住宅技术规程》	DB13（J）/T 239-2017
	《绿色建筑技术标准》	DB13（J）/T 132-2012
	《建筑信息模型应用统一标准》	DB13（J）/T 213-2016
	《钢结构住宅用外墙板通用要求》	DB13/T 2500-2017

续表

标准类别	标准名称	标准编号
钢结构住宅技术基础标准	《钢结构住宅用内墙板通用要求》	DB13/T 2486-2017
	《钢结构住宅用框架梁、柱选材通用要求》	DB13/T 2475-2016
	《钢结构住宅用桁架制造通用要求》	DB13/T 2474-2016
	《约束混凝土、混凝土和型钢混合结构技术规程》	DB13（J）/T 83-2009
	《钢管混凝土结构技术规程》	DB13（J）/T 84-2009
	《被动式低能耗居住建筑节能设计标准》	DB13（J）/T 177-2015
	《钢结构围护结构技术规程》	DB13（J）/T 276-2018
	《钢管混凝土组合结构体系施工规程》	DB13（J）/T 232-2017
	《建筑信息模型设计应用标准》	DB13（J）/T 284-2018
钢结构住宅技术通用标准	《建筑信息模型施工应用标准》	DB13（J）/T 285-2018
	《装配式建筑评价标准》	DB13（J）/T 8321-2019
	《绿色建筑评价标准》	DB13（J）/T 113-2015
	《居住建筑节能设计标准（节能 75%）》	DB13（J）185-2015
	《绿色建筑设计标准》	DB13（J）/T 231-2017
	《被动式低能耗建筑评价标准》	DB13（J）/T 8323-2019
	《被动式超低能耗建筑节能监测标准》	DB13（J）/T 8324-2019
	《绿色施工管理规范》	DB13（J）/T 154-2013
	《绿色建筑工程验收标准》	DB13（J）/T 8310-2019
	《绿色建筑运行维护技术规程》	DB13（J）/T 216-2016
	《建筑节能门窗工程技术规范》	DB13（J）114-2013
	《河北省装配式钢结构工程定额（试行）》	冀建工〔2018〕15 号
钢结构住宅技术专用标准	《钢丝网架珍珠岩复合保温外墙板应用技术规程》	DB13（J）/T 253-2018
	《玻纤增强复合保温墙板应用技术规程》	DB13（J）/T 221-2018

河北地方建筑钢结构建筑产业发展不快，除了成本因素制约外，相应的标准也亟待完善。由于建筑钢结构带来的新材料、新技术、新工艺、新体系与原有钢结构标准和规范不完全适应。受新材料、新体系、新技术的影响，钢结构部分标准就稍显滞后，制约了钢结构建筑产业的发展。以前常见的钢材料有高强度低合金 Q390 钢、Q420 钢等，其对应的标准是《低合金高强度结构钢》，但随着钢结构在高层建筑中应用扩大，高建钢等材料不断涌现。但新钢材的出现往往会引发

原标准不能覆盖的问题。

在钢结构应用范围扩大、钢材运用种类增加、复杂的结构形式增多、国外钢结构工程市场日益扩大的背景下，作为钢结构行业最重要的国家标准，《钢结构设计规范》率先在2008年启动了2003版的修订工作。《钢结构设计规范》修订版中增加了许多新的内容，比如高强钢材、钢结构抗震、半刚性连接、二阶设计等。

10.5 加强宣传、坚持正确的舆论导向

钢结构建筑目前由于发展中的一些问题，政府和社会都存在一定的误解与疑虑，首先需要加强对钢结构建筑的正面宣传工作，树立正确的钢结构消费观。一方面要加强科普，推动人们的观念更新。只有对钢结构这种绿色建筑技术有所了解，才能逐步接受钢结构住宅。另一方面，要加快钢结构的配套技术研究，不断开发出更多墙体围护材料和产品，突破技术瓶颈，进一步降低造价，为消费者提供更多选择。

更新社会消费观念，必须强化舆论引导，加强对钢结构建筑产业的普及宣传工作，提高公众对钢结构建筑的理性认知，培养使用钢结构产品的消费习惯。通过装配式建筑的推广与应用，使建筑科技进步对建筑产业发展的贡献率取得新成效，技术创新体系和工业化生产方式达到新水平，新型工业化建筑体系和通用部品体系实现新突破，建筑产业结构实现全面升级，争取到2020年基本实现系统完备和技术领先的现代建筑产业体系，全面实现现代建筑产业化，使装配式建筑得到蓬勃发展。

10.6 健全钢结构全生命周期信息化技术管理

河北省钢结构建筑产业的快速发展，基于信息化、互联网、大数据平台软件的应用成为关键。要充分利用现代信息技术飞速发展的步伐，从设计开始就建立统一的BIM系统，提升“钢结构建筑+数字化技术”的融合水平，设计数据导入生成、安装、运营环境，把BIM设计资料作为竣工资料交付物业管理部门，将使用与维护建立在管理信息化基础之上。实现性能监测、建立维修备件库，满

足及时维护和消费者个性化要求。

装配式钢结构建筑的拆除应实现装配式拆分，合理设计建筑构件拆分方案，最大化废物利用及材料循环使用。特别是钢结构体系的构件与节点应优先异地使用，其次回炉炼钢。循环使用的收益应归业主所有，体现钢结构建筑的保值性能。

第11章

河北省钢结构建筑应用案例

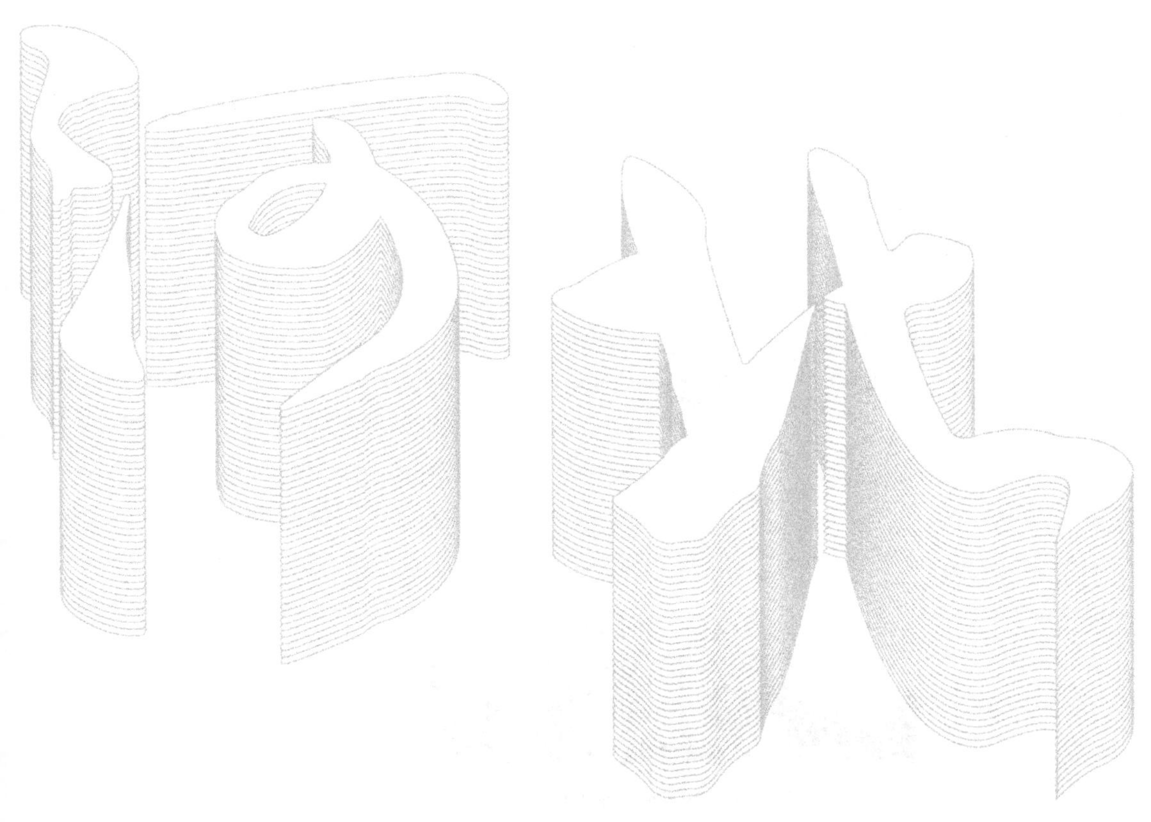

11.1 钢结构超高层应用项目

面对土地资源紧缺，普通多层建筑无法满足城市发展及人们工作、学习和生活的需求，人类向高空索要空间的愿望越来越强烈的现状，超高层建筑在近现代有了突飞猛进的发展。

在钢结构建筑选材方面尤为重要，由于钢筋混凝土及砌块等传统建筑材料自重较大，很难单独应用于超高层项目中，否则随着建筑高度的增加，建筑自重过大导致基础及地基很难满足要求，且费用巨大。而钢结构材料本身具有自重轻、强度高、韧性好的特点，使得近年来钢结构超高层项目不断涌现。

11.1.1 新合作大厦工程

新合作大厦工程（图 11-1）位于河北省石家庄市长安区建设南大街 11 号。是一座集商务办公、商业、地下超市等功能于一体的综合性商务楼。制作安装吨

图 11-1 新合作大厦工程

位为 8200t，建筑面积为 111243m^2，建筑高度 166.8m。该工程于 2013 年 11 月 20 日开工，2015 年 9 月 10 日完成工程验收。结构形式是 24 层以下钢管混凝土框架—钢筋混凝土核心筒结构，24 层以上为钢管混凝土框架—钢筋混凝土剪力墙结构。主要采用的钢材种类是 Q345B、Q345GJB。

建设单位为河北省卓诚企业管理服务有限公司；监理单位为中咨工程建设监理公司；设计单位为北方设计研究院有限公司；审图单位为北方设计研究院有限公司；质监站为石家庄建设工程质量安全监督管理总队。

11.1.2 唐山新世界中心 6 号楼钢结构工程

唐山新世界中心 6 号楼（图 11-2）位于河北省唐山市路南区，是唐山最有影响力的中心商圈之一，西临建设南路，南接大钊公园，北望唐山百货大楼。建筑总高度 135.5m，地上 31 层，地下 4 层，建筑面积 48768.37m^2，结构形式为钢框架核心筒结构，制作、安装总吨位为 9861.5t，工程于 2012 年 9 月 1 日开工，2014 年 8 月 31 日结构验收，2015 年 5 月竣工。

建设单位为唐山新世界房地产开发有限公司；监理单位为北京希地环球建设工程顾问有限公司；设计单位为北京市建筑设计研究院；审图单位为唐山建正工程设计咨询事务所。

图 11-2　唐山新世界中心 6 号楼

11.1.3 唐山勒泰中心一标段 8 号裙房 AB 区钢结构工程

工程位于河北省唐山市路北区果园乡马驹桥南勒泰城。制作、安装总吨位9100t。工程于 2014 年 3 月 15 日开工，2016 年 3 月 1 日完成结构验收。结构形式为框架剪力墙结构。建设单位为唐山勒泰购物广场有限公司；监理单位为河北三元建设监理有限责任公司；设计单位为中国电子工程设计院；审图单位为唐山建成工程设计服务有限公司。

11.2 钢结构住宅案例

近年来，随着城市建设的发展和高层建筑的增多，我国钢结构发展十分迅速，钢结构住宅作为一种绿色环保建筑，已被住房和城乡建设部列为重点推广项目。另外，随着改革开放的深入、经济的发展，使得钢材产量大幅度提高，价格也逐年降低，再加上人们开始追求住宅的个性，住宅功能齐全性、舒适性以及住宅的安全节能等方面，这些都促进了建筑科研人员对住宅结构和材料的研究工作，主要钢结构住宅项目有以下几种。

11.2.1 沧州福康家园公共租赁住房住宅项目钢结构工程

沧州福康家园公租房（图 11-3）是大元集团与住建局合作承建的沧州市保障

图 11-3　沧州福康家园公租房

性住房项目，是沧州市重点民生工程。该项目位于永安大道以西，向海路以南，占地4.46万平方米，建设18～26层的住宅8栋，总建筑面积13.6万平方米，其中，住宅建筑面积9.7万平方米，商业配套及地下建筑面积3.9万平方米，总投资4.7亿元。

在我国目前大力推广住宅产业化的大背景下，河北省首家钢结构住宅产业化项目在沧州市开工建设。沧州市福康家园公租房是大元集团与沧州市住建局合作承建的沧州市保障性住房项目，是沧州市的民生工程。为响应国家绿色建筑、节能减排和住宅产业化政策，大元集团在该项目上选用钢结构住宅体系，采用天津大学钢结构住宅先进技术，组织精干力量参与规划、设计、施工，并根据项目工程特点，建立了完善的各项工程质量管理制度。

11.2.2 秦皇岛金梦海湾2号、3号地块住宅项目一期钢结构工程

秦皇岛金梦海湾2号、3号地块住宅项目一期钢结构工程（图11-4）位于河北省秦皇岛市海港区，总建筑面积约56万平方米，建筑高度约100m，是高层劲性结构和大跨度连廊工程，其单个钢构件最重达20t，均为高层建筑结构钢。该工程

图11-4　秦皇岛金梦海湾2号、3号地块住宅项目一期钢结构工程

由于安装精度极高，连廊内防火涂料表面平整，观感质量好，受到业主总包赞誉。

11.3 公共建筑、工业建筑、文化体育设施的应用

公共建筑、文化体育设施类一般对造型、空间方面要求较高，这就需要一种轻质、高强、韧性好的材料来满足其需求，那么钢结构绝对是不二选择。并且钢结构建筑在环境保护方面以其无可比拟的优势，稳压混凝土结构建筑。未来是追求时尚和主流的时代，作为新型建筑结构往往更加具有吸引力。

11.3.1 河北奥林匹克体育中心体育场工程

河北奥林匹克体育中心体育场工程（图 11-5）位于河北省石家庄市正定县上海南大街、湖南西大街交叉口。该工程于 2013 年 9 月 5 日开工，2014 年 12 月 11 日完成结构验收。结构形式是大跨度空间管桁架结构体系。

图 11-5 河北奥林匹克体育中心体育场工程

建设单位为河北省体育局；监理单位为重庆赛迪工程咨询有限公司；设计单位为北京市建筑设计研究院有限公司；审图单位为河北玉民工程设计咨询事务所有限公司。

河北奥林匹克体育中心项目建设规划总用地占地超千亩，2011 年 5 月 24 日开工奠基，建设规划总用地为 61 万平方米，总建筑面积 30 万平方米，总投资 27 亿元。由体育场、体育馆综合体和田径（篮排）馆构成。主体育场地上 5 层，地下 1 层，可容纳 6 万人，在这座体育场里，还有运动员酒店、体育馆、游泳跳

水馆、网球中心和综合训练馆影城、商场等配套设施。体育馆综合体独具创意，可谓“四馆合一”，包括8000人体育馆一座、3000人游泳跳水馆一座、综合训练馆及网球馆。

11.3.2 中铁电化保定科技工业园（一期）1号、2号厂房

工程位于河北省保定市三环外，保定市连接线西侧地块西邻城市道路。工业园项目总投资15亿元，总建筑面积12.6万平方米，其中生产厂房7万平方米、库房3万平方米，年产输变电及相关产品2800台，单晶、多晶硅200MW。该工程于2016年3月10日开工，2016年6月13日完成结构验收。工程主体为门式钢架结构体系；屋面围护结构采用成品钢桁架檩条双层彩板保温屋面系统，墙面围护采用C形墙梁双层彩板保温墙板系统。

建设单位为中铁电气工业有限公司；监理单位为保定市广厦工程建设监理有限公司；设计单位为清华大学建筑设计研究院有限公司。

该项目投产后预计可实现销售收入30亿元，利润5.76亿元，利税将达到1.56亿元。此次中铁电化保定科技工业园的开工，是高新区对接央企、合作共赢的又一成功典范。

11.3.3 天洋城4代太空之窗工程

燕郊天洋航天现代服务产业发展区一期工程（太空之窗）位于燕郊镇迎宾南路天洋城4代（图11-6）。本工程由三河天洋城房地产开发有限公司投资建设，由人行天桥和博物馆组成，总用地面积33707m^2，建筑面积15663m^2。博物馆含有屋面中庭网架、室内魔幻球、外飘装饰网架、屋面装饰网壳、10m外飘、幕墙龙骨、雨棚等子项构成。

本工程包括了人行天桥、主体网架、外飘网架、装饰网架、10m外飘、幕墙龙骨，工程分散，构件类型较多。人行天桥索塔为斜塔，塔顶标高为65m，索塔为格构式钢框架结构，从下到上呈四棱锥形，外侧弦杆与地面倾斜，且任意2条箱型主弦杆的外表面均不在同一平面。屋面网架为异型蜂窝型焊接球网架，屋面装饰网壳为贝壳型方管单层网壳。外飘装饰网架作为幕墙结构的龙骨，为三角锥螺栓球网架。网格的尺寸为0.8～1m，相当于常规网架网格的1/3；整个网架共51347根杆件，11940颗螺栓球；网架呈不规则的椭球形，杆件和螺栓球的规

图 11-6　天洋城 4 代太空之窗工程

格均为单一构件。

11.3.4 唐山世界园艺博览会植物风情馆钢结构工程

唐山世界园艺博览会植物风情馆（图 11-7）项目位于河北唐山，占地面积约 30000m^2，建筑面积约 12000m^2，建筑高度 23m，容积率为 0.37。设计单位为三磊设计，合作设计单位为森之国际。

由于概念需要，植物馆设计有 118m × 125m 大跨度异形曲面薄壳。在结构

图 11-7　唐山世界园艺博览会植物风情馆

设计上巧妙结合玻璃幕墙分隔及曲面起伏形成的天然矢高，运用钢结构空间网壳的手法，实现“矿石结晶体”的整体效果。

植物馆主体结构采用钢结构形式，抗侧力系统则为钢框架 - 支撑结构体系，钢支撑主要布置于建筑四角的 4 个实体建筑单元，每个单元既是整体结构系统的一部分，同时可以独立作为抗震结构单元。四季中庭屋盖结构采用空间钢网格结构，以三角形网格为主，该屋盖结构成为 4 个实体结构单元的连接纽带，独立承载采光顶围护载荷，同时在 4 个建筑单元之间传递地震力。

11.3.5 秦皇岛恩彼碧轴承有限公司搬迁扩建项目钢结构工程

工程位于秦皇岛市经济技术开发区都山路，建筑面积为 58841m^2，制作、安装总吨位为 2207t，工程跨度 39m。于 2013 年 12 月 9 日开工，2014 年 5 月 28 日结构验收。结构形式为门式钢架。

建设单位为秦皇岛恩彼碧轴承有限公司；总承包联合体单位为中机十院国际工程有限公司；监理单位为秦皇岛秦星工程项目管理有限公司；设计单位为中机十院国际工程有限公司；审图单位为秦皇岛市聪良工程设计咨询有限公司。

该项目规划总建设用地面积 10.49hm^2，主要建设内容为生产厂房、办公用房及其他配套用房，包括第一联合厂房、第二联合厂房、第三联合厂房、第四联合厂房、第五联合厂房、变配电室、空压机房、地下水泵房、辅料库、气瓶库、倒班宿舍、食堂、公寓、综合办公楼、室外管网、大门、围墙等，是日方独资项目。

11.3.6 邯郸客运中心主站钢结构工程

邯郸客运中心主站项目（图 11-8）建筑面积 9.1 万平方米，地下 1 层，地上 10 层，上部主结构为钢筋混凝土筒体支撑的带吊索的钢桁架体系，次结构体系是钢结构框架。项目分为三个子项：主楼钢结构 5427t，主站站房 1343t，主站发车台 143t。制作、安装总吨位 9000t，工程跨度 40.5m。工程于 2014 年 8 月 20 日开工，2015 年 6 月 20 日完成结构验收。

建设单位为邯郸市交建客运枢纽开发有限公司；监理单位为北京国金管理咨询有限公司；设计单位为同济大学建筑设计研究院（集团）有限公司；审图单位为河北贺宸工程设计咨询事务所。

图 11-8　邯郸客运中心主站项目

邯郸客运中心主站项目依托石武高铁客运专线，项目建成后，将成为集高铁、长途、公交、出租、轨道等多种交通方式于一体的综合客运枢纽，可实现各种交通工具间的快速换乘和整个城市交通流的快速聚集、疏散，最大限度地为百姓出行提供便利。同时，客运中心还结合商业、居住、办公、公园，塑造用地集约、功能完善、环境优美的综合交通枢纽，提高城市综合辐射能力。

11.3.7 三河市中国大广场主题公园钢结构工程

三河市中国大广场主题公园的子项工程位于河北省三河市燕郊经济技术开发区西侧，潮白河畔。其中主题公园建筑面积 72482m^2，地上 5 层，建筑高度 68.17m，结构形式为大空间钢结构（内含框架结构）。动力楼建筑层数为地下 1 层，地上 5 层，建筑高度为 28.95m；建筑面积 25888.8m^2，其中地上建筑面积 21694.2m^2，地下建筑面积 4194.6m^2；结构形式为框架剪力墙结构。建筑类别为 3 类，合理使用年限为 50 年。建筑抗震设防烈度为 8 度。防火设计的建筑分类为一类，其耐火等级为一级。本工程 ± 0.000 相对于绝对标高为 20.5m。

建设单位为成功中国大广场有限公司；设计单位为中船建筑工程设计研究院；监理单位为北京精正兴工程建设监理有限公司；勘察单位为中冶地勘岩土工程总公司；施工单位为中国建筑第二工程局。

11.3.8 河北奥林匹克体育中心 - 体育馆综合体

河北奥林匹克体育中心 - 体育馆综合体（图 11-9）位于河北省石家庄市正

图 11-9　河北奥林匹克体育中心 - 体育馆综合体

定新区开，制作安装吨位为 5064.6t，面积 4.32 万平方米，高度为 107.7m。于 2015 年 3 月开工，2015 年 9 月完成结构验收。结构形式为网架、钢箱拱。体育馆、综合训练馆及网球中心屋面结构为空间网架结构，游泳跳水馆屋面结构为单层拱壳结构。体育馆和网球馆网架采用了整体滑移法施工，两馆之间连接部分采用了高空拼装的施工方法，总用钢量约 5200t。

建设单位为河北省体育局，监理单位为浙江江南工程管理股份有限公司；审图单位为河北建伟工程设计咨询有限公司；质监站为正定新区建设工程质量安全监督站。

11.3.9 黄骅港煤炭区四期储筒仓钢结构工程

黄骅港煤炭区四期储筒仓钢结构工程（图 11-10）位于河北省沧州市黄骅港港口煤码头。制作、安装总吨位为 6000t，工程跨度 45m。于 2013 年 2 月 25 日开工，2013 年 12 月 31 日完成结构验收。筒仓为钢筋混凝土筒体结构，上部钢结构为钢框架通廊结构。筒仓共分为四列，每列 6 个，共包含 24 座筒仓。通廊

图 11-10　黄骅港煤炭区四期储筒仓钢结构工程

作为输煤系统的运输站为桁架结构，坐落于筒仓顶部的盆式橡胶支座上。单个仓顶通廊结构的总重量为500t。

此钢结构工程为筒仓上部运煤通廊及两侧半圆无眠结构。通廊结构为地面平台结构，两侧桁架结构，屋面结构，通廊外围护彩板，半圆屋面结构上铺楼承板。

建设单位为神华黄骅港务有限责任公司；监理单位为天津中北港湾工程建设监理有限公司；设计单位为中交水运规划设计院有限公司。

11.4 桥梁工程

11.4.1 保定市东风路东延跨京港澳高速公路桥梁工程

保定市东风路东延跨京港澳高速公路桥梁工程位于保定市东部，该桥全长504.660m，其中主桥长160m，宽48m。东、西侧引桥长分别为200m、140m，宽45m。主桥为单箱多室钢箱梁，双向横坡1.5%；主塔结构为空间弧形变截面钢结构；主桥采用空间布置的成品斜拉索，网状布置；主桥面采用浇筑式沥青混凝土+SMA路面，引桥桥面采用AC-13C改性沥青混凝土。工程由保定市市政公用工程建设监理有限公司监理，河北建设集团有限公司承建。

保定市东风路跨京港澳高速公路桥梁工程是保定市东风路东延的一部分，作为连接高铁客运站与中心城区的第一条通道，它的建成为中心城区与高铁客运站区的交通提供了条件，为保定市的经济发展提供了便利。

11.4.2 张家口石门大桥工程

太行山高速京蔚段石门特大桥（图11-11），横跨岔道河所处宽阔沟谷，谷底为岔道河，桥位处纵断较高，路线与沟底最大高差达105.4m，桥墩最大高度99.6m，全桥长约1839m。大桥为双向四车道高速公路，设计速度100km/h，荷载等级公路Ⅰ级，上下行不分幅，为整幅式断面，主梁设置竖向支座，另设横向及纵向限位挡块。上部结构采用装配式先简支后连续钢混组合箱梁；主梁为多箱单室直腹板钢箱-混凝土组合梁，梁高等高度布置，整体式桥梁断面共6片组合梁；桥墩采用单箱双室空心墩及实体墩，桥台采用座板台，桩基础。工程由河北省交通建设监理咨询有限公司监理，中铁山桥集团有限公司、中铁九桥工程有限公司等承建。

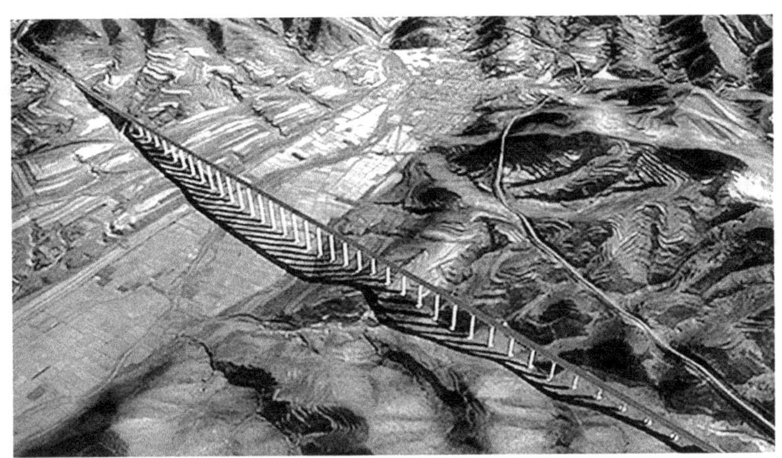

图 11-11 石门特大桥项目

11.4.3 张家口三山大桥

张家口三山大桥位于自北京市区通往张家口 2022 年北京冬奥会主要室外赛事举办地的途中，建成后将成为一条新线（图 11-12）。大桥周边亦是延庆县开发的重点休闲娱乐景区，一侧即是 2019 年北京园博会用地。而三山大桥的设计出发点不仅仅是满足便利出行的需求，而是要在周边山峦层叠的景观中，创造一座可成为地标性景观的大桥。

掌舵这一项目设计的 Penda 建筑事务所，总部分别位于北京和维也纳，其作品中既有印度维杰亚瓦达花园高层住宅项目、2015 米兰世博会奥地利展馆这类

图 11-12 张家口三山大桥项目

的建筑项目，也有不少类似于为北京国际设计周创造的“节节攀升”生态未来建筑畅想，协助其完成建造设计工作的还有来自英国的工程咨询公司 Arup，他们的代表作是“鸟巢”国家体育场与拜仁慕尼黑的主场安联球场。

三山大桥的设计灵感源自奥运五环。全长 452m 的大桥横跨妫河两岸，由三组交叉的拱形钢结构组成，最大跨度达 95m。

第12章

各省市装配式建筑相关政策

12.1 钢结构住宅试点省份的实施意见

12.1.1 浙江

为贯彻《国务院办公厅关于大力发展装配式建筑的指导意见》(国办发〔2016〕71号)等文件精神，大力推进绿色建筑发展，推动浙江省由钢结构大省向强省转变，现就开展钢结构装配式住宅试点工作，制定以下方案。

一、总体要求

(一)指导思想。以习近平新时代中国特色社会主义思想为指导，全面贯彻党的十九大和十九届二中、三中全会精神，紧紧围绕统筹推进“五位一体”总体布局和协调推进“四个全面”战略布局，牢固树立和贯彻新发展理念，按照高质量发展的要求，以供给侧结构性改革为主线，落实全国住房和城乡建设工作会议决策部署，稳步推进钢结构装配式住宅发展，促进浙江省建筑业转型升级。

(二)基本原则。坚持政府引导与市场推动相结合。适应市场需求，发挥市场配置资源的决定性作用，更好发挥政府规划引导和政策支持作用，形成有利的市场环境，激发开发、设计、生产、施工、材料、科研等企业在钢结构装配式住宅建设中的内生动力，形成市场主体广泛参与、协同配合、有序发展的局面。

坚持问题导向与创新驱动相结合。针对目前钢结构装配式住宅建设存在的问题，推进机制和模式创新，加大技术攻关，支持新技术、新工艺、新功能应用，在推进试点工作中统筹解决推广建设实际问题和共性难题，形成具有浙江特色的钢结构装配式住宅建设体系。

坚持因地制宜与统筹推进相结合。根据各地经济发展状况、产业基础以及多层次多样化建筑需求，在重点地区率先推进钢结构装配式住宅试点工作，因地制宜推进轻钢结构在旅游度假、农村自建住房中的应用，以点带面，形成局部推动整体，整体带动局部的工作格局。

坚持系统构建与联动推进相结合。总结借鉴国内外先进经验，建立健全钢结构装配式住宅的标准技术体系、生产体系、市场监管体系和监测评价体系。优化钢结构装配式住宅全产业链的集成技术，实现钢结构装配式住宅与住宅全装修联动发展，带动建筑钢材、智能化装备等上中下游协同联动发展。

（三）工作目标。发挥浙江省钢结构产业集聚优势，通过开展钢结构装配式住宅试点，解决制约钢结构装配式住宅发展的实际问题，建立健全符合具有浙江特色的钢结构装配式住宅标准规范体系，提升钢结构装配式住宅的实施比例，力争把浙江省打造成为国内领先的钢结构装配式住宅产业基地、企业集群和研发高地。

到2020年，全省累计建成钢结构装配式住宅500万平方米以上，占新建装配式住宅面积的比例力争达到12%以上，打造10个以上钢结构装配式住宅示范工程，其中试点地区累计建成钢结构装配式住宅300万平方米以上。

到2022年，全省累计建成钢结构装配式住宅800万平方米以上，其中农村钢结构装配式住宅50万平方米。

二、试点范围

本次试点工作选取杭州、宁波、绍兴作为试点地区，杭州市临安区、绍兴市柯桥区作为农村钢结构装配式住宅试点地区，探索建设轻钢结构农房示范村1～2个。

各试点地区建设行政主管部门可推荐信用良好、具有相关技术能力和厂房装备的钢结构专业承包一级企业和建筑行业（建筑工程）甲级企业作为试点企业报浙江省住房和城乡建设厅认定。

其他地区可推荐拟参与钢结构装配式住宅项目建设的钢结构专业承包一级企业和建筑行业（建筑工程）甲级企业作为试点企业报浙江省住房和城乡建设厅认定。

试点地区可推荐3～4个试点项目、其他地区可推荐1～2个项目报浙江省住房和城乡建设厅认定。

三、试点内容

（一）推动试点示范。在试点地区保障性住房、搬迁安置房、商品住宅、农村住房建设、危房改造等和浙江省的未来社区住宅项目中明确一定比例的项目采用钢结构装配式建造方式，具体比例由试点地区在试点方案中明确。结合乡村振兴战略和美丽乡村建设，鼓励农村危房改造、山区迁建安置农房等采用钢结构，引导广大农村居民自建住房采用轻型钢框架结构、低层冷弯薄壁钢结构等钢结构体系建设。各地按照技术先进、经济适用、示范性强的原则，分年度落实好试点示范项目。

（二）完善标准体系。不断完善钢结构装配式住宅通用标准和技术体系，集中力量攻克防火防腐、隔声防水、节点连接等核心技术，形成具有浙江特色的钢结构装配式住宅技术体系。推动钢结构部品构件标准化，助推钢结构企业生产适宜钢结构装配式住宅的部品构件。支持企业编制钢结构装配式住宅企业标准，鼓励社会组织编制团体标准。

（三）推动技术创新。不断提高钢结构装配式住宅设计和管理水平。推行标准化设计，提高设计单位钢结构装配式住宅集成设计能力。推动钢结构生产线技术升级和制造模式创新，重点推进如建筑信息模型（BIM）、自动加工焊接装配等技术在钢结构装配式住宅中的运用，提高行业高端制造水平。强化钢结构装配式住宅部品部件应用芯片识别和二维码识别等技术，实现信息化管理和全生命周期的可追溯。

（四）打造产业集群。加快钢结构装配式住宅建设上下游联动，引导钢铁生产企业优化调整产业结构，开发高性能防火、防腐产品和标准化建筑用钢。推动钢结构生产线技术升级、制造模式创新，加快钢结构企业智能制造升级换代，大力开展“机器换人”。加强生产能力建设，优化生产力布局，积极推进钢结构产业化基地建设。引导配套部品生产企业开发适宜钢结构装配式住宅标准化、系列化和通用化的技术和产品。钢结构装配式住宅原则上必须以装配式装修交付，推进结构保温装修一体化、全装修与整体厨卫一体化等成套技术应用。

（五）创新组织模式。大力提倡钢结构装配式住宅项目采用全过程工程咨询和工程总承包方式建设，加快工程建设组织模式变革，健全与工程总承包的发包承包、施工许可、工程造价、竣工验收等配套制度，实现工程设计、部品部件生产、施工及采购的统一管理和深度融合，优化项目管理方式。培育装配式建筑全过程工程咨询，政府投资工程应带头推行全过程工程咨询，鼓励非政府投资工程委托全过程工程咨询服务。

（六）加快人才培育。加大钢结构装配式住宅全产业链的人才队伍培育建设力度，推动形成政府引导、多方面参与的多元化钢结构装配式住宅技术技能培训模式，加快培育一批满足发展需求的多层次专业人员，重点培养钢结构装配式住宅设计类人才。积极开展钢结构装配式住宅人才知识更新、专业技术人员继续教育、一线工人技能竞赛等工作，不断提高钢结构装配式住宅项目安装、加工等环节产业工人的技能技术水平。

四、工作步骤

钢结构装配式住宅试点工作分三个阶段实施。

（一）部署启动阶段（2019年6—9月）。浙江省住房和城乡建设厅组织认定各试点地区上报的试点企业和试点项目，并召集各试点地区和试点企业，动员部署开展钢结构装配式住宅试点工作。各试点地区建设行政主管部门按照本方案制订具体实施细则，全面部署试点工作。

（二）组织实施阶段（2019年10月—2022年10月）。各试点地区和试点企业按照试点方案及实施细则，精心组织，认真落实，积极开展试点工作，完成试点任务。同时试点实施阶段应强化监管，加强过程评估，及时组织观摩交流推广。

（三）总结评估阶段（2022年11—12月）。组织对试点工作进行总结评估，梳理在开展试点工作过程中存在的问题，总结试点工作取得成效和经验，研究提出建立健全长效机制的意见和建议。对试点地区完成试点工作出色的，浙江省住房和城乡建设厅对各地市年度考核中予以加分。

五、保障措施

（一）加强组织领导。试点地区建设主管部门应加强对钢结构装配式住宅试点工作的组织领导，研究提出试点工作目标和任务，建立健全工作机制，加强市场培育和政策引导，做好指导和服务保障工作，确保试点工作有效推进。

（二）加大政策扶持。对试点企业，浙江省住房和城乡建设厅将依申请核发建筑工程施工总承包二级资质证书（或优先推荐住房和城乡建设部核发的建筑工程施工总承包特级、一级资质证书），业务承揽范围限钢结构主体工程，同时依申请核发建筑装修装饰专业承包一级，业务承揽范围限住宅全装修。对钢结构装配式住宅，经依法批准后，可作为技术复杂类工程项目进行邀请招标。支持试点企业申报高新技术企业，优先申报建设科技建筑节能项目计划，优先享受省级建设专项资金资助。鼓励高等院校、科研院所、设计、制造和施工企业等开展钢结构装配式住宅相关课题研究，符合条件的优先推荐相关科技创新扶持政策或专项资金支持。优先推荐试点项目参评“钱江杯”和建筑工业化示范项目。浙江省财政建筑工业化以奖代补资金实施向试点项目倾斜，其中农村钢结构装配式住宅的试点项目原则上给予200元/平方米奖励。

（三）发挥协会作用。充分发挥行业协会在行业信息交流、教育培训等方面的作用，服务引导企业参与钢结构装配式住宅项目建设，组织行业专家开展相关钢结构装配式住宅技术创新课题研究，为试点工作提供技术服务。

（四）加强宣传引导。通过多种形式广泛宣传发展钢结构装配式住宅的经济效益和社会效益，提升公众对钢结构装配式住宅绿色、环保、节能优势的认知度，营造社会关注、支持钢结构装配式住宅发展的良好氛围。

（五）做好跟踪评估。加强对钢结构装配式住宅试点工作的跟踪管理，对试点过程进行动态管理，及时评估试点工作开展成效，总结试点经验，形成可复制、可推广的模式，为全面推进浙江省钢结构装配式住宅奠定基础。

12.1.2 山东

发展钢结构装配式建筑，有利于提高建筑物抗震性能、减少地震灾害损失，有利于消解钢铁过剩产能、形成钢材战略储备，有利于推进建筑业转型升级、实现建筑产业现代化，有利于落实绿色发展理念、促进生态文明建设。山东省有较为雄厚的钢结构产业基础，2018年，全省粗钢产量7177万吨，热轧H型钢设计产能560万吨，现有钢结构企业381家，其中具备钢结构工程专业承包一级资质企业44家、二级资质企业138家。山东省将钢结构装配式建筑作为重点发展的装配式建筑形式之一，在技术标准、产业培育、工程应用等方面取得了积极进展。2016—2018年山东省累计建设钢结构装配式建筑1364万平方米，其中住宅176万平方米。为深入贯彻落实全国住房和城乡建设工作会议、山东省建筑业改革发展大会部署要求，加快推进钢结构装配式住宅深入发展，就开展钢结构装配式住宅试点制定如下方案。

一、总体要求

（一）指导思想。以习近平新时代中国特色社会主义思想为指导，全面贯彻习近平总书记对山东工作指示精神及省委、省政府关于实施新旧动能转换重大工程的决策部署，以供给侧结构性改革为主线，按照“适用、经济、安全、绿色、美观”建筑方针，完善政策法规、创新管理机制、健全技术标准，着力培育钢结构建筑新兴产业集群，加快推进钢结构装配式住宅发展，促进全省住房城乡建设事业绿色高质量发展。

（二）基本原则

1. 政府引导，市场主导。完善政策约束，棚户区改造安置住房等政府投资或主导的新建住宅项目和高烈度地震区的新建住宅项目按规定比例率先采用钢结构装配式建设。强化政策激励，加大金融、财政、税费等扶持，激发市场主体积极性，提高钢结构装配式住宅在房地产开发项目中的比重。

2. 统筹推进，协同发展。综合考虑地域空间、产业基础等因素，以产业基地、产业园区、特色园区为抓手，统筹推进钢结构装配式住宅产业全链条和集群化发展。发挥行业协会桥梁纽带作用，引导钢结构装配式住宅产业上中下游企业协同联动发展。

3. 问题导向，创新驱动。开展钢结构建筑技术课题攻关，着力解决共性问题、突破关键技术，建立健全钢结构装配式住宅技术标准体系。积极推进钢结构装配式住宅建设制度、机制和模式创新，探索形成符合钢结构装配式住宅建设特点的监管服务机制。

4. 质量第一，确保安全。严格落实质量安全主体责任和监管责任，健全钢结构装配式住宅设计、生产、施工、验收等全过程质量管理体系，重点提高产品和服务质量，推行全过程质量追溯，确保钢结构装配式住宅工程质量安全。

（三）试点范围。在全省开展钢结构装配式住宅建设试点，试点期限 3 年。综合考虑经济发展、产业基础、抗震设防等因素，将济南、枣庄、烟台、潍坊、济宁、日照、临沂、聊城、菏泽等 9 个设区市及淄博淄川区列为钢结构装配式住宅重点推广地区。

（四）试点目标。到 2020 年，初步建立符合山东省实际的钢结构装配式住宅技术标准体系、质量安全监管体系，形成完善的钢结构装配式住宅产业链条。到 2021 年，全省新建钢结构装配式住宅 300 万平方米以上，其中重点推广地区新建钢结构装配式住宅 200 万平方米以上，基本形成鲁西南、鲁中和胶东地区钢结构建筑产业集群。

二、主要任务

（一）加快推广应用。重点推广地区新建商品住宅项目及保障性住房、棚户区改造安置住房等政府投资或主导的新建住宅项目按规定比例采用钢结构装配式建设，农村住房建设试点示范县（市、区）、农村危房改造、抗震改造试点按规定比例采用钢结构装配式建设，具体比例由各设区市确定；鼓励其他地区新建商品住宅和政府投资或主导的新建住宅项目采用钢结构装配式建设。结合乡村振兴战略和美丽乡村建设，鼓励黄河滩区迁建安置农房、农村住房建设试点示范县（市、区）、农村危房改造、抗震改造试点等采用钢结构装配式建设，引导广大农村居民自建住房采用轻型钢框架结构、低层冷弯薄壁型钢结构等结构形式建设。

（二）完善产业链条。引导钢铁生产企业优化调整产品结构，开发高性能防火、防腐产品和标准化建筑用钢。引导钢构件生产企业更新生产装备、改进生产工艺，提升自动化加工水平。引导传统建材企业向新型建材企业转型，大力发展与钢结构装配式住宅配套的新型墙楼板、门窗等绿色建材。支持有实力的配套部品生产企业开发防火与装饰装修、结构保温一体化的技术和产品，提高配套部品的标准化、系列化和通用化水平。

（三）加强科技攻关。组织开展钢结构装配式住宅共性关键技术攻关，重点研发适宜山东特点、具有自主知识产权的钢结构装配式住宅主体结构技术体系和满足居住建筑 75% 节能标准的围护体系及高效连接、防渗、防腐、防火、抗裂、隔声等技术，着力解决钢结构主体与外墙板、内墙板、楼板等部件的连接问题。支持优势钢结构龙头企业牵头建设技术创新中心，联合“政产学研金服用”各方，整合创新资源、形成创新合作网络，合力开展技术攻关。

（四）健全标准体系。编制钢结构装配式住宅施工工艺及检验、钢构件制作及建筑模数与部品部件协调、户型标准化设计、一体化装修等地方标准，逐步建立完善覆盖设计、生产、施工、验收、运营维护等全过程的钢结构装配式住宅标准体系。开发模数统一、规格一致的钢结构常用构配件，提升构配件生产标准化水平，减少二次加工。鼓励社会组织编制团体标准，增加钢结构装配式住宅标准的有效供给。

（五）推广适用技术。加大建筑信息模型（BIM）等技术应用力度，鼓励建设钢结构建筑产业信息协作平台和 BIM 协同管理平台。大力推行标准化设计，积极推广施工组织信息化管理、物流运输管理、构件吊装、安全可靠的部品构件连接等技术和耐火耐腐钢材，鼓励施工企业创新施工组织方式、推行绿色施工，及时编制技术导则、技术指南，适时发布推广、限制、禁止使用技术产品目录。

（六）创新监管服务。钢结构装配式住宅原则上采用工程总承包模式，推行全过程工程咨询。推进钢结构企业向工程总承包企业转型，具备一级钢结构工程专业承包资质的企业经山东省住房和城乡建设厅推荐，可向住房和城乡建设部申请钢结构施工总承包试点；具备二级钢结构工程专业承包资质的企业经山东省住房和城乡建设厅认定，可颁发房建施工总承包二级资质证书，承揽相应等级的钢结构装配式住宅工程施工总承包级业务。

（七）培养人才队伍。建立多层面的钢结构装配式住宅专业人才培训体系，积极开展高级人才知识更新、专业技术人员继续教育、一线工人技能竞赛等工作，支持行业协会、职业院校、企业合作开展相关技术实践培训，加快培养一批满足钢结构装配式住宅发展需求的多层次专业人员。指导钢结构装配式住宅相关企业，以专业技术人员、一线技能工人等为重点，采取自主培训或委托培训等方式，开展岗前培训、技术培训、技能提升等多种形式的岗位培训活动。

（八）确保质量安全。落实钢结构装配式住宅项目各方主体责任，建立健全质量安全管理体系，规范部品部件出厂证明资料，编制关键工序、关键部位质量安全控制资料和专项方案。健全部品部件生产过程质量管控机制，实施首批部件建设、监理驻厂监造制度。加大钢结构装配式住宅工程质量安全检查力度，强化对参建主体质量安全行为和实体质量安全情况的监督检查。积极推行工程质量担保和保险制度，完善工程质量追责赔偿机制。

三、保障措施

（一）加强组织领导。建立由住房和城乡建设主管部门牵头，发改、自然资源、财政、科技等有关主管部门共同参与的工作协调机制，统筹推进钢结构建筑发展。研究制定《关于加快推动钢结构建筑发展的指导意见》，明确山东省钢结构建筑发展目标、重点任务、支持政策和保障措施。编制钢结构装配式住宅试点评估要点，组织开展试点评估，总结各市发展经验，及时解决试点过程中发现的问题，努力形成可复制、可推广的钢结构装配式住宅发展模式。组织各市编制实施本地区钢结构装配式住宅建设试点方案和年度实施计划，确保试点任务落到实处。

（二）加大政策扶持。对钢结构装配式住宅项目，全面落实《山东省绿色建筑促进办法》和山东省人民政府办公厅《关于贯彻国办发〔2016〕71号文件大力发展装配式建筑的实施意见》《关于进一步促进建筑业改革发展的十六条意见》等确定的各项扶持政策。加大财政支持力度，对具有示范意义的工程项目、产业基地给予资金奖励。钢结构装配式住宅项目按规定给予一定的容积率奖励，工程质量保证金计取基数可以扣除预制构件价值部分。对钢结构装配式商品住宅项目，可降低预售条件及预售资金监管标准和监管资金留存比例，具体办法由各设区市制定。

（三）强化行业指导。综合考虑地域空间、产能需求、产业基础等，科学规划钢结构装配式住宅产业布局，防范钢结构装配式住宅产业项目盲目上马，避免产能过剩、恶性竞争。充分发挥山东省钢结构行业协会桥梁纽带作用，为企业提供交流合作平台，指导钢结构装配式住宅产业上中下游企业组建产业联盟，协同联动、抱团发展。鼓励有条件的地区建设钢结构装配式住宅产业园区，完善钢结构装配式住宅全产业链条，做强鲁西南地区、鲁中地区、胶东地区三大钢结构装配式住宅产业集群。

（四）营造良好氛围。组织开展钢结构装配式住宅重点发展城市、示范工程、试点产业基地创建工作，鼓励创建与绿色建筑、超低能耗建筑相结合的钢结构装配式住宅综合示范。鼓励行业协会开展钢结构装配式住宅评奖评优，开展学术交流、技术研讨等活动。利用新闻媒体、网络、杂志等渠道，积极普及钢结构装配式住宅基础知识，提高全社会对钢结构装配式住宅抗震安全、节能环保的认知度，努力营造各方共同关注和支持的良好发展氛围。

12.1.3 四川

为深入贯彻《国务院办公厅关于大力发展装配式建筑的指导意见》（国办发〔2016〕71号），落实全国住房城乡建设工作会工作部署，加大扶持引导，稳步推进钢结构装配式住宅建设，推动建立钢结构装配式住宅建设体系，促进建筑产业转型升级和高质量发展。特制定本工作方案。

一、指导思想

以习近平新时代中国特色社会主义思想为指导，深入贯彻党的十九大、习近平总书记对四川工作系列重要指示精神和对住房城乡建设工作重要批示精神，深化建筑业供给侧结构性改革，坚持问题导向，以推进钢结构装配式住宅建设为抓手，加快住宅建设建造方式改革。加强政策扶持引导，打造钢结构装配式住宅产业集群，培育钢结构装配式骨干企业，推进钢结构装配式住宅建设体系建设，形成可推广的试点经验，促进建筑业产业结构调整和转型升级，推动建筑业高质量发展。

二、基本原则

（一）加强引导，统筹推进。制定钢结构装配式住宅发展规划和实施路径，加大政策支持，建立多部门协同推进机制，引导市场主体开发建设钢结构装配式住宅。统筹建设钢结构装配式产业基地，科学配置产能，带动上下游产业同步发展。

（二）完善体系，科学推进。鼓励研究开发与钢结构装配式住宅相关的技术、标准、工法，建立钢结构装配式住宅技术体系、标准体系、市场监管体系和质量评价认定体系，加快形成推进钢结构装配式住宅发展的市场机制和发展环境。

（三）试点示范，引领推进。以试点城市和示范基地、示范项目为引领，推进重点领域和优势区域率先发展，形成可推广、可复制的试点工作经验，推动建立成熟的钢结构装配式住宅建设体系。

三、试点目标

在成都、绵阳、广安、宜宾、甘孜、凉山6个市（州）开展钢结构装配式住宅建设试点，推动形成钢结构装配式住宅发展模式。到2022年，全省培育6～8家年产能8万～10万吨钢结构骨干企业，培育2～3个钢结构产业重点实验室或工程技术研究中心。培育10家以上钢结构装配式住宅建设的新型墙材和装配式装修材料企业。新开工钢结构装配式住宅500万平方米以上。

四、试点任务

——发挥应用类产业基地带动作用。应用类产业基地每年新开工示范项目不少于1项，以示范项目为依托，加大研发资金投入，年度研发资金投入达到营业收入1%。在整合研发、部品部件制造、配套产品生产等相关能力基础上，形成1～2项钢结构装配式住宅技术体系和不少于5项施工工法。

——发挥研发类产业基地技术引领作用。围绕钢结构装配式住宅关键技术研发、标准制定、产品标准化等方面开展技术攻关，形成适合钢结构装配式住宅发展的技术体系。鼓励企业、高校、研发机构共同组建研发中心，支持研发中心申报国家级、省级工程技术中心。研发类产业基地每年开展钢结构装配式住宅相关研究课题不少于3项。

——引导制造类产业基地开发适合钢结构装配式住宅应用的产品体系，重点开发主体结构、外墙、内墙及装配式装修等产品体系，形成系统性强、相互配套的标准化产品体系。制造类产业基地年度研发资金投入达到营业收入1%，每年新开发钢结构装配式住宅专用产品不少于 3 项。

五、重点工作

（一）加强示范引领。积极稳步推进钢结构装配式建筑在保障性住房、易地扶贫搬迁、新农村建设、农村住房建设试点、农村危房改造、农房抗震试点等住宅建设项目应用，引导和推动商品住宅建设项目积极采用钢结构装配式建造方式。在凉山、甘孜等地震高烈度地区农村农房、民宿低层建筑中推广采用钢结构装配式住宅。在宜宾长宁地震灾后重建农房建设中试点建设钢结构装配式农村住宅。

（二）培育产业集群。加强扶持引导，培育一批集设计、生产、施工于一体的钢结构装配式住宅建设骨干企业。加快工程建设组织模式变革，推行采用全过程工程咨询和工程总承包方式建设。引导钢铁企业和省内规模较大、技术能力较强的新型墙材、建筑材料、构配件等生产企业向钢结构装配式住宅配套产业转型，开发与钢结构装配式住宅配套的新型节能、绿色环保建筑材料，建立建筑主体与配套产品完整产业链。

（三）加强科技创新。鼓励钢结构企业及其配套建材生产企业与设计、科研单位和大专院校技术合作，建立钢结构产业领域重点实验室、工程技术研究中心，构建钢结构科技创新产学研联盟。研究符合抗震设防、绿色节能标准要求的建筑结构体系，开发设计标准化、模数化、信息化、智能化的配套软件，注重生产和施工技术研发创新。通过试点解决困扰钢结构装配式住宅建设突出问题，逐步形成钢结构装配式住宅建设的成熟技术体系。

（四）完善标准体系。结合国家、行业、企业标准和四川省大部分地区高地震烈度特点，加快建立完善钢结构装配式住宅标准体系，推动钢结构构配件标准化。制定完善钢结构装配式住宅建设设计、构件生产、装配式施工、装配式装修、钢结构养护、质量检验、工程验收和评价认定等地方标准和图集，为钢结构装配式住宅建设提供标准支撑。

（五）加强质量安全监管。进一步完善工程质量终身责任制，落实钢结构装配式住宅项目建设各方责任主体工程质量、安全生产和环境保护责任。建立健全钢结构装配式住宅性能评价认证等制度，强化钢结构装配式住宅建设项目防火、防腐、隔声等质量管理。组织专家对试点项目建设全程指导和评估，形成成熟的装配式钢结构住宅质量安全监督管理制度。

（六）加强人才队伍建设。建立钢结构装配式住宅建设专业人才培养体系，培养适应钢结构装配式住宅发展高级、中级、初级专业技术人才和产业技能工人，形成多层次的专业人员梯队。通过专题讲座、业务培训、继续教育等多种方式，提高工程技术和管理人员技术水平和管理能力。

六、政策支持

（一）土地支持。在土地供应中，将钢结构装配式住宅建设用地纳入供地条件，根据供地条件按照项目进度和时序优先保障用地。社会投资的钢结构装配式住宅建设项目，参照《四川省关于推进钢结构应用与发展的实施意见》相关政策执行。

（二）科技创新扶持。统筹协调绿色建筑、产业发展、科技创新与成果转化、外经外贸、节能减排、人才引进与培训等专项资金。对列入科技成果转化钢结构装配式示范项目给予最高不超过300万元项目转化支持。

（三）财政支持。加大财政资金支持力度，统筹协调科技计划项目资金，围绕钢结构装配式住宅相关关键技术攻关，支持钢结构装配式住宅科技公共研发平台、重点实验室、工程技术研究中心建设。支持并鼓励国家钢结构技术研究中心在四川省设立钢结构研究分支机构，大力推广和使用钒钛钢优质建筑钢材。

（四）行政许可支持。按照行政审批制度改革要求，依法依规规范行政许可事项，优化钢结构装配式行业发展环境。支持优势钢结构专业承包资质企业在试点期间，转型升级为总承包房建资质。采用钢结构装配式建设的房地产项目，在办理《商品房预售许可证》时，允许将钢结构预制构件投资生产纳入进度考核。

（五）加强运输管理。依法依规加强对钢结构构件成品、原材料运输运价管理，严禁价外收费。对大件特种运输企业收取的道路损失补偿费、事故车辆拖车费、货站操作费和安检费、码头闸口费进行清理规范。

七、保障措施

（一）加强组织领导。推进钢结构装配式住宅产业发展是促进建筑产业结构调整和转型升级，实现高质量发展的重要内容，成立由主要领导任组长、相关部门参与的组织领导机构，强化对推进钢结构装配式住宅建设试点工作统筹协调，确保试点各项目标任务顺利完成，形成可推广的试点工作经验。

（二）加强技术指导。四川省住房和城乡建设厅建立由企业、高等院校、科研机构等专业技术人员组成的钢结构装配式住宅产业专家委员会，分行业设立设计、部品、施工等专家小组，负责标准编制、项目评审、技术论证、性能认定等方面技术把关和服务。支持四川省装配式建筑产业协会开展行业论坛和技术交流，扩大钢结构装配式住宅影响力。

（三）积极引导宣传。通过报刊、广播、电视、互联网等媒体，大力宣传钢结构装配式住宅建设的重要意义，让公众更全面了解钢结构装配式住宅对提高建筑安全、提升建筑品质、环境保护等方面积极作用，提高钢结构装配式住宅在全社会中的认知度和认同度。

12.1.4 湖南

近年来，湖南省委、省政府将发展装配式建筑列为全省“十三五”期间重点发展的十大新兴产业和二十条优势产业链之一，通过 5 年的努力，装配式建筑产业发展迅速，年产能和综合实力已居全国前列。至 2018 年底，全省累计实施装配式建筑面积 3748 万平方米。目前，湖南省钢结构产业基础较为雄厚，2018 年全省粗钢产量达到 2308 万吨，现有钢结构产业链上企业 50 多家，其中国家级产业基地 3 家、省级产业基地 6 家。为深入贯彻落实全国住房城乡建设工作会议精神，推进湖南省钢结构装配式住宅建设稳步健康发展，结合湖南省实际，制定钢结构装配式住宅建设试点方案如下。

一、总体要求

（一）指导思想

以习近平新时代中国特色社会主义思想为指导，全面贯彻党的十九大和十九届二中、三中全会精神，紧紧围绕统筹推进“五位一体”总体布局和协调推进“四个全面”战略布局，牢固树立和贯彻新发展理念，按照高质量发展和绿色发展要求，以生态文明建设为主线、以供给侧结构性改革为抓手、以发展新型建造方式为重点，稳步推进湖南省钢结构装配式住宅建设试点工作，建立完善湖南省钢结构装配式住宅技术标准体系，提高钢结构装配式企业技术水平和创新能力，促进建筑产业转型升级。

（二）基本原则

1. 坚持科技引领、创新驱动。加快推进湖南省钢结构装配式住宅建设制度、机制和模式创新，支持新技术、新材料、新工艺、新功能在钢结构装配式住宅项目的推广应用，探索构建新型钢结构装配式住宅成熟的技术体系、材料体系、产品体系，在设计、生产、施工、管理、运营维护全过程运用建筑信息模型（BIM）和移动互联网及大数据等新技术，将钢结构装配式住宅技术研发和项目设计、建造、运营维护、监管全过程纳入湖南省装配式建筑全产业链智能建造平台统一管理，促进湖南省钢结构装配式住宅建设逐步实现智能化建造。

2. 坚持问题导向、重点突破。针对当前湖南省钢结构装配式住宅建设存在的产业链不配套、技术体系不成熟、标准化程度不高、质量品质不优、建造成本偏高、市场认可度较低、各类人才紧缺等突出问题，在推进钢结构装配式住宅建设试点工作重点领域和关键环节集中发力，统筹解决湖南省推广建设钢结构装配式住宅瓶颈问题和共性难题，争取在试点城市（县区）试点项目中取得突破。

3. 坚持因地制宜、统筹推进。综合考虑全省钢结构装配式产业基础和基地分布，以及原材料供给和钢结构装配式企业技术体系特点等情况，结合区域优势和项目需求，动员钢结构龙头企业积极参与，统筹推进钢结构装配式住宅产业链协调发展。

4. 坚持政府引导、政策扶持。各试点城市（县区）要出台支持政策，在政府投资的保障性住房、农村易地扶贫搬迁集中安置工程等建设项目中优先推广应用钢结构装配式住宅，积极引导和鼓励社会投资的商品住宅和农村居民自建房逐步采用钢结构装配式建造，鼓励装配式建筑重点推进地区和龙头企业先行先试，积极稳妥推进钢结构装配式住宅试点项目建设。

5. 坚持安全第一、质量为本。严格落实钢结构装配式住宅项目质量安全主体责任和监管责任，完善设计、生产、施工、验收标准体系，推进全过程信息化管理及质量监测，确保试点项目工程质量安全。

（三）工作目标

力争用3年时间（2019—2021年），通过试点，初步建立切合湖南省实际的钢结构装配式住宅成熟的技术标准体系，培育5家以上大型钢结构装配式住宅工程总承包企业。完成10个以上钢结构装配式住宅试点示范项目，通过项目实践，重点解决困扰钢结构装配式住宅的“三板”配套、产品功能、系统集成、成本过高和质量品质不优等突出问题，为规模化推广应用树立标杆，积累经验。形成湖南省绿色钢结构装配式建筑产业集群。

二、试点范围

全省确定长沙市、株洲市、娄底市、邵阳市、吉首市、岳阳市湘阴县、常德市西洞庭管理区为国家钢结构装配式住宅试点城市（县区）。各试点城市（县区）建设行政主管部门，要在7月底前向省装配式建筑发展联席会议办公室报送本地区试点工作实施方案和2019年度试点项目。

三、工作任务

（一）加快钢结构装配式住宅试点项目落地。各试点城市（县区）要制定本地区推进钢结构装配式住宅试点的三年行动计划，在政府投资的保障性住房和农村易地扶贫搬迁安置房以及社会投资的商品房住宅项目中，选择规模较大的统规统建的项目作为试点示范项目，在农村住房建设试点、危房改造、抗震改造试点中推广装配式轻钢结构农房。要求每个试点城市（县区）每年试点示范项目不少于2个。

（二）完善钢结构装配式住宅技术标准体系。梳理现行钢结构装配式住宅国家标准、行业标准、地方标准、团体标准。加快编制全省钢结构装配式住宅装修设计标准和施工验收标准、通用技术体系导则，鼓励行业协会编制团体标准，不断完善湖南省钢结构装配式住宅建设技术标准体系，统一编制相对固定的钢结构常用构配件通用设计标准化图集，推动钢结构构配件标准化、通用化，促进钢结构装配式住宅建筑、结构、设备管线、装修等专业一体化协同设计。

（三）推广适用技术、推进技术创新。结合湖南省正在研发建立的全省装配式建筑全产业链智能建造平台，加大BIM技术在试点项目的全过程推广应用，不断提高钢结构装配式企业技术和管理水平，鼓励钢结构企业与大专院校、科研机构合作建立技术研发中心，开发具有自主知识产权的适用技术。重点推广BIM全专业正向设计、工厂数控化自动加工焊接、工地智慧施工和全过程信息化管控等新技术应用，提高钢结构行业高端智能制造水平。

（四）加快形成完整的全产业链。各试点城市（县区）要加快完善钢结构装配式住宅建设产业配套，引进国内钢结构装配式设计和施工龙头企业。引导钢铁生产企业优化调整产品结构，开发生产标准化建筑用钢，加强与钢结构装配式建筑总承包企业的合作、联动。重点支持装配式新型一体化复合板材专业生产企业，鼓励钢结构装配式施工企业与当地其他类别建筑施工企业强强联合，建立上下游产业协作关系。发挥产业联盟优势，形成具有核心竞争力和行业带动力的钢结构住宅建设产业集群。

（五）完善钢结构装配式住宅工程建设组织模式。各试点城市（县区）在钢结构装配式住宅试点项目建设中，应采用全过程咨询和工程总承包（EPC）方式建设，采用全装修成品房交付，改变现行工程建设条块分割的组织模式，完善钢结构装配式住宅成品交房标准及质量维修制度。支持钢结构企业向工程总承包企业转型，对满足条件的企业，可向住房和城乡建设部申请钢结构施工总承包试点。

（六）加快人才队伍建设。各试点城市（县区）要加强钢结构装配式住宅设计、生产、施工、管理各类人才的培养、培训，形成有效机制，重点培养设计类人才、工匠型技工，重点引进土建技术人才，不断提高钢结构装配式住宅工厂制作、建筑安装、管线设备、装饰装修等环节产业工人的技能技术水平及检验检测质量管理水平。

四、保障措施

（一）加强组织领导。全省钢结构装配式住宅建设试点工作，由湖南省住房和城乡建设厅、装配式建筑发展联席会议办公室具体负责日常工作，各试点城市（县区）住房和城乡建设部门应加强对试点工作的领导，制定本地区发展目标，明确年度工作任务，建立健全工作机制，完善各项配套政策，加强对试点项目的管理，确保试点工作有序推进。

（二）明确支持政策。各试点城市（县区）要制定支持本地区钢结构装配式建筑发展的政策措施，对政府投资的新建保障性住房项目及农村易地扶贫搬迁集中安置项目，对列入农村住房建设试点示范县（市、区）、危房改造、抗震改造试点项目要优先采用钢结构装配式建造方式。对试点地区采用工程总承包方式的钢结构装配式住宅试点项目，享受以下优惠政策：

1. 工程发包可采用邀请招标方式，符合法定不招标条件的，经建筑工程招投标主管部门认定后，可直接进入项目报建审批程序。

2. 新建房地产开发项目的商品住宅项目确定为钢结构装配式住宅试点项目的，可按项目总建筑面积奖励3%的容积率，项目完成 ±0.000 以下基础工程后，可向当地房地产管理部门申请办理商品房预售许可证。

3. 对列入住房和城乡建设部钢结构装配式住宅试点地区的试点项目，如采用的技术体系暂缺钢结构装配式住宅相关国家和地方标准时，团体标准可作为各级建设行政主管部门初步设计、施工图审查及施工验收备案的依据。

4. 对省级以上装配式建筑产业基地钢结构企业或在试点地区承接试点项目且具备相应的技术和管理能力的钢结构企业，可按相关要求，向住房和城乡建设部申请钢结构施工总承包试点。

5. 列入住房和城乡建设部钢结构装配式住宅试点地区的试点项目，优先享受各级政府对装配式建筑的奖补政策。对易地扶贫搬迁和农村危房改造中推广应用钢结构装配式住宅的项目，根据企业在省内生产、用于易地扶贫搬迁、农村危房改造的钢结构装配式住宅面积等情况，由省、市、县财政给予一定奖励。具体奖励办法由湖南省财政厅会同有关部门制定。

（三）加强质量监管和服务。各级建设工程质量监督管理部门对试点项目进行全过程质量监管，湖南省住宅产业化促进会、钢结构行业协会要充分发挥行业协会在行业信息交流、团体标准编制、技术咨询服务、产业工人培训等方面的作用，组织全省钢结构装配式设计、生产、总包企业参与试点地区钢结构装配式住宅试点项目建设，为钢结构装配式企业排忧解难，提供技术咨询服务。

（四）营造良好环境氛围。各试点城市（县区）通过多种形式，深入宣传发展钢结构装配式住宅的经济社会效益，广泛宣传相关基本知识，逐步提高社会及市场对钢结构装配式住宅的认知度，营造各方共同关注、支持钢结构装配式住宅发展的良好环境氛围。试点工作结束后，由湖南省住房和城乡建设厅组织专家对各试点城市（县区）进行评估，通过评估试点效果，总结各地经验，解决试点过程中发现的各类问题，形成可复制、可推广的模式，为湖南省全面推进钢结构装配式住宅建设奠定良好的基础。

12.1.5 江西

为加快推动江西省钢结构装配式住宅产业深入发展，结合当前实际，现就开展全省钢结构装配式住宅试点工作，制定如下方案。

一、指导思想

以习近平新时代中国特色社会主义思想为指导，全面贯彻党的十九大及十九届二中、三中全会精神和习近平总书记对江西工作重要要求，紧紧围绕统筹推进“五位一体”总体布局和协调推进“四个全面”战略布局，牢固树立和贯彻新发展理念，按照高质量发展的要求，以供给侧结构性改革为主线，稳步推进钢结构装配式住宅建设，着力培育钢结构建筑新型产业集群，建立健全适合江西省省情的钢结构装配式住宅标准规范体系，提高技术水平和创新能力，促进建筑产业绿色发展和高质量发展。

二、基本原则

完善机制、统筹推进。全面落实建筑业改革发展总体要求，坚持科学发展、绿色发展，统筹农村危房改造、农村住房建设试点、村镇建设、棚户区改造各方力量，建立工作协调机制，加大工作宣传、形成部门合力，推动钢结构装配式住宅建设试点顺利开展。

问题导向、创新引领。在推进钢结构装配式住宅建设试点工作重点领域和关键环节集中发力，统筹解决地区推广建设实际问题和共性难题，争取取得更大突破。加快推进钢结构装配式住宅建设制度、机制和模式创新，支撑新技术、新工艺、新功能运用，探索构建新型钢结构装配式住宅建设技术体系，实现重点突破与整体创新，促进形成钢结构装配式住宅建设成熟机制。

因地制宜，先行先试。充分考虑试点城市钢结构装配式住宅发展现状和地理环境情况，结合地区优势和需求，因地制宜推进钢结构装配式住宅建设。对试点地区试点企业给予政策支持，发挥政府投资或主导项目的示范带动作用，加大力度指导试点工程项目建设，总结试点经验做法，科学推进试点工作。

质量为本、安全第一。认真落实钢结构技术标准，严格质量安全主体责任和监管责任，健全钢结构装配式住宅项目设计、部品部件生产、施工等全过程质量管理体系，提高监管效能，全面提高产品和服务质量，推行全过程质量追溯，确保钢结构装配式住宅工程质量安全，推动建立成熟的钢结构装配式住宅建设体系。

三、试点范围和工作目标

综合考虑经济发展、产业基础、抗震设防、试点意愿等因素，确定南昌市、九江市、赣州市、抚州市、宜春市、新余市为第一批试点城市。

到2020年底，全省培育10家以上年产值超10亿元钢结构骨干企业，开工建设20个以上钢结构装配式住宅示范工程，建设轻钢结构农房示范村不少于5个，试点工作取得阶段性成效。到2021年，通过试点解决困扰钢结构装配式住宅建设突出问题，逐步形成钢结构装配式住宅建设的成熟体系，推动钢结构生产、设计、施工、安装全产业链发展。到2022年，全省新开工钢结构装配式住宅占新建住宅比例达到10%以上。

四、主要任务

（一）提高钢结构装配式住宅建设比例。政府投资或主导的住宅项目，优先采用钢结构；鼓励房地产开发企业积极采用钢结构技术开发住宅小区。结合乡村振兴和农村危房改造，引导广大村民住房采用钢结构体系进行建设。逐步提高试点城市钢结构装配式住宅在棚户区改造、商品住宅、美丽乡村建设、农村住房建设试点、农村危房改造、农房抗震试点、扶贫异地搬迁安置项目等多低层住宅建设中的比例，建成一批钢结构示范工程。各地按照技术先进、经济适用、示范性强的原则，分年度落实好试点示范项目。

（二）完善钢结构产业链发展。鼓励试点地区加快钢结构装配式住宅上下游、标准化联动，发挥试点优势，形成具有核心竞争力和行业带动力的钢结构装配式住宅建设产业链。各试点城市应加大钢结构装配式住宅建设试点企业培育力度，将钢结构装配式试点企业纳入本市重点高新技术企业进行管理，支持有实力的企业整合上下游产业资源，培育一批具有钢结构设计、制造施工、运营管理能力的工程总承包龙头企业。引导传统建材企业向新型建材企业转型，大力发展与钢结构装配式住宅配套的新型墙板、楼板、门窗等绿色建材。支持有实力的配套部品企业开发防火防腐与装饰装修、结构保温与装饰一体化技术和产品，提高配套部品的标准化、系列化和通用化水平。

（三）推动钢结构形成成套技术标准体系。结合国家标准、行业标准、企业标准，加强钢结构装配式住宅关键技术和成套技术研究与创新，促进成果转化为标准规范，推动钢结构构配件标准化，助推钢厂生产适合钢结构装配式住宅建设的直接可使用的型钢以及钢结构构配件。

（四）推进技术进步。不断提高技术和管理水平，重点推进建筑信息模型（BIM）、自动加工焊接装配等技术进步，提高行业高端制造水平。组织开展钢结构装配式住宅共性关键技术攻关，重点研发适合南方地区特点的钢结构装配式住宅主体结构技术体系和满足节能标准的钢结构装配式住宅围护体系及高效连接、防渗、防腐、防火、抗裂等适用技术，着力解决钢结构主体和外墙板、内墙板、楼板等部件以及集成厨房等相关部品的连接问题。鼓励钢结构企业与大专院校、科研机构合作建立技术研发中心、实习基地等，开发具有自主知识产权和核心技术的新产品、新材料、新工艺和新体系。

（五）完善工程监管模式。钢结构装配式住宅大力提倡采用全过程咨询和工程总承包方式建设，健全与钢结构建筑总承包相适应的发包承包、施工许可、工程造价、竣工验收等配套制度，加快工程建设组织模式变革。推动钢结构企业向工程总承包企业转型，对具备一级钢结构施工资质的企业予以适当扩权，可承揽钢结构工程总包业务。

（六）建立质量保证体系。健全钢结构部品部件生产过程质量监管机制，实施首批部件生产驻厂监造制度和综合验收制度，鼓励企业开展质量管理体系认证。对部品部件生产、检验检测、装配施工、验收的全过程质量追溯保证体系。落实项目建设各方主体责任。积极推行工程质量、住房质量担保和保险制度，鼓励多种形式购买保险产品与服务，完善工程质量追责赔偿机制。

（七）加快人才体系建设。建立多层面的钢结构装配式住宅专业人才培训体系，推动形成政府引导、多方参与的多元化钢结构装配式住宅技术技能培训模式，加快培养一批满足发展需求的多层次专业人员，重点培养钢结构装配式住宅设计类人才。积极开展钢结构装配式住宅高级人才知识更新、专业技术人员继续教育、一线工人技能竞赛等工作，支持行业协会、职业院校、企业合作开展钢结构技术实践培训。指导钢结构装配式住宅相关企业，以专业技术人员、一线技能工人等为重点，采取自主培训或委托培训的方式，开展岗前培训、技能培训、技能提升等多种形式的岗位培训活动。

五、保障措施

（一）加强组织领导。建立政府牵头，省市两级住房和城乡建设、发展改革、工业和信息化、财政、科技等部门共同参与的工作协调机制，统筹推进钢结构建筑发展。进一步研究江西省钢结构发展目标、重点任务、支持政策和保障措施。指导各地市结合实际，完善钢结构装配式住宅推进措施，强化项目落地。建立钢结构装配式住宅试点评估制度，不定期组织开展试点评估，总结各地市发展经验，及时解决试点过程中发现的各类问题。

（二）加大政策支持。将钢结构装配式住宅建设要求列入建设用地规划条件，纳入供地方案，并落实到土地出让合同中。加大财政支持力度，统筹资金支持试点城市开展相关工作。钢结构装配式住宅项目农民工工资保证金、履约保证金减半收取。在办理商品房预售许可时，可将钢结构预制构件投资纳入进度考核和按规定降低预售条件。对企业投入的研发费用，按照国家有关规定享受税前加计扣除等优惠。鼓励各类金融机构对符合条件的企业积极开辟绿色通道、加大信贷支持力度。按住房和城乡建设部要求，具备一级钢结构施工专项资质的企业可试点发放房建施工总承包资质。在钢结构应用方面取得明显成效的城市，优先向住房和城乡建设部推荐申报装配式建筑示范城市。

（三）确保质量安全。落实钢结构装配式住宅项目建设、勘察设计、部件生产、施工、监理等各方主体责任，建立健全质量安全管理体系，规范部品部件出厂证明材料，编制关键工序、关键部位质量安全控制材料和专项方案。加大钢结构装配式住宅工程质量安全检查力度，按照国家、省有关规定和技术标准要求，及时对参建主体质量安全行为和实体质量安全情况进行监督检查，确保全省钢结构装配式住宅项目的工程质量和施工安全。

（四）加强宣传引导。组织开展钢结构装配式住宅示范工程、示范产业基地创建工作，鼓励创建与绿色建筑、超低能耗建筑相结合的钢结构装配式住宅综合示范，树立一批发展典型、打造一批样板工程。通过多种形式深入宣传发展钢结构装配式住宅的经济社会效益，广泛宣传相关基本知识，提高社会认知度，营造各方共同关注、支持钢结构装配式住宅发展的良好氛围。

12.1.6 河南

为贯彻《国务院办公厅关于大力发展装配式建筑的指导意见》（国办发〔2016〕71号）和《河南省人民政府办公厅关于大力发展装配式建筑的实施意见》（豫政办〔2017〕153号），落实全国住房城乡建设工作会议决策部署，稳步推进钢结构装配式住宅建设，结合河南省实际，现就全省开展钢结构装配式住宅试点工作，制定如下方案。

一、总体要求

（一）指导思想。以习近平新时代中国特色社会主义思想为指导，全面贯彻党的十九大和十九届二中、三中全会精神及河南省委、省政府关于大力发展装配式建筑助推建筑业转型升级的决策部署，按照高质量发展的要求，以供给侧结构性改革为主线，按照“适用、经济、安全、绿色、美观”建筑方针，完善政策法规、创新管理机制、健全技术标准、拓宽推广范围，着力培育钢结构建筑新兴产业集群，加快推进钢结构装配式住宅发展，促进建筑产业转型升级，推动全省住房和城乡建设绿色高质量发展，为全面建成小康社会、建设美丽河南提供有力支撑。

（二）基本原则。1. 市场主导，政府推动。以市场需求为导向，发挥企业主体作用，加强政府协调推动，强化政策激励，加大金融、财政等扶持，营造市场环境，激发市场主体积极主动开发建设钢结构装配式住宅，完善建设体系。

2. 示范带动，统筹推进。综合考虑产业基础等因素，统筹推进钢结构全产业链条和集群化发展。开展钢结构装配式住宅试点城市建设，探索推进钢结构装配式住宅建设制度、机制和模式创新，发挥政府投资或主导项目的示范带动作用，引导扶贫搬迁、滩区迁建、美丽乡村建设、农村住房建设试点、农村危房改造、农房抗震改造试点等工程率先推广钢结构装配式住宅。

3. 问题导向、创新引领。聚焦重点领域和关键环节集中发力，统筹解决推广建设瓶颈问题和共性难题。加快推进钢结构装配式住宅建设制度、机制和模式创新，支撑新技术、新工艺、新功能运用，探索构建新型钢结构装配式住宅建设政策体系和技术体系，实现重点突破与整体创新，促进钢结构装配式住宅建设机制日臻完善和成熟。

4. 质量第一，确保安全。严格落实工程质量安全主体责任，健全钢结构装配式住宅项目设计、部品部件生产、施工等全过程质量管理体系，推广质量安全标准化管理，严格部品质量，加强质量监管，强化主体责任，提高监管效能，确保钢结构装配式住宅工程质量安全。

（三）试点范围。依托国家及河南省装配式建筑试点市县（市），综合考虑当地资源禀赋、经济发展、产业基础、抗震设防等因素，重点选择新乡市、安阳市、商丘市、济源市作为钢结构装配式住宅重点推广区域，明确试点企业，培育产业基地，开展试点示范，鼓励有条件的城市积极开展钢结构装配式住宅工程实践。

（四）工作目标。引导河南省农村危房改造、农房抗震改造试点、易地扶贫搬迁安置、美丽乡村建设、农村住房建设试点等工程率先推广钢结构装配式住宅，引导特色地区及景区推广钢结构或混合结构住宅。到2022年，培育5家以上省级钢结构装配式产业基地和2～3家钢结构总承包资质企业，建成10项城镇钢结构装配式住宅示范工程，积极开展装配式农房试点，探索建设轻钢结构农房示范村1～2个，通过科研攻关和项目实践，重点解决困扰钢结构装配式住宅的“三板”配套、产品功能、系统集成和质量品质不优等突出问题，为规模化推广应用积累经验；加快人才队伍建设，推广装配化装修，逐步形成较为完善的钢结构装配式住宅技术体系。

（五）推进步骤。试点推进期（2019—2020年）。以政府投资或主导的工程项目为示范引导，其他投资类型的项目积极跟进，建设一批技术先进、质量优良、经济适用的钢结构装配式住宅项目；培育创建省级钢结构装配式、轻钢结构等5个产业基地，形成一批优势企业；加快推进河南省钢结构装配式住宅试点城市建设，建设4个以上城镇钢结构装配式住宅示范工程，探索实践轻钢结构农房建设，大力推广装配化装修，基本形成政府引导、市场主导、技术支撑、政策激励、社会监督、产业联动的工作机制。

巩固提升期（2021—2022年）。到2022年，培育2～3家钢结构总承包资质企业，完成5个以上城镇钢结构装配式住宅示范（项目）和1～2个轻钢结构农房示范村，及时研究总结形成解决困扰钢结构装配式住宅的“三板”配套、产品功能、系统集成等技术指引、导则、工法和标准，钢结构装配式住宅技术队伍初具规模。一批具有现代钢结构装配式住宅建造水平的工程总承包企业，设计、施工、部品部件规模化生产企业，适应装配式建筑发展的专业化技能队伍基本形成。

二、试点任务

（一）加强科技创新。加强钢结构装配式住宅成套关键技术体系研究，重点研发钢结构装配式住宅围护体系及高效连接、防渗、防腐、防火、抗裂等适用技术，着力完善钢结构主体与外墙板、内墙板等部件及集成厨卫等相关部品的连接问题，积极推广应用住宅通用化产品和成套技术，推进钢结构装配式住宅设计、制作、安装、运营、维护一体化，建筑、结构、机电、装修一体化；鼓励钢结构企业与大专院校、科研机构合作建立技术研发中心、中试基地等，开发具有自主知识产权和核心技术的新产品、新材料、新工艺和新体系。

（二）健全标准体系。加强钢结构装配式住宅关键技术和成套技术研究与创新，促进成果转化为标准规范；完善钢结构装配式住宅防火、防腐和围护墙板技术标准体系，研究建立装配式建筑评价标准和方法，组织编制《钢结构装配式桁架楼承板应用技术导则》《轻钢龙骨体系低层装配式农房技术导则》等符合省情、有利于设计、生产、施工和使用维护全过程、具有自有知识产权的专有技术标准，建立健全装配式建筑标准体系。

（三）推广适用技术。加大建筑信息模型（BIM）等技术应用力度，支持工程总承包企业推广应用先进适用的项目管理软件，建立与工程总承包管理相适应的信息网络平台，完善相关数据库，提高数据统计、分析和管控水平；强化钢结构装配式住宅部品部件芯片识别和二维码识别等技术应用，实现信息化管理和全生命周期的可追溯。积极推行标准化设计，提高设计单位钢结构装配式住宅集成设计能力；推广施工组织信息化管理技术、物流运输管理技术、构件吊装技术和安全可靠的部品部件连接技术，鼓励施工企业创新施工组织方式和推行绿色施工。

（四）完善产业链条。鼓励试点地区加快钢结构装配式住宅上下游、标准化联动，发挥试点优势，形成具有核心竞争力和行业带动力的钢结构装配式住宅建设产业链。各试点城市应加大钢结构装配式住宅建设试点企业培育力度，培育一批具有钢结构设计、制造施工、运营管理能力的工程总承包龙头骨干企业。引导钢铁生产企业积极优化调整产品结构，开发高性能防火、防腐产品和标准化建筑用钢。引导钢构件生产企业更新生产装备、改进生产工艺，提升自动化和柔性加工能力。引导传统建材企业向新型建材企业转型，大力发展与钢结构装配式住宅配套的新型墙板、楼板、门窗等绿色建材。支持有实力的配套部品企业研发防火防腐与装饰装修等技术及产品，提高配套部品的标准化、系列化和通用化水平。

（五）创新监管服务。钢结构装配式住宅建设原则上采用工程总承包模式，推行全过程工程咨询和设计施工一体化，健全与钢结构建筑总承包相适应的发包承包、施工许可、分包管理、工程造价、质量安全监管、竣工验收等制度，实现工程设计、部品部件生产、施工及采购的统一管理和深度融合。支持大型设计、施工和部品部件生产企业通过调整组织架构、健全管理体系，向具有工程管理、设计、施工、生产、采购能力的工程总承包企业转型。培育装配式建筑全过程工程咨询，倡导政府投资工程率先推行全过程工程咨询，鼓励非政府投资工程委托全过程工程咨询服务。

（六）开展试点示范。鼓励重点推进地区研究出台配套政策，对政府投资或主导的保障性住房、易地扶贫搬迁安置房、农村住房建设试点、农村危房改造、农房抗震试点等住宅项目优先采用钢结构，对非政府主导项目，鼓励房地产开发企业积极开发建设钢结构装配式住宅小区；结合乡村振兴战略和美丽乡村建设，鼓励农村危房改造、黄河滩区迁建安置农房、农村住房建设试点等采用钢结构，引导广大农村居民自建住房采用轻型钢框架结构、低层冷弯薄壁钢结构等钢结构体系建设。各地按照技术先进、经济适用、示范性强的原则，分年度落实试点示范项目。

（七）培养人才队伍。建立多层面的钢结构装配式住宅专业人才培训体系，推动形成政府引导、多方面参与的多元化钢结构装配式住宅技术技能培训模式，加快培育一批满足发展需求的多层次专业人员，重点培养钢结构装配式住宅设计类人才。积极开展钢结构装配式住宅人才知识更新、专业技术人员继续教育、一线工人技能竞赛等工作，支持行业协会、职业院校、企业合作开展钢结构装配式住宅技术实践培训。指导钢结构装配式住宅相关企业，以培育专业技术人员、一线技能工人等为重点，采用自主培训或委托培训的方式，开展岗前培训、技术培训、技能提升等多种形式的岗位培训活动。

三、保障措施

（一）加强组织领导。建立省、市两级住房和城乡建设部门牵头，发展改革委、财政、科技等有关部门共同参与的工作协调机制，统筹推进钢结构建筑发展。河南省钢结构装配式住宅试点城市，应在原有的装配式建筑实施意见基础上，完善钢结构装配式住宅推进措施，强化项目落地，在政府投资和社会投资工程中落实钢结构装配式住宅要求，将钢结构装配式住宅试点工作细化为具体的工程项目，建立装配式建筑项目库，于每年第一季度向社会发布当年项目的名称、位置、类型、规模、开工竣工时间等信息，加快推进钢结构装配式住宅发展。开展钢结构装配式住宅试点技术方案论证，确保试点成效，深入调查研究，及时发现典型总结经验，努力形成可复制、可推广的钢结构装配式住宅发展模式。

（二）加大政策支持。加大财政支持力度，对钢结构装配式住宅项目，装配率达到 50% 的给予不超过 20 元 / 平方米的奖补，达到 60% 的给予不超过 30 元 / 平方米的奖补，单项奖补不超过 300 万元；鼓励各类金融机构对符合条件的企业积极开辟绿色通道、加大信贷支持力度，拓宽抵押质押的种类和范围，并在贷款额度、贷款期限及贷款利率等方面予以倾斜；装配式建筑新技术、新材料、新产品、新工艺的研发和生产单位，符合条件的认定为高新技术企业，享受相应税收优惠政策。政府投资或主导的钢结构装配式住宅项目，增量成本计入建设成本。采用装配式建筑技术施工的项目在满足“六个百分之百”要求下，可不受管控天气停工限制；装配式建筑技术列入《河南省绿色建筑评价标准》创新项内容予以加分，逐步加大装配式建筑技术应用的权重；各级交通运输部门在职能范围内，对运输装配式建筑部品部件运载车辆，开辟“绿色”通道，享受车辆通行费减免优惠政策。鼓励试点城市研究制定符合本市实际的优惠政策，有效推进钢结构装配式住宅试点工作实施。

（三）强化服务指导。列入重点推进地区的城市要切实落实主体责任，加快推进钢结构装配式住宅试点工作；河南省住房和城乡建设厅积极开展钢结构装配式住宅示范工程项目建设，鼓励研究实践钢结构装配式绿色建筑、钢结构装配式超低能耗建筑、钢结构装配式农村低能耗建筑等集成示范，打造一批样板工程；定时组织钢结构装配式住宅技术交流或技术研讨活动，培养专门人才队伍；组建专家团队，开展专项调研，深入试点城市，加强咨询服务，帮助解决钢结构装配式住宅推进中的技术难题。

（四）加强宣传培训。充分利用网络、杂志等渠道，普及钢结构装配式住宅基础知识及其在提高工程质量、提升建筑品质性能等方面的重要作用，提高公众对钢结构装配式住宅的认知度，营造政府、企业和社会公众共同关注、参与钢结构装配式住宅建设的良好氛围，促进钢结构装配式住宅相关产业和市场全面发展。

12.2 部分省市推广装配式建筑相关政策

12.2.1 北京

为深入贯彻落实《国务院办公厅关于大力发展装配式建筑的指导意见》（国办发〔2016〕71号），加快推动本市装配式建筑发展，经市政府同意，现提出以下实施意见。

总体要求

（1）指导思想

以习近平总书记视察北京重要讲话精神为根本遵循，深入落实中央城镇化工作会议和中央城市工作会议精神，牢固树立和贯彻落实新发展理念，按照“适用、经济、安全、绿色、美观”的要求，推动建造方式创新，大力发展装配式混凝土建筑和钢结构建筑，在具备条件的项目中倡导采用现代木结构建筑，不断提高装配式建筑在新建建筑中的比例。坚持标准化设计、工厂化生产、装配化施工、一体化装修、信息化管理、智能化应用，充分发挥先进技术的引领作用，全面提升建设水平和工程质量，促进本市建筑产业转型升级。

（2）工作目标

到2018年，实现装配式建筑占新建建筑面积的比例达到20%以上，基本形成适应装配式建筑发展的政策和技术保障体系。到2020年，实现装配式建筑占新建建筑面积的比例达到30%以上，推动形成一批设计、施工、部品部件生产规模化企业，具有现代装配建造水平的工程总承包企业以及与之相适应的专业化技能队伍。

（3）实施范围和标准

①自2017年3月15日起，新纳入本市保障性住房建设计划的项目和新立项政府投资的新建建筑应采用装配式建筑。

②自2017年3月15日起，通过招拍挂文件设定相关要求，对以招拍挂方式取得城六区和通州区地上建筑规模5万平方米（含）以上国有土地使用权的商品房开发项目应采用装配式建筑；在其他区取得地上建筑规模10万平方米（含）以上国有土地使用权的商品房开发项目应采用装配式建筑。

③采用装配式混凝土建筑、钢结构建筑的项目应符合国家及本市的相关标准。采用装配式混凝土建筑的项目，其装配率应不低于50%；且建筑高度在60m（含）以下时，其单体建筑预制率应不低于40%，建筑高度在60m以上时，其单体建筑预制率应不低于20%。鼓励学校、医院、体育馆、商场、写字楼等新建公共建筑优先采用钢结构建筑，其中政府投资的单体地上建筑面积1万平方米（含）以上的新建公共建筑应采用钢结构建筑。

重点任务

（1）完善技术标准体系

进一步完善适应装配式建筑的设计、生产、施工、检测、验收、维护等标准体系，编制相关图集、工法、手册、指南。严格执行国家和行业装配式建筑相关标准，加快制定本市地方标准，支持制定企业标准，促进关键技术和成套技术研究成果转化为标准规范。完善适应装配式建筑的安全防护体系和防火抗震防灾标准。制定结构与装修一体化和装配式装修技术标准。研究确定装配式建筑工程计价依据。建立装配式建筑评价体系。

（2）创新装配式建筑设计

统筹建筑结构、机电设备、部品部件、装配施工、装饰装修，推行装配式建筑一体化集成设计。推广通用化、模数化、标准化设计方式，积极应用建筑信息模型技术，提高建筑领域各专业协同设计能力，加强对装配式建筑建设全过程的指导和服务。政府投资的装配式建筑项目应全过程采用建筑信息模型技术进行管理。鼓励设计单位与科研院所、高等院校等联合开发装配式建筑设计技术和通用设计软件。

（3）优化部品部件生产

认真落实京津冀协同发展战略，引导部品部件生产企业及相关产业园区在京津冀地区合理布局，培育一批技术先进、专业配套、管理规范的骨干企业，建设一批绿色、智能、可持续发展的部品部件生产基地，形成适应装配式建筑发展需要的产品齐全、配套完整的产业格局。特别是依托行业龙头企业打造钢结构建筑生产示范基地，整合钢构件、内外墙板、楼板、一体化装修材料等上下游部品部件生产。支持部品部件生产企业完善产品品种和规格，促进标准化、专业化、规模化、信息化生产，优化物流管理，合理组织配送。积极引导设备制造企业研发部品部件生产装备机具，提高自动化和柔性加工技术水平。建立部品部件质量验收机制，确保产品质量。

（4）提升装配施工水平

引导企业研发应用与装配式施工相适应的技术、设备和机具，特别是加快研发应用装配式建筑关键连接技术和检测技术，提高部品部件的装配施工质量和建筑安全性能。鼓励企业创新施工组织方式，推行绿色施工，应用结构工程与分部分项工程协同施工新模式。支持施工企业总结编制施工工法，提高装配施工技术水平，实现技术工艺、组织管理、技能队伍的转变，打造一批具有较高装配施工技术水平的骨干企业。

（5）推进建筑全装修

实行装配式建筑装饰装修与主体结构、机电设备协同施工。积极推广标准化、集成化、模块化的装修模式，推广整体厨卫、同层排水、轻质隔墙板等材料、产品和设备管线集成化技术，加快智能产品和智慧家居的应用，提高装配化装修水平。倡导菜单式全装修，满足消费者个性化需求。本市保障性住房项目全部实施全装修成品交房，鼓励装配式装修；支持其他采用装配式建筑的住宅项目实施全装修成品交房。

（6）推广绿色建材

提高绿色建材在装配式建筑中的应用比例。开发应用品质优良、节能环保、功能良好的新型建筑材料，加快推进绿色建材评价。鼓励装饰与保温隔热材料一体化应用。推广应用高性能节能门窗、夹心保温复合墙体、叠合楼板、预制楼梯以及成品钢筋，积极推进临时建筑、道路硬化、工地临时性设施等配套设施使用可装配、可重复使用的建材和部品部件。强制淘汰不符合节能环保要求、质量性能差的建筑材料。

（7）推行工程总承包

装配式建筑原则上应采用工程总承包模式，可按照技术复杂类工程项目招标投标。工程总承包企业要对工程质量、安全、进度、造价负总责。健全与装配式建筑工程总承包相适应的发包承包、施工许可、分包管理、工程造价、质量安全监管、竣工验收等制度，优化项目管理方式，实现工程设计、部品部件生产、施工及采购的统一管理和深度融合。鼓励装配式建筑产业技术创新联盟发展，加大研发投入，增强创新能力。支持大型设计、施工和部品部件生产企业通过调整组织架构、健全管理体系，向具有工程管理、设计、施工、生产、采购能力的工程总承包企业转型。

（8）确保工程质量安全

完善装配式建筑工程质量安全管理制度，健全质量安全责任体系，落实各方主体责任。加强全过程监管，制定针对装配式建筑的分段验收方案，对全装修成品交房项目实施主体与装修分界验收。加强部品部件生产企业质量管控，实施装配式建筑部品认定和目录管理，对主要承重构件和具有重要使用功能的部品部件进行驻厂监造。施工企业要加强施工过程质量安全控制和检验检测，完善质量保证体系，在建筑物明显部位设置永久性标牌，公示质量安全责任主体和主要责任人。加强行业监管，明确符合装配式建筑特点的施工图审查要求，加大抽查抽测力度，严肃查处质量安全违法违规行为。依托互联网技术，建立涵盖本市装配式建筑项目建设管理全过程的大数据平台，实现发展改革、规划国土、住房城乡建设等部门以及相关企业的数据共享，实现工程质量可查询可追溯。

保障措施

（1）健全工作机制

建立市发展装配式建筑工作联席会议制度，组织、协调和指导全市装配式建筑发展工作。联席会议成员单位包括：市住房城乡建设委、市发展改革委、市教委、市科委、市经济信息化委、市财政局、市人力社保局、市规划国土委、市环保局、市国资委、市地税局、市质监局、市金融局、市国税局、人民银行营业管理部等，联席会议办公室设在市住房城乡建设委。各成员单位要按照职责分工，制定具体配套措施，密切协作配合，加大支持力度，扎实做好发展装配式建筑各项工作。各区政府要加强对本区发展装配式建筑工作的组织领导，建立相应的工作机制，明确目标任务，加强督促检查，确保落到实处。

（2）细化责任分工

市住房城乡建设委要加强统筹协调，会同有关部门制定装配式建筑年度发展计划及具体实施范围，将发展装配式建筑相关要求落实到项目规划审批、土地供应、项目立项、施工图审查等各环节，并定期通报各有关单位推进装配式建筑工作进展情况；加强装配式建筑项目施工许可、施工登记和施工质量安全管理，对不符合验收标准的项目依法不予进行竣工备案。市发展改革委负责在立项阶段对项目申请报告或可行性研究报告落实装配式建筑要求的有关内容进行审查。市规划国土委负责加强装配式建筑项目规划行政许可、施工图审查的管理，制定和完善装配式建筑设计文件深度规定和施工图审查要点，在规划条件和选址意见书中明确装配式建筑的实施要求并在土地供应中予以落实。

（3）加大政策支持

一是对于实施范围内的装配式建筑项目，在计算建筑面积时，建筑外墙厚度参照同类型建筑的外墙厚度。建筑外墙采用夹心保温复合墙体的，其夹心保温墙体外叶板水平投影面积不计入建筑面积。对于未在实施范围内的非政府投资项目，凡自愿采用装配式建筑并符合实施标准的，给予实施项目不超过3%的面积奖励。

二是由财政部门研究制定装配式建筑项目专项奖励政策，对于实施范围内的预制率达到50%以上、装配率达到70%以上的非政府投资项目予以财政奖励；对于未在实施范围的非政府投资项目，凡自愿采用装配式建筑并符合实施标准的，按增量成本给予一定比例的财政奖励。鼓励金融机构加大对装配式建筑项目的信贷支持力度。

三是对于符合新型墙体材料目录的部品部件生产企业，可按规定享受增值税即征即退优惠政策。符合高新技术企业条件的装配式建筑部品部件生产企业，经认定后可依法享受相关税收优惠政策。

四是在本市建筑行业相关评优评奖中，增加装配式建筑方面的指标要求。采用装配式建筑的商品房开发项目在办理房屋预售时，可不受项目建设形象进度要求的限制。

（4）加强科技创新

加大科研攻关力度，研发一批拥有自主知识产权、具有国际先进水平的关键技术，形成适应装配式建筑发展的技术支撑体系。推动技术集成创新，鼓励应用绿色建筑技术、超低能耗节能技术、智能建筑技术。建立市装配式建筑专家委员会，参与研究制定本市装配式建筑的技术发展战略、发展规划和技术政策。

（5）强化队伍建设

大力培养装配式建筑设计、生产、施工、管理等专业人才。鼓励高等学校、职业学校设置装配式建筑相关课程，推动装配式建筑企业开展校企合作，创新人才培养模式。在建筑行业专业技术人员继续教育中增加装配式建筑相关内容。制定装配式建筑岗位标准和要求，加大职业技能培训投入，建立培训基地，加强岗位技能提升培训，采取多种方式促进建筑业农民工向技术工人转型。加强国际交流合作，积极引进海外专业人才参与装配式建筑的研发、生产和管理。

（6）做好宣传引导

充分利用各种媒体平台，通过现场会、论坛、展会、专题报道等形式，广泛宣传装配式建筑相关知识和发展装配式建筑的经济社会效益，提高社会认知度，营造有利于装配式建筑发展的良好氛围，促进装配式建筑相关产业和市场发展。

2017 年 5 月 27 日《北京市发展装配式建筑 2017 年工作计划》指出北京市将加快发展装配式建筑，推进建筑业转型升级。到 2020 年北京将实现装配式建筑占新建建筑的比例达到 30% 以上的目标，使装配式建造方式成为重要建造方式之一。

三类项目全部采用装配式建筑

（1）北京的保障性住房和政府投资的新建建筑将全面采用装配式建筑。

（2）通过招拍挂方式取得城六区和通州区地上建筑规模 5 万平方米（含）以上的国有土地使用权的商品房开发项目将全部采用装配式建筑。

（3）在其他各区及北京经济技术开发区取得的地上建筑规模 10 万平方米（含）以上的国有土地使用权的商品房开发项目也全部采用装配式建筑。

五大措施确保实现目标

（1）做好项目落实。以土地供应为抓手，在规划审批、项目立项、施工图审查、施工许可、工程竣工验收备案等环节强化监督与指导，确保目标任务实现。

（2）推进行业发展。加快完善装配式建筑标准规范，推进集成化设计、装配化施工、一体化装修，合理布局预制构件生产企业，支持部品部件生产企业完善品种和规格，引导企业研发适用技术、设备和机具，提高绿色建材应用。

（3）创新管理模式。装配式建筑推行工程总承包模式，健全与装配式建筑工程总承包相适应的发包承包、施工许可、分包管理、工程造价、质量安全监管、竣工验收等制度，实现工程设计、部品部件生产、施工及采购的统一管理和深度融合，优化项目管理方式。

（4）大力发展钢结构建筑。政府投资单体地上建筑面积1万平方米（含）以上的新建公共建筑应为钢结构建筑，实施装配式建筑范围内的单体地上建筑面积1万平方米（含）以上社会投资的新建公共建筑宜采用钢结构建筑。学校、医院、车站、机场、体育场馆等公共建筑和工业建筑应优先采用钢结构建筑。

（5）加大政策支持力度。实施面积计算、面积奖励、财政资金奖励、税收优惠、房屋预售、科研、金融信贷以及评优支持等支持政策。

12.2.2 上海

为深入贯彻科学发展观，推进创新驱动、转型发展，切实转变本市城市建设模式和建筑业发展方式，建设资源节约型、环境友好型城市，根据《国务院办公厅关于转发发展改革委住房城乡建设部绿色建筑行动方案的通知》（国办发〔2013〕1号）等文件要求，现就本市进一步推进装配式建筑发展提出若干意见如下：

（1）本意见所称的装配式建筑，是指采用预制构件或部件，在施工现场装配而成的居住建筑和商业、办公等公共建筑。其他公共建筑推行装配式建筑的范围，可根据需要逐步扩大。

本市装配式住宅鼓励采用装配整体式混凝土结构体系，其住宅单体预制装配率（墙体、梁柱、楼板、楼梯、阳台等住宅结构中预制构件所占的比重）应不低于15%（其中外环线以内区域的项目应不低于25%），住宅外墙采用预制墙体或叠合墙体的面积应不低于50%，并宜采用预制夹芯保温墙体。

本市装配式商业、办公建筑为混凝土结构的，其建筑单体预制装配率应不低于装配式住宅预制装配率，建筑外墙、梁柱、楼板等混凝土主要构件宜采用预制方式。

采用其他结构体系的装配式住宅，以及装配式公共建筑的认定，应经过建筑工业化专家委员会评审。

本市鼓励不断提高装配式建筑的预制装配率。

（2）各区（县）政府是落实所辖区域装配式建筑项目的责任主体，应在每年建设用地供地面积中，落实一定比例面积的装配式建筑，并逐年提高落实比例。

2013年下半年，各区（县）政府应在本区域住宅供地面积总量中，落实建筑面积不少于20%的装配式住宅，2014年应不少于25%，2015年应不少于30%。上述住宅供地面积，暂不包括用于安置被征地农民的区属动迁安置房建设用地。商业、办公供地面积总量中，混凝土结构装配式公共建筑的面积落实比例，参照装配式住宅执行。

市建设交通、住房保障房屋管理部门会同市发展改革、规划国土资源等部门结合当年建设用地供应计划和面积落实比例要求，编制装配式建筑年度实施计划，经市政府同意后下达给各区（县）政府。

（3）按照“不同区域分类推进”的原则，本市内环线以内地区、徐汇滨江、浦东前滩、世博园区、临港地区、虹桥商务区等“十二五”重点开发区域、大型居住社区和郊区新城，是本市装配式建筑重点发展区域，各有关区（县）政府每年应在上述区域，重点推进装配式建筑建设。装配式建筑的重点发展区域，可根据需要逐步扩大。

在政府和国有企业投资的项目中，应优先发展装配式建筑。鼓励保障性住房项目采用装配式建筑技术。

（4）对以招拍挂方式供地的建设项目，规划国土资源部门应在土地出让前，征询住房保障房屋管理或建设交通部门意见。住房保障房屋管理部门应对住宅项目明确提出是否实施装配式建筑的意见；建设交通部门应对商业、办公项目明确提出是否实施装配式建筑的意见。对应实施装配式建筑的，规划国土资源部门应在土地出让文件中予以注明，并在土地出让合同中明确相关要求。

对以划拨方式供地的共有产权保障住房、公共租赁住房和政府投资的公共建筑，由住房保障房屋管理、发展改革部门分别在项目认定和立项阶段，明确是否实施装配式建筑的意见，规划国土资源部门将该意见作为土地供应的条件之一。

（5）对土地出让合同或土地划拨决定书未明确实施装配式建筑的住宅项目，项目建设单位采用装配整体式混凝土结构体系建造的，在满足第一条规定且尚未批复建设工程设计方案决定书的前提下，项目预制外墙或叠合外墙的预制部分可不计入建筑面积，但不超过装配式住宅 ±0.00 以上地面计容建筑面积的3%。规划国土资源部门核验土地时，对建筑面积按照土地出让合同约定进行核验，对不计算建筑面积的预制外墙等，不计入出让合同约定总面积。销售住宅及办理产证时，根据现行房屋测绘规定执行。

（6）凡符合本市建筑节能项目专项扶持办法有关规定的装配式建筑，可申请建筑节能专项扶持资金。

装配式建筑的混凝土墙体部分，不计入新型墙体材料专项基金的墙体材料计算范围。对实施装配式建筑的保障性住房，根据国家有关规定，免收新型墙体材料专项基金。

（7）建设交通部门应加强对装配式建筑项目从报建、设计文件审查、施工许可、质量安全监督到竣工验收备案的全过程监督管理。规划国土资源部门应加强对装配式建筑项目的规划验收和土地核验管理。住房保障房屋管理部门应加强对装配式住宅项目预售和交付使用许可的管理。

（8）市建设交通部门应不断完善装配式建筑标准体系，及时完成装配整体式住宅相关技术标准的新编、修订，加快装配式公共建筑技术标准的研究、编制，适时颁布相关标准，以满足工程设计、施工、验收的需要。

（9）大力推动设计、施工、构配件生产等相关企业转型发展。鼓励混凝土预制构件生产企业提升预制装配式构件、部件的生产能力和水平。不断完善装配式建筑产业链，提高技术集成水平。积极创建国家住宅产业化基地。

（10）每年年末，市建设交通、发展改革、住房保障房屋管理、规划国土资源等部门应对各区（县）政府装配式建筑年度实施计划和建筑面积落实比例要求的执行情况进行检查，检查结果纳入对区（县）政府年度考核内容。

（11）各区（县）建设交通、住房保障房屋管理和规划国土资源部门应按照职责分工，对区域内装配式建筑实施情况予以监督管理。对未按照施工图设计文件实施的项目，建设交通部门应根据国家和本市有关法律、法规予以处罚；对未按照施工图设计文件要求实施预制外墙的，规划国土资源部门应根据国家和本市有关法律、法规的规定，责令其补缴该部分土地出让金。上述项目中已享受建筑节能专项扶持资金和新型墙体材料专项基金支持的，应责令建设单位限期退回或补交相关资金。对责任单位和责任人的依法处罚情况，记入企业诚信档案。

12.2.3 天津

为深入贯彻中央和天津市城市工作会议精神，大力发展装配式建筑，促进天津市建筑业创新发展、绿色发展，提升施工效率和建筑品质，根据《国务院办公厅关于大力发展装配式建筑的指导意见》(国办发〔2016〕71号)和《中共天津市委天津市人民政府关于进一步加强城市规划建设管理工作的意见》精神，制定本方案。

总体要求

(1)指导思想

全面贯彻党的十八大和十八届三中、四中、五中、六中全会以及中央城镇化工作会议、中央城市工作会议精神，深入贯彻习近平总书记系列重要讲话精神和对天津工作“三个着力”重要要求，紧紧围绕扎实推进“五位一体”总体布局、“四个全面”战略布局的天津实施，牢固树立和贯彻落实新发展理念，按照“适用、经济、安全、绿色、美观”的要求，坚持标准化设计、工厂化生产、装配化施工、一体化装修、信息化管理和智能化应用的发展方向，积极培育装配式建筑产业基地，发展建筑领域绿色供应链，推进建筑技术创新，深化建设管理体制改革，推动建造方式的根本转变，促进建筑业转型升级和可持续发展。

(2)基本原则

①市场主导、政府推动。坚持以市场为导向，充分发挥市场配置资源的决定性作用，激发企业内生动力。更好发挥政府规划、引导和服务作用，加大政策扶持力度，建立市区两级和多部门协同工作机制，促进各方共同推动装配式建筑发展。

②分区推进，逐步推广。充分发挥试点示范项目引领作用，以点带面，促进政府投资项目和中心城区率先发展、取得突破，分阶段、分区域在全市统筹推进，稳步提高装配式建筑占新建建筑面积比例，形成局部带动整体的工作格局。

③顶层设计，协调发展。把协同推进标准、设计、生产、施工、使用维护等作为发展装配式建筑的有效抓手，推动各个环节有机结合，以建造方式变革促进工程建设全过程提质增效，带动建筑业整体水平的提升。

④产业支撑，创新驱动。积极培育综合性龙头企业和产业联盟，形成产业集聚和辐射带动效应。推进技术创新和管理方式创新，加快形成先进成熟、安全可

靠的技术体系和适应装配式建筑发展的管理体制，推动装配式建筑与成品住宅、绿色建筑联动发展。

（3）工作目标

①试点示范期（2017年底前）。政府投资项目、保障性住房和5万平方米及以上公共建筑应采用装配式建筑，建筑面积10万平方米及以上新建商品房采用装配式建筑的比例不低于总面积的30%；开展现代木结构试点项目建设；装配式建筑鼓励实施全装修；在轨道交通、地下综合管廊和桥梁等基础设施建设工程中推进装配式建造；基本形成适应装配式建筑发展的技术标准体系和监管体系，装配式建筑部品部件生产能力基本满足装配式建筑建设需求。

②试点推广期（2018—2020年）。新建的公共建筑具备条件的应全部采用装配式建筑，中心城区、滨海新区核心区和中新生态城商品住宅应全部采用装配式建筑；采用装配式建筑的保障性住房和商品住房全装修比例达到100%；装配式建筑技术标准体系和监管体系更加完善。

③普及推广期（2021—2025年）。全市范围内国有建设用地新建项目具备条件的全部采用装配式建筑；国有建设用地新建住宅实现全装修交付；绿色建材在装配式建筑中的应用比例达到50%以上；积极引导发展装配式超低能耗绿色建筑；轨道交通、地下综合管廊和桥梁等建设工程具备条件的基本实现装配式建造。

重点任务

（1）制定发展规划。市建委组织编制天津市装配式建筑发展规划，明确全市装配式建筑发展目标、实施路径和工作举措，研究确定装配式建筑发展规划布局、重点发展区域、技术体系，以及各区域、各类新建项目的装配式建筑比例和住宅全装修要求等规划内容。各区要根据全市总体工作要求，结合辖区资源禀赋，研究确定本区装配式建筑发展目标和发展任务，因地制宜发展装配式混凝土结构、钢结构和现代木结构等装配式建筑。（市建委、市规划局、市发展改革委、各区人民政府按职责分工负责）

（2）完善技术和标准规范。加大科研资金投入，重点开展装配式建筑结构体系、设计技术、施工工法、评价检测、生产工艺、制造装备等技术研发，形成一批适应本市建设需要的混凝土结构、钢结构和现代木结构等装配式建筑技术体系和产品。加快推进成熟技术的市场化应用，鼓励社会团体、产业联盟和企业制定装配式建筑相关配套标准。完善装配式建筑设计、生产、施工、检测、验收、维护等标准体系；区分不同建筑结构体系，完善部品部件的设计、生产、施工工艺和验收标准，编制通用设计标准图集、技术导则和产品设备手册、技术指南等。（市建委、市科委、市市场监管委按职责分工负责）

（3）分类推进项目落地。各区应根据全市总体要求和辖区装配式建筑发展目标，制定装配式建筑和住宅全装修项目年度建设计划，并落实到土地供应计划，建立装配式建筑项目台账和动态监管服务机制。对应采用装配式建筑的项目，建设部门应对项目策划方案提出装配式建筑比例、绿色建筑星级及可再生能源应用等建设要求，由规划部门纳入规划条件书或选址意见书，建设部门负责后期监管工作。国土房管部门应将装配式建筑等建设要求写入土地出让公告，并在土地出让合同或土地划拨决定书中予以载明。发展改革、规划、国土房管、建设等部门应在项目审批、规划条件（选址）、土地供应、施工图审查、施工许可和验收等环节严格把关，落实装配式建筑和住宅全装修建设要求。（各区人民政府、市建委、市规划局、市国土房管局、市发展改革委按职责分工负责）

（4）加强实施能力建设。重点培育设计、生产、施工、装修、物业服务一体化的装配式建筑骨干企业，鼓励大型设计、施工和生产企业转型升级，发展设计、生产、施工等全产业链，提升企业装配式建筑实施能力。充分发挥设计单位的先导和统筹作用，积极应用建筑信息模型（BIM）技术，推进设计、生产、施工、装饰装修和运维全过程统一BIM应用，实现全产业链数据共享；鼓励设计单位提高深化设计、构件生产、施工安装等全过程技术集成和服务能力。鼓励施工企业积极开展技术交流，完善施工工艺和工法，提升装配式建筑施工组织、构件安装、安全防护、质量检验的能力和水平。支持生产企业完善部品部件品种和规格，实现绿色化、标准化、规模化、信息化生产，推进开展绿色建材评价，提高绿色建材应用比例。各区要有计划地推进装配式建筑产业园区或基地建设，统筹规划布局，促进产业集聚发展。（市建委、市国资委、市科委、市工业和信息化委、市财政局、各区人民政府按职责分工负责）

（5）推进建筑全装修。大力倡导住宅全装修交付使用，推进装配式建筑项目采用装配化装修技术，逐步提高全装修比例。保障性住房、政府投资项目应率先采用装配化装修技术，推行装配式建筑装饰装修与主体结构、机电设备一体化设计和协同施工，实现全装修交付；房地产开发项目鼓励实施装配化装修，推行菜单式装修方式，满足居民个性化需求。推进整体厨卫、绿色轻质多功能复合墙体材料、绿色装修材料、设备管线集成化技术、装修与墙体保温一体化等的规模化应用，提高装配化装修水平。（市建委、市发展改革委、市国土房管局、市工业和信息化委按职责分工负责）

（6）推行工程总承包。装配式建筑原则上应采用“设计-采购-施工”（EPC）、“设计-施工”（D-B）等工程总承包项目管理模式，工程总承包企业要建立适应装配式建筑特点的组织机构和质量管控体系，对工程质量、安全、进度、造价负总责。政府投资项目应带头采用工程总承包模式。深化工程项目管理制度改革，建立健全与装配式建筑总承包相适应的发包承包、施工许可、分包管理、工程造价、施工图审查、质量安全监管、竣工验收等建设管理制度，加快推进工程设计、部品部件生产、施工和采购的统一管理和融合发展。（市建委、市发展改革委按职责分工负责）

（7）强化质量安全管理。建立健全装配式建筑和建筑全装修质量安全管理制度，落实各方主体质量安全管理责任。部品部件生产企业应建立完善的质量管理和质量保证体系，确保产品质量；建设、监理单位或工程总承包企业可采取驻厂监造或首件验收等方式实施部品部件生产环节质量管控；施工企业应建立健全部品部件进场检验和施工安装过程质量检验等制度，严格施工质量安全管控。落实工程质量终身责任制，严格执行“两书一牌”（法定代表人授权书、工程质量终身责任承诺书和永久性标牌）和项目负责人信息档案制度。市场监管部门应加强装配式建筑构配件生产质量的监管，加大进厂抽检力度；建设工程质量安全监督机构应加强装配式建筑施工安装质量安全的监管，加大现场抽查抽测力度，严肃查处质量安全违法违规行为。鼓励装配式建筑、全装修建筑质量担保和保险制度。（市建委、市市场监管委、天津保监局按职责分工负责）

（8）加快培育产业队伍。积极引进装配式建筑专业人才。组织开展“津洽会”人才智力引进活动、高校专场招聘会等引才活动，吸引装配式建筑人才来津发展；深入实施“千企万人”支持计划，支持入选企业引进、培育装配式建筑高层次人才，鼓励企业为引进的装配式建筑人才办理人才“绿卡”。加强装配式建筑设计、生产、施工、管理等专业人才的技能培训，在建筑行业专业技术人员继续教育中增加装配式建筑相关内容，积极培育装配式建筑专业人才队伍。建设部门应充分利用教育培训资源加强岗位技能提升培训，促进农民工向技术工人转型。支持高等院校、职业学校对接社会需求，强化装配式建筑相关教学要求，

鼓励具备条件的学校加强装配式建筑“双师型”教师队伍建设。（市人力社保局、市教委、市商务委、市建委按职责分工负责）

政策支持

（1）强化科技创新扶持。将装配式建筑关键技术研究纳入天津市重点研发计划科技支撑重点项目征集指南，在同等条件下优先支持。经认定为高新技术企业的装配式建筑企业，减按 15% 的税率征收企业所得税，装配式建筑企业开发新技术、新产品、新工艺发生的研究开发费用，可以在计算应纳税所得额时加计扣除。（市科委、市国税局、市建委按职责分工负责）

（2）实行建筑面积奖励。装配式建筑在办理不动产登记时，其建筑面积按照房产测绘相关技术规范进行测算。建筑面积具体奖励办法由建设、国土房管、规划管理部门另行制定。（市建委、市规划局、市国土房管局按职责分工负责）

（3）加大财税支持力度。结合节能减排、产业发展、科技创新、污染防治等方面政策，加大对装配式建筑的支持力度，市财政要从建筑节能专项资金中安排资金用于装配式建筑项目奖励，滨海新区及各功能区、其他各区财政要安排专项资金支持本地区装配式建筑产业基地和项目建设。符合新型墙体材料目录的纳税人，可按规定享受增值税即征即退优惠政策。完善政府购买装配式建筑培训成果机制，将装配式建筑职业和技能培训纳入天津市年度职业市场需求程度及培训成本目录，参加培训并经考核合格的，按规定享受职业培训补贴。（市财政局、市环保局、市发展改革委、市国税局、市建委、市人力社保局、各区人民政府按职责分工负责）

（4）加强行业扶持。依法必须招标的装配式建筑项目，可按照技术复杂类工程项目招标投标。采用装配式建筑的商品房项目，施工部位达到首层室内地坪标高且符合办理条件的，可申请办理商品房销售许可证。对装配式建筑业绩突出的建筑企业，在资质晋升、评奖评优等方面予以支持。（市建委、市国土房管局、市财政局按职责分工负责）

（5）加强交通运输保障。对运输预制混凝土及钢构件等超大、超宽部品部件的运输车辆，在公路超限运输许可和交通保障方面给予支持。（市交通运输委、市公安交管局按职责分工负责）

保障措施

（1）加强组织协调。由市建委牵头组织各部门和各区人民政府，统筹协调推进天津市装配式建筑发展工作。各部门和各区人民政府建立相应的工作推进机制，明确任务、落实责任。

（2）加强宣传引导。通过组织现场观摩、经验交流、专家讲座等方式，强化业内交流和合作，推进装配式建筑技术进步和产业发展。充分利用报纸、电台、电视和网络等多种新闻媒介，广泛宣传装配式建筑基本知识、发展政策和发展方向，营造全社会关注、支持装配式建筑发展的良好舆论氛围。

（3）加强考核督查。建立健全装配式建筑推进工作考核评价和监督问责机制，明确各区人民政府和各行业主管部门年度工作责任。定期组织实施专项督查和指导，及时通报考核结果，总结和推广先进经验，对工作不力的实施问责，确保全市装配式建筑发展顺利推进。

《天津市建委关于加强装配式建筑建设管理的通知》

《天津市人民政府办公厅印发关于大力发展装配式建筑实施方案的通知》（津政办函〔2017〕66号）要求，本市装配式建筑将进入试点推广期，实施范围和内容进一步扩大，为加强装配式建筑建设管理，现就有关事项通知如下：

（1）本市民用建筑项目应当按照规定要求实施装配式建筑。2018年1月1日起，以下范围项目全部实施装配式建筑：①2015年12月23日后立项的保障性住房项目；②2017年7月7日后立项的政府投资项目；③公共建筑项目；④中心城区、滨海新区核心区和中新生态城商品住房项目；⑤2015年12月23日后取得规划条件的其他区域宗地建筑面积10万平方米及以上（不含地下建筑面积）商品住房的30%部分。实施装配式建筑的保障性住房和商品住房全装修比例达到100%。

（2）鼓励具备条件的轨道交通、地下综合管廊和桥梁等市政基础设施项目实施装配式建造。建设项目的项目建议书、可行性研究报告应当包括实施装配式建造的可行性论证内容，在初步设计和施工图设计文件中应当明确实施装配式建造的建设范围、建设规模和部品部件要求等内容。

（3）实施装配式建筑的民用建筑项目应当按照相关标准和规范进行设计。设计单位应当对建筑、结构、外围护、设备管线及内装进行一体化集成设计。

（4）施工图审查机构应当严格按照国家及天津市现行标准规范和有关规定，以装配式建筑施工图设计审查指南为依据进行装配式建筑设计审查。对未执行装配式建筑政策的施工图设计文件，施工图审查机构不予审查。

（5）施工图审查机构出具装配式建筑施工图审查合格书时，应当在审查合格书备注栏中注明所审查项目的装配式建筑面积。

（6）质量安全监督部门应加强装配式建筑施工安装质量安全的监督管理，违反有关规定的，依法进行处理。

（7）前款规定范围的项目 2018 年 7 月 1 日前未取得施工图设计文件审查合格书的，执行本通知要求；2018 年 7 月 1 日前已取得施工图设计文件审查合格书的，按施工图审查要求实施装配式建筑。

（8）本通知自 2018 年 1 月 1 日起施行，有效期至 2020 年 12 月 31 日。

12.2.4 浙江

为贯彻落实《国务院办公厅关于促进建筑业持续健康发展的意见》（国办发〔2017〕19 号）和《中共浙江省委浙江省人民政府关于进一步加强城市规划建设管理工作加快建设现代化城市的实施意见》精神，进一步促进全省建筑业持续健康发展，经省政府同意，提出以下实施意见。

总体要求

深入贯彻党的十八大和十八届历次全会、中央城市工作会议以及省第十四次党代会和省委城市工作会议精神，以新发展理念为引领，以“八八战略”为总纲，以推进建筑工业化为主线，坚持问题导向和效果导向，着力推进供给侧结构性改革，按照“适用、经济、安全、绿色、美观”的要求，深化建筑业“放管服”改革，加快推进建筑业转型升级，实现浙江省由建筑大省向建筑强省转变，努力打造“中国建造”标杆省份。

深化建筑业“放管服”改革

（1）落实“最多跑一次”改革。建立电子化评判系统，通过网上办理业务，推进行政许可智能化审批、核查，推动勘察、设计、建筑业企业等许可事项集中一站式办结。探索开展“承诺在先、动态核查”审批试点。进一步优化完善建设工程施工图审查、施工许可和竣工验收备案等办事流程，加快实现“最多跑一次”。

（2）建立健全信用体系。完善省级建筑市场监管与诚信信息发布平台，统一规范诚信信息记录内容与标准，加快实现与国家和市县建筑市场信用信息系统数据的共享交换，建立全省统一的建筑市场信用信息数据库。依法依规公开企业和从业人员信用信息，探索开展第三方信用评价，支持行业协会开展会员信用评价工作。建立企业和从业人员守信红名单和失信黑名单制度，推行信用信息与行政审批、招标投标、监督抽查、评优评先、工程担保等事项关联机制。

（3）建立统一开放市场。进一步改革完善建筑市场准入和出清制度，建立全省统一开放、竞争有序的建筑市场体系。打破省内区域和行业市场准入壁垒，各地不得以备案、登记、限制投标等名义变相设定行政许可、行政处罚，妨碍建筑市场公平竞争。严格执行行政规范性文件管理规定和公平竞争审查制度，对涉及建筑市场的行政规范性文件实施集中清理，杜绝以行政权力不当干预市场竞争。各地、各有关部门在基础设施领域、政府和社会资本合作（PPP）项目准入方面，不得违规对民营建筑业企业设置附加条件和歧视性条款。加强事中事后监管，实现市场现场联动，对发生严重违法违规行为的，依法给予责任单位停业整顿、降低资质等级、吊销资质证书等行政处罚并予以公示，给予注册执业人员暂停执业、吊销资格证书、一定时间直至终身不得进入行业等处罚。

加快转变建造方式

（1）全面推广绿色建筑。加快编制实施绿色建筑专项规划，明确新建项目绿色建筑等级、建筑工业化和住宅全装修等控制技术要求，并纳入土地出让条件。严格依法实施民用建筑节能评估审查和竣工能效测评制度，同时结合“多评合一”“多测合一”等改革，进一步简化工作流程。严格执行民用建筑可再生能源应用核算标准，大力推进可再生能源建筑一体化应用，确保可再生能源设施设备与建筑主体及周边环境相协调。大力推广使用绿色建材，开展绿色建材新产品应用试点示范，推动提高绿色建材应用比例。稳步推行绿色建材评价体系，构建贯通绿色建筑和绿色建材的全产业链。加快推进设区市公共建筑能耗监管平台建设，形成省市平台互联互通的建筑能耗监管体系。

（2）全力推行装配式建筑和住宅全装修。加快推动建立完善装配式建筑和住宅全装修法规政策、标准规范、监督管理等体系。各地要根据绿色建筑专项规划，落实装配式建筑实施比例和住宅全装修实施范围等要求，列出年度实施项目清单，并向社会公布。杭州市、宁波市、绍兴市作为重点推进城市，中心城区出让或划拨土地上的新建项目全部实施装配式建造；新建住宅率先推行标准化、集成化、模块化的装配式装修，积极推广应用现代技术和整体集成式设施设备。支持建筑强市和建筑强县（市、区）开展国家级装配式建筑示范城市、产业基地申报，加强省级建筑工业化示范城市、企业、基地和项目建设。加快建筑工业化监管信息平台建设，完善装配式建筑和住宅全装修相关信息发布、应用和监管等工作机制。各地要统筹推进、合理布局建筑工业化基地建设，避免产能过剩。鼓励浙江省企业以京津冀、长三角、珠三角地区的市场为重点，在省外建设装配式建筑和住宅全装修生产基地。

加快转变工程建设组织模式

（1）加快推行工程总承包。装配式建筑原则上应采用工程总承包模式。政府投资工程应完善建设管理模式，带头推行工程总承包。建设单位可以在项目可行性研究、方案设计或者初步设计完成后，以工程估算（或工程概算）为经济控制指标，以限额设计为控制手段，组织开展工程总承包招标工作。工程总承包企业可以根据合同约定或经建设单位同意，依法将工程的勘察、设计或施工分包给具有相应资质的企业。对于采用固定总价合同的工程总承包项目，在工程结算审核（审计）时，仅审核（审计）其建设的规模、标准及所用的主要材料、设备等是否符合合同条款要求。对于采用非固定总价合同的国有项目，发展改革、建设、财政部门要探索研究制定相应的项目审批、工程计价依据、工程价款结算等办法，鼓励工程总承包企业通过优化设计和科技创新等手段降低工程造价。充分发挥浙江省作为工程总承包试点的先行优势，积极培育工程总承包试点区域和试点企业。

（2）培育全过程工程咨询服务。大力培育全过程工程咨询企业，鼓励浙江省投资咨询、勘察、设计、监理、招标代理、造价等企业加快转型发展和人才培养，发展全过程工程咨询服务。积极开展全过程工程咨询服务试点，健全相关管理制度，制定相关招标文件和合同范本，提高全过程工程咨询服务能力和水平。政府投资工程应带头推行全过程工程咨询，鼓励非政府投资工程委托全过程工程咨询服务。

严格质量安全管理

（1）完善质量安全管理机制。全面落实各方主体的工程质量安全责任，深入推进工程质量安全标准化管理，实行绿色施工，强化扬尘控制，提高工程质量安全管理和过程控制水平。建立健全与装配式建筑和住宅全装修相适应的质量安全管理机制，制定完善施工单位现场相关人员配备标准和职业标准，将工程质量安全责任落实到岗到人。加强工程质量安全监督队伍建设，强化政府对工程质量安全的监管。积极探索政府采取购买服务的方式，委托具备条件的社会力量提供工程质量监督检查技术服务。健全监理制度，提升监理单位履责能力。强化对工程监理的监管，开展监理单位向政府报告工程质量安全监理情况试点。以商品住宅为重点，推行工程质量保险及保修担保制度，将保险费用列入工程造价，探索第三方质量风险管控制度。加大违法违规案件曝光力度，严厉打击出具虚假报告等行为。

（2）严守安全生产底线。健全施工安全隐患治理常态机制，完善危险性风险源识别和管控机制，针对封闭式管理园区和事故易发多发的重点企业、重点项目、重点部位等，全面开展安全风险排查和隐患治理。加强对轨道交通、地下空间和管廊、高架桥、超高超大建筑等重大工程项目的风险排查评估或论证。强化对隧洞、深基坑、高边坡、高堆土、高支模、起重机械等危险性较大的分部、分项工程的安全管理。在全省范围内统一建立和使用建筑起重机械安全监督一体化管理系统。完善工伤保险制度，积极探索安全生产责任保险制度，切实发挥保险机构参与风险评估管控和事故预防作用。严肃查处各类安全生产违法违规行为，严格追究事故企业和人员责任，建立企业不良行为公示制度。

完善建筑市场管理

（1）规范招标投标行为。有关部门要加强对招标投标活动的监管。对于采用PPP模式的建设项目，未通过招标方式选定投资人的或已通过招标方式选定投资人但投资人自身不能依法实施建设的，应当依法招标。加快推进招标投标改革，以适应新的建造方式和组织方式，充分赋予非国有项目建设单位发包自主权。装配式建筑、采用工程总承包模式的建设项目符合要求的，经依法批准后，可作为技术复杂类工程项目进行邀请招标。包含在总承包合同内的暂估价项目，经合同约定或招标人同意，可由总承包企业组织招标。在基础设施建设领域，鼓励浙江省具有良好信用，能够提供足额担保，且专业技术人员具有相关工程业绩的企业参与相应项目建设。

（2）加强工程履约管理。大力推行工程款支付担保，加快推行建设工程综合保险，充分发挥商业保险在建设领域的风险管控作用。建筑业企业可以以现金、银行保函或者保险公司保单的形式缴纳各类保证金，任何单位不得无故拒绝。加强合同备案管理，推行合同履约评价，开展合同履约检查，并向社会公布检查结果。对履约情况较差的工程项目以及对存在的问题拒不改正的建设单位和施工企业，采取通报批评、记入企业不良行为记录等措施，并将其纳入重点监管对象。

加快建设现代产业队伍

（1）强化行业人才支撑。将建筑业人才引进培养纳入“千人计划”、领军型创新创业团队引进培育计划、“海外工程师”计划和高层次人才特殊支持计划等实施范围。大力培育建筑业企业家队伍，继续开展省级工程勘察设计大师推荐命名工作。企业引进具有高级技术职称或博士学位等高层次人才，支付的一次性住房补贴、安家费等费用，可按规定在计算企业所得税前扣除。国有企业引进高层次、高技能人才所产生的人才专项投入成本可视为当年考核利润。支持建筑业企业在高校、科研院所建立实践基地，联合培养高素质专业型人才和复合型人才。支持建筑业企业兼并收购国（境）外研发机构，或在国（境）外设立研发机构，吸引使用当地优秀人才。

（2）优化劳务作业队伍。大力发展以作业为主的建筑业专业企业，实施公司化、专业化管理。鼓励建筑业企业建立稳定的骨干技术工人队伍或拥有建筑劳务（专业）企业，组织自有建筑工人完成劳务作业或与专业企业形成紧密合作关系。积极开展技能培训和鉴定，支持建筑业企业与职业技术院校、专业培训机构建立战略合作关系，加快培育与建筑工业化和住宅全装修等工作相适应的专业技术人员及生产、操作技术工人队伍。

（3）保障农民工工资支付。全面推行施工现场建筑工人实名制管理、维权信息公开、工资款分账管理、银行代发工资等制度，确保工资款专项用于发放农民工工资。全面落实劳动合同制度，到 2020 年基本实现劳动合同全覆盖。按照谁用工谁负责的原则，落实企业工资支付责任，依法按月足额发放工人工资。建立健全与建筑业相适应的社会保险参保缴费方式，大力推进建筑业企业参加工伤（社会）保险，到 2020 年基本实现工伤（社会）保险全覆盖。

强化科技设计引领

（1）提升建筑设计水平。实行建筑师负责制，充分发挥建筑师在工程建设全过程的质量监督把关作用。完善建筑设计招标投标制度，积极推行设计团队招标、设计方案招标。对于符合要求的城市重要公共建筑项目，经批准后，可作为建筑艺术造型有特殊要求的项目，以邀请招标的方式，邀请由建筑专业院士或住房城乡建设部或省级政府命名的设计大师所领衔的建筑设计团队所在的具有相应资质的企业参与投标。支持建筑设计院和建筑师事务所发展，培育一批综合实力强、国内外影响大的知名建筑设计企业，打造建筑设计产业高地。

（2）加快推进产学研一体化。围绕绿色建筑、建筑工业化和住宅全装修等重点领域，统筹推进关键技术、设备的研发、制造和推广应用。鼓励建筑强市和建筑强县（市、区）组建现代建筑研究机构，推动设计、施工单位和科研院所联合开展建筑工业化结构体系和部品部件标准化体系研究，鼓励设计企业在建筑设计中推广应用标准部品部件，推动标准部品部件社会化大生产。积极推广应用建筑信息模型（BIM）技术，政府投资项目应当率先应用BIM技术。

（3）强化工程建设标准引领。加快推进绿色建筑、建筑工业化和新农村建设领域等的基础标准及相关部品部件通用图集编制工作，适时适度提升安全、质量、性能、健康、节能等强制性指标要求。鼓励社会组织和企业制定高于国家标准、行业标准、地方标准且具有创新性、竞争性的高水平团体标准和企业标准。加快编制BIM技术应用标准体系和计价依据，探索基于应用BIM技术的项目建设全过程监管模式。

坚持“走出去”发展战略

（1）加强联盟拓市。以“一带一路”互通互联为契机，推动浙江省建筑业资源整合、企业联动、项目合作、互利共赢。鼓励建筑强市和建筑强县（市、区）组建区域性产业联盟，抱团发展，形成新的区域性行业优势。鼓励骨干建筑业企业组建总承包产业联盟，优化整合各方资源，提升专业化能力和市场竞争力。鼓励民营建筑业企业加强与国有大型企业合作，通过项目合作、股份合作、资本合作等形式组成混合经济体，共同开拓国际市场。对于浙江省各级政府推动的境外经贸合作园区工程项目建设，在同等条件下，要优先对接浙江省对外工程承包企业，带动浙江省建筑设计、咨询、施工、监理等企业“走出去”发展。

（2）培育企业核心竞争力。引导浙江省骨干建筑业企业向公路、水利、市政、铁路、城市轨道交通等“一带一路”重点投资领域拓展，主动接轨国际工程承包和管理方式，加快向工程总承包和全过程咨询企业转型。鼓励支持浙江省骨干建筑业企业开展银企合作，融资上市，提升资本实力和投资能力。

（3）完善“走出去”服务机制。各市、县（市、区）要建立健全建筑业“走出去”工作协调机制，搭建国内外行业发展交流平台，引导企业参与“一带一路”工程建设。省建设厅、省商务厅要会同各地、各有关部门建立工作联系机制，制定浙江省建筑业“走出去”三年行动计划，建立境外工程信息发布平台，开展对外工程专业人才培训。综合发挥各类金融工具作用，支持浙江省建筑业企业特别是民营企业申请国家丝路基金、亚洲基础设施投资银行专项资金等金融支持。积极引导浙江省建筑业企业与国家开发银行、进出口银行、出口信用保险公司等银行和保险机构合作，努力解决浙江省对外承包工程项目中存在的开立保函风险专项资金困难等问题。

营造良好发展环境

（1）加大财政金融支持力度。金融机构要加大对建筑业企业的资金信贷支持力度，合理确定贷款利率水平。严禁在存贷款利率以外违规收取费用或附加不合理条件。扩大市、县（市、区）应急转贷基金的覆盖面，支持困难建筑业企业按规定享受贷款周转支持政策。对浙江省建筑业企业在省内外承接政府投资（含政府投资占主体）项目，凡符合信贷政策和贷款条件的，凭经建设等行业主管部门备案的工程施工合同和施工许可证，可在浙江省的开户银行申请贷款。鼓励银企合作，进一步拓展建筑业企业的融资渠道。推进建筑业小微企业还贷方式创新，加快推动无还款续贷、年审制等创新还款方式向建筑业企业延伸。

（2）切实减轻企业负担。各地、各有关部门要在减轻企业负担、降低企业成本方面进一步加大力度，按当地工业企业、实体经济同等政策落实兑现各类税费优惠。积极做好建筑业营改增应对工作，落实国家有关政策措施，确保建筑行业负担只减不增。加大打击工程建设领域经济犯罪力度，维护建筑业企业合法权益，营造公平公正的法治环境。

各地、各有关部门要认真贯彻落实本实施意见精神，出台具体措施，健全工作机制，明确责任分工和时间要求，确保各项政策措施落到实处。同时，广泛宣传绿色建筑、装配式建筑和住宅全装修等相关政策，引导群众积极参与和支持建筑业改革与发展，努力营造良好的发展环境。

12.2.5 江苏

建筑业是江苏省的支柱产业、优势产业和富民产业。经过多年快速发展，江苏省建筑业综合实力不断增强，产业规模不断扩大，营商环境不断优化，各项指标位居全国前列。但也要看到，江苏省建筑业产业结构不够合理、新型建造方式有待普及、工程建设组织方式相对落后、工程质量安全水平亟须提高、管理体制机制不相适应等问题仍然不同程度地存在。当前和今后一个时期，江苏省建筑业改革发展，要坚持以习近平新时代中国特色社会主义思想为指引，贯彻落实党的十九大精神，牢固树立和自觉践行新发展理念，深化建筑业“放管服”改革，推动装配式建筑、绿色建筑、智慧建筑、全装修成品住房等加快发展，提高工程质量安全水平，完善监管体制机制，培育优势骨干企业，提升“江苏建造”品牌的含金量和影响力，为建设“强富美高”新江苏提供有力支撑。根据《国务院办公厅关于促进建筑业持续健康发展的意见》(国办发〔2017〕19号)精神，按照住房城乡建设部关于在江苏省开展建筑业改革综合试点的要求，现提出如下意见。

(1)完善企业资质资格管理

简化工程建设企业资质类别和等级设置，减少不必要的资质认定。试行调整施工总承包二级及以下资质和专业承包资质标准。取消劳务企业资质，实行专业作业企业备案管理制度。具有建设工程监理、造价咨询、招标代理其中一项资质的企业申请其他两项乙级及以下资质时，只需满足国家注册人员数量的要求。新设立的施工企业资质证书与安全生产许可证书同时申请、同时审批。扩大承接业务范围，对信誉良好、具有相关专业技术能力、能够提供足额担保的企业，允许其在资质类别内承接高一等级资质相应的业务；具有市政公用、公路、水利水电、港口与航道工程其中一项资质的一级及以上施工总承包企业，能够提供足额担保且项目负责人具有相应业绩的，可以跨专业承接其他三项同等级资质相应的业务。取得施工总承包资质的企业，可以承接总承包资质覆盖范围内的专业承包工程。加强与资质资格管理改革相适应的配套制度建设，强化事中事后监管。建立个人执业保险制度，鼓励建筑师、监理工程师、造价工程师等执业注册人员采用个人或合伙的方式成立执业事务所承接业务，并依法承担相应权责。

(2)优化建筑产业结构

大力扶持高等级资质企业做大做强，重点培育一批市政公用、公路、水利水电、港口与航道工程等特级资质企业；支持大型企业跨地区、跨行业兼并收购，培育一批更具核心竞争力和品牌影响力的知名企业。鼓励中小型企业走专业化、精细化发展道路，培育一批经营特色明显、科技含量较高、市场前景广阔的专业企业。改变江苏省建筑业企业以房屋建筑为主的市场结构，支持建筑业企业进入基础设施领域，各地政府要在年度建设项目计划中，明确一定数量的重大基础设施建设项目和标段，鼓励骨干建筑业企业采用联合体投标方式参与轨道交通、桥梁隧道、综合管廊、海绵城市等重大基础设施建设。各地在城市轨道交通建设中，要积极开展省内建筑业企业参与试点工作。促进企业多元化经营，引导建筑业企业延长产业链、提升价值链、提高竞争力，推进大中型企业向上下游延伸和产业多元化拓展，在投融资、设计咨询、工程建设、建筑部品部件生产、运营维护等领域开展全方位、一体化服务，逐步实现由建造建筑产品向开发、经营建筑产品延伸。支持民营建筑业企业采用PPP模式进入城镇供水、污水垃圾处理、燃气、公共交通等领域开展"建营一体化"业务，不得违规对民营建筑业企业设置附加条件和歧视性条款。至2020年，培育产值超100亿元的企业50家，产值超1000亿元的企业实现零突破，10家以上省内建筑施工企业以总承包方式进入轨道交通建设领域。

（3）促进建筑产业工人职业化

改革建筑用工制度，推进建筑劳务企业向具有稳定劳动关系的专业化作业企业转型。健全职业技能培训，突出企业培训主体责任，大力弘扬工匠精神，不断提升职业能力和素质，将符合条件的建筑产业工人技能培训纳入现有职业技能培训、鉴定补贴范围，对涉及质量安全的岗位严格执行先培训后上岗。拓宽职业技能多元化评价方式，建立健全鉴定体系，支持有条件的企业自主培训、自主评价。健全完善与建筑业相适应的社会保险缴费方式，大力推进建筑施工单位参加工伤保险。全面推行建筑工人实名制和信息化管理，统筹搭建互联互通的建筑工人管理信息服务平台，引导人力资源向市场需求有序转移、劳动报酬向紧缺高标准高技能岗位转移。

（4）推广装配式建筑

加快完善装配式建筑技术标准体系、市场推广体系、质量监管体系和监测评价体系。在大力发展装配式混凝土建筑的同时，积极推广装配式钢结构建筑和装配式木结构建筑，积极探索农村装配式低层住房建设。着力培育装配式建筑市场需求，政府投资项目率先实现装配式建造，明确通过土地出让的建设项目装配式建筑比例要求。积极推动装配式建筑产业园区、示范基地和项目建设，形成规模化的装配式建筑产业链。对装配式建筑预制部品部件生产企业，纳入工程建设监管范围，符合政策规定的可申请享受新型墙体材料增值税税收优惠；取得新型墙体材料认定证书的，可申请节能减排专项引导资金资助。至2020年，全省装配式建筑占新建建筑面积比例达30%。

（5）加强数字建造技术应用

加快推进建筑信息模型（BIM）技术在规划、勘察、设计、施工和运营维护全过程的集成应用，实现工程建设项目全生命周期数据共享和信息化管理，为项目方案优化和科学决策提供依据，促进建筑业提质增效。制定江苏省推进 BIM 技术应用指导意见，建立 BIM 技术推广应用长效机制。加快编制 BIM 技术审批、交付、验收、评价等技术标准，完善技术标准体系。制定 BIM 技术服务费用标准，并在 3 年内作为不可竞争费用计入工程总投资和工程造价。选择一批代表性项目进行 BIM 技术应用试点示范，形成可推广的经验和方法。推广数字建造中传感器、物联网、动态监控等关键技术使用，推进数字建造标准和技术体系建设。至 2020 年，全省建筑、市政甲级设计单位以及一级以上施工企业掌握并实施 BIM 技术一体化集成应用，以国有资金投资为主的新立项公共建筑、市政工程集成应用 BIM 的比例达 90%。

（6）扩大全装修成品住房比例

大力推进住房设计、施工和装修一体化，推广标准化、模块化和干法作业的装配化装修，促进整体厨卫、轻质隔墙等材料、产品和设备管线集成化技术应用，实现房屋交付时套内所有功能空间的固定面铺装或涂饰、管线及终端安装、门窗、厨房和卫生间基本设施配备等全部完成，并具备使用功能。倡导菜单式装修，满足消费者个性化需求。装修成本部分在住房价格监测体系中单独计算。至 2020 年，设区市新建商品房全装修比例达到 50% 以上，装配式住宅建筑和政府投资新建的公共租赁住房全部实现成品住房交付。

（7）实施“绿色建筑 +”工程

推动绿色建筑品质提升和高星级绿色建筑规模化发展，探索构建具有江苏特点的绿色建筑评价标识制度，促进装配式建筑、被动式建筑、BIM、智能智慧等技术与绿色建筑深度融合，实施一批被动式建筑项目，推进绿色建筑向深层次发展。制定江苏省绿色生态规划建设标准，推动高星级绿色建筑和被动式建筑规模化发展，同步推动绿色交通、绿色照明、海绵城市、智慧城市、地下空间综合利用、区域能源供应等节约型城乡建设集中集成示范，探索协调发展、绿色发展的生态城市建设道路。加强建筑工地扬尘、噪声等污染控制，深入推进绿色建造。探索建立既有建筑节能改造市场化推进机制，强化绿色建筑运行管理，提升建筑能效。进一步加大建筑节能专项资金支持力度，强化示范引领。高星级绿色建筑与被动式建筑增量成本在住房价格监测体系中单独计算。至2020年，新建民用建筑全面实施75%节能标准，实现建筑能效提升20%；全省新增绿色建筑5亿平方米，其中二星级及以上绿色建筑占城镇新建建筑比例的50%。

（8）推行工程总承包

在全面推行施工总承包的基础上，加快推行工程总承包模式，鼓励综合实力强的大型设计和施工总承包企业开展工程总承包业务。加快建立适应工程总承包发展的招标投标、工程计价和工程管理配套制度。除以暂估价形式包含在工程总承包范围内且依法必须招标的项目外，工程总承包单位可以直接发包总承包合同中涵盖的其他专业业务。采用固定总价合同的工程总承包项目，在计价结算和审计时，重点对约定的变更调整部分和暂估价部分进行审核。各地每年都要明确不少于20%的国有资金投资占主导的项目实施工程总承包。装配式建筑原则上应全部采用工程总承包模式。至2020年，全省培育工程总承包骨干企业100家。

（9）培育全过程工程咨询服务

整合工程建设所需的投资咨询、工程设计、招标代理、造价咨询、工程监理、项目管理等业务，促进咨询企业提供全过程、一体化服务。引导和支持建设单位将全过程工程咨询服务委托给具有全部资质、综合实力强的一家企业或一个联合体；或委托给一家具有相关资质的企业，并由该企业将不在本单位资质业务范围内的业务分包给其他具有相应资质的企业。各地每年要落实一批有影响力、有示范作用的全过程工程咨询项目。在民用建筑项目中，充分发挥建筑师的主导作用，探索实施建筑师负责制。至2020年，全省培育具有全过程工程咨询能力的骨干企业100家。

（10）加快政府投资工程集中组织建设

推动政府投资工程由使用单位自行组织建设，向由政府组建的专业机构及专业建设平台集中组织建设转变，实现“投资、建设、监管、使用”相互分离，不断提高项目管理的专业化水平和财政资金的投资效益。至2018年，全省政府投资工程全面实行集中组织建设。

（11）调整工程建设项目招标投标范围

全部使用非国有资金或非国有资金占控股或主导地位的工程建设项目（涉及国防、国家安全等除外），建设单位可以自主决定采用招标发包或直接发包、是否进入有形市场进行交易。招标投标监管部门要创新监管方式，明确监管重点，重点加强对国有资金投资项目的招标投标监管。国有企业投资的经营性建设工程项目，建设单位控股或被控股的企业依法能够提供设计、施工、材料设备和咨询服务的，建设单位可以将项目的设计、施工、材料设备和咨询服务直接发包给控股企业或被控股企业。

（12）改革工程招标投标评定制度和提高工作效率

建筑方案设计项目、工程总承包项目、政府集中建设的大型或技术复杂项目，实行“评定分离”制度。实行经评审的最低投标价法评标的项目，中标人除需提供正常履约担保外，还需提供差额部分的履约担保。实行综合评标法的项目必须实行商务标、技术标、信用标“三合一”评标。因严重失信被列入限制准入“黑名单”的企业不得参加投标。探索建立价格预警干预机制，改变以价格为决定因素的招标和采购管理模式，实施技术、质量、品牌、价格等多因素的综合评估，引导企业由“拼价格”向“拼质量”转变。提高工程招标投标效率，中小型工程且技术标不参与评审的工程，发招标文件至开标时间不少于10日（设计招标除外）；采用合理价随机法的工程，发招标文件至开标时间不少于7日。扩大招标投标信息公开度，实行网上受理异议和投诉。组建省级资深评标专家库，建立招标投标重大法律、技术问题专家评议制度。

（13）健全建筑设计发包制度

推行建筑设计方案招标、设计团队招标等符合设计特点的招标方式。采用建筑设计方案招标的，建设单位应与中标单位依据有关规定签订包括方案设计、初步设计和施工图设计阶段的工程设计合同，确需另择设计单位承担初步设计、施工图设计的，应当在招标公告或者投标邀请书中明确，并支付中标单位方案设计费，金额不宜低于该项目总设计费的30%。采用设计团队招标的，应着重考虑投标人的能力、业绩、信誉及设计构思等。评标标准中确需设置投标报价的，其所占权重不应超过10%。对城市重要地段、重要景观地区的建筑工程，建筑功能有特殊要求的公共建筑和省重要大型工程，经所在地县级以上人民政府研究同意，可以采用邀请招标方式发包，也可直接发包给以建筑专业院士、住房和城乡建设部或省级人民政府命名的设计大师为主创设计师的设计单位。完善建筑设计方案竞选制度，建设单位可采用竞选方式确定设计方案。鼓励建筑工程实行设计总包，按照合同约定或者经建设单位同意，设计单位可将建筑工程非主体部分设计直接分包。

（14）建立全过程工程质量控制和评价制度

探索建立工程质量性能评价指标体系及应用办法，加强工程质量过程控制，实施过程量化评估机制，工程结束后向社会公布量化结果。将一段时限内的量化累积评分与政府招标投标和评奖、奖励挂钩，引导建筑业企业自觉提高工程质量。建立建设工程质量检测综合报告制度，进一步落实检测质量责任。建立建筑材料认证、评价、信息公开等制度，完善全过程工程质量追踪、定位、维护和责任追溯机制。强化对工程项目建设各环节文件资料以及电子文件的归集管理，确保建设工程档案真实、完整和准确，为落实建设工程质量责任终身制以及保障工程设施运营维护提供依据。

（15）强化工程质量安全监管

全面落实各方主体质量安全责任，强化建设单位的首要责任和勘察、设计、施工单位的主体责任，严格落实项目负责人的质量安全责任，企业法定代表人对质量安全负第一责任，规划设计、图纸审查、施工许可、批后监管等应以安全为前提，加强源头管控。完善施工现场和建筑市场联动监管机制。充分发挥工程质量安全监督机构的政府监督职能，重点加强涉及公共安全的工程地基基础、主体结构等部位和竣工验收等环节的监督检查。加强工程质量安全监督执法检查，加大抽查抽测力度，推行“双随机、一公开”检查方式。各地可采取政府购买服务方式，委托第三方机构实施工程质量安全管理。强化质量安全监督队伍建设，加强对监督机构和人员的履职能力、履职情况的考核，结果纳入政府质量工作考核。监督机构履行职能所需经费由同级财政预算全额保障。

（16）推行工程担保和保险制度

建立以银行保函、专业担保公司担保或综合保险为主的投标担保、工程款支付担保、承包履约担保、建筑工人工资担保和质量保修担保制度。主管部门和建设单位不得以任何理由拒绝以银行保函、专业担保公司或综合保险方式提供的担保。推行工程履约“双担保”制度，施工单位提交履约担保的，建设单位应同时提交工程款支付担保。对房地产开发项目实行工程质量保险制度，将保险费用列入工程造价。提交工程质量保修担保或工程质量保险的工程项目，不再预留工程质量保证金。

（17）规范工程价款结算

根据工程品质标准和等级建立优质优价制度，鼓励企业创建优质工程，建设单位与施工企业签订合同时，可明确获得市级优质工程以上奖项的项目按不高于建安工程费1%计取按质论价费用。改革人工单价形成机制，逐步与市场用工价格接轨，将社会保险费、公积金等纳入预算人工工资单价，配套调整人工消耗量。规范招标文件中的预付款、进度款支付比例、节点以及风险条款，预付款应不低于合同总价的10%。政府投资工程项目严禁要求建筑业企业带资承包。承发包双方应当在期中支付时完成已完工程量和变更签证的价款审核、确认和支付工作。严格执行发包人与承包人完成竣工结算核对并签字确认的时间，工程竣工结算报告金额1亿元以下的，不超过90天；金额1亿元以上的，不超过180天；核对时间超出规定期限时，按合同约定从超出之日起计付银行同期贷款利息。审计机关应依法加强对以政府投资为主的工程建设项目的审计监督，建设单位不得以未完成审计作为延期工程款结算、拖欠工程款的理由。工程竣工验收时，工程款应预留质保金后根据期中计量结果支付到位。未完成竣工结算的项目，有关部门不予办理产权登记。

（18）深化建筑市场“放管服”改革

以重点工业生产建设项目为对象，推广“预审代办制”经验，构建预审服务制度，帮助建设单位实现技术方案和许可要件的同步准备；通过纳入承诺制度和工程综合咨询制度，强化建设单位和技术咨询单位遵从规划条件以及强制性标准规范的责任意识。着力实施“多图联审”和省级“不再审图”。建立建设工程施工许可阶段并联审批制度，通过优化和再造审批流程，共享和关联前置条件，合并和清理审批环节，减少和压缩审批时间，全面实行施工许可无纸化申报、“不见面审批”和电子证书制度。进一步完善权责清单，理清管理边界和职责内容，整合执法力量，完善执法衔接机制，实现住房和城乡建设领域行政处罚权的集中行使，从重视事前审批转向加强事中事后监管。完善全省建筑市场监管和诚信信息一体化平台建设，加快构建以信用管理为核心的新型市场监管机制，将各类失信行为纳入信用记录，对外公开披露，实施联合惩戒，并按照“互联网+政务服务”的建设要求，实现与江苏政务服务网、投资在线审批平台、市场监管信息平台、公共信用信息平台等相关系统的互联互通和信息共享，形成守信受奖、失信受惩、一处失信、处处受限的机制。

（19）支持企业“走出去”发展

支持建筑业企业跟踪国外特别是“一带一路”沿线国家的投资热点，围绕重点区域、重点专业领域和重点工程项目实施“走出去”战略。鼓励企业联合国内大型外向型建筑业企业，或与项目所在国企业通过股份合作、项目合作、组建联合体等方式，共同承包国外大中型项目。大力推动境外承包工程项目建营一体化，形成智力、技术、资金、装备、管理、标准和劳动力联动输出。定期举办国内外江苏建筑业企业推介活动，扩大“江苏建造”品牌影响。建立江苏省建筑业企业在国际建筑市场活动信息数据平台。对国外承包项目合同额、贷款额超过一定数量的，纳入商务发展专项资金支持范围。至2020年，国际市场营业额力争比“十二五”末翻一番。

（20）加大政策扶持力度

研究出台政策措施，着力培育一批勘察设计大师、优秀建造师和项目管理领军人才。积极推进校企合作，引导和鼓励高校毕业生到建筑行业一线从业。加大对建筑科技创新支持力度，对取得发明专利、建筑工法，参与编制国家、行业和地方标准的企业，开辟绿色通道，优先评选省级以上企业技术中心。鼓励符合条件的设计、咨询等企业申报高新技术企业，对建筑业企业发生的研发费用，按规定执行所得税税前加计扣除政策。对经认定为高新技术企业的建筑业企业发生的职工教育经费支出，不超过工资薪金总额8%的部分，准予在计算企业所得税应纳税所得额时扣除，超过部分准予在以后纳税年度结转扣除。根据相关部门提供的综合研发奖励资金支持条件和建筑业企业研发投入情况，省级财政给予5%～10%的普惠性奖励。强化标准对建筑业科技创新的引领作用，对涉及质量安全、环保节能的工程建设地方标准，其编制经费由省级相关专项资金予以保障。鼓励企业规范工资薪金、劳务报酬等所得项目核算，依法准确全员全额扣缴明细申报，对无法准确进行全员全额扣缴明细申报的异地施工企业，按工程价款的一定比例核定征收。加大金融支持力度，充分发挥智慧建筑基金、“一带一路”投资基金等政府投资基金的作用，引导社会资本进入建筑业重点领域和关键环节。鼓励政策性银行支持建筑业企业“走出去”，着力解决江苏省对外承包工程项目中存在的开立保函风险专项资金困难等问题。各金融机构应对建筑业企业采取差别化授信政策，对行业中经营状况好、信誉佳的企业可通过开展施工合同融资贷款、应收账款融资贷款等业务给予信贷支持。支持符合“江苏建造2025”发展战略等条件的建筑业企业，利用多层次资本市场上市、挂牌及债券发行等方式直接融资。

各地要高度重视建筑业改革和发展工作，结合实际研究制定深化建筑业改革、支持建筑业发展的配套政策。省有关部门和各设区市要建立建筑业改革和发展综合考核指标体系，每年发布包括建筑业、工程质量安全、市场运行、结构优化、转型发展、营商环境等内容的评价报告，发挥好行业协会在规范市场秩序、促进企业诚信经营等方面的积极作用和建筑强市、建筑强县的示范引领作用。

12.2.6 广东

为大力发展装配式建筑，推动建造方式创新，促进建筑产业转型升级，经省人民政府同意，现提出如下实施意见，请与《国务院办公厅关于大力发展装配式建筑的指导意见》(国办发〔2016〕71号)一并抓好贯彻落实。

工作目标

(1)将珠三角城市群列为重点推进地区，要求到2020年年底前，装配式建筑占新建建筑面积比例达到15%以上，其中政府投资工程装配式建筑面积占比达到50%以上；到2025年年底前，装配式建筑占新建建筑面积比例达到35%以上，其中政府投资工程装配式建筑面积占比达到70%以上。

将常住人口超过300万的粤东西北地区地级市中心城区列为积极推进地区，要求到2020年年底前，装配式建筑占新建建筑面积比例达到15%以上，其中政府投资工程装配式建筑面积占比达到30%以上；到2025年底前，装配式建筑占新建建筑面积比例达到30%以上，其中政府投资工程装配式建筑面积占比达到50%以上。

全省其他地区为鼓励推进地区，要求到2020年年底前，装配式建筑占新建建筑面积比例达到10%以上，其中政府投资工程装配式建筑面积占比达到30%以上；到2025年年底前，装配式建筑占新建建筑面积比例达到20%以上，其中政府投资工程装配式建筑面积占比达到50%以上。

(2)逐步完善法规规章、技术标准和监管体系，建设一批各具特色的示范城市、部品部件生产示范基地、装配式建筑示范项目，推动形成一批设计、施工、部品部件规模化生产企业，培育一批具有现代装配建造水平的工程总承包企业以及与之相适应的专业化技能队伍。

重点任务

(1)编制专项规划。各地级以上市、县(市、区)要在2017年8月底前完成装配式建筑专项规划编制工作，根据专项规划制定年度实施计划，专项规划和年度实施计划要报省住房城乡建设厅备案。专项规划要明确装配式建筑面积占新建建筑面积比例、分布区域等控制性指标。各地编制或修改控制性详细规划时，要将控制性指标纳入控制性详细规划。

（2）健全标准规范体系。根据国家标准，研究制定符合广东省实际的装配式建筑评价标准和方法。支持企业开展装配式建筑抗震技术研究，推广减、隔震技术在装配式建筑上的使用，因地制宜选用抗震性能强的装配式建筑类型。制订或修订广东省装配式建筑工程定额、工程量清单计量规则、建筑信息模型（BIM）技术应用费用标准等计价依据，及时发布相关造价信息。逐步建立完善覆盖设计、生产、施工和使用维护全过程的具有岭南特色的广东省装配式建筑标准和技术体系。

（3）推广适用建造方式。在保障性住房和商品住宅建造中积极推广装配式混凝土建筑；在大型公共建筑、大跨度工业厂房建造中优先采用装配式钢结构建筑；在风景名胜区及园林景观、仿古建筑等领域，倡导发展现代装配式木结构建筑；在农房建造中积极推广轻钢结构建筑；在临时建筑（含工地临时建筑）、管道管廊等建造中积极采用可装配、可重复使用的部品部件。鼓励使用预制内外墙板、楼梯、叠合楼板、阳台板、梁以及集成式橱柜、卫生间浴室等构配件、部品部件。

（4）推行工程总承包。装配式建筑原则上采用工程总承包模式，可按照技术复杂类工程项目招标投标。其中，民间投资的装配式建筑工程，探索由建设单位自主确定发包方式，具体由省住房城乡建设厅根据国家有关规定提出指导意见，各地结合实际情况实施。

（5）确保工程质量安全。完善装配式建筑工程质量安全管理制度，健全质量安全责任体系，明确建设单位、勘察单位、设计单位、监理单位、施工单位、部品部件生产企业、施工图审查机构、工程质量安全检测单位等各方质量安全责任。加强行业监管，明确符合装配式建筑特点的施工图审查要求，建立全过程质量追溯制度，加大抽查抽检力度，严肃查处质量安全违法违规行为。

（6）引导行业自律发展。整合科研开发、勘察、规划、设计、部品部件生产、装配施工、装饰装修、物业服务、家具家电、物流配送、信息化应用等行业资源，组建装配式建筑产业发展联盟。发挥行业协会、产业联盟的作用，加强部品部件生产企业的行业自律管理，对部品部件生产企业的能力、信誉等方面进行评价，及时发布相关信息。合理引导预制构件产能，确保预制构件市场供需平衡。

支持政策

（1）强化规划引领。城乡规划主管部门要将装配式建筑专项规划的有关内容纳入规划条件。各地在编制“三旧”改造、城市更新规划及年度实施计划时，要将装配式建筑专项规划的内容或发展装配式建筑的有关要求纳入相关规划计划中。实施装配式建造方式，且满足装配式建筑要求的建设项目，其满足装配式建筑要求部分的建筑面积可按一定比例（不超过3%）不计入地块的容积率核算，具体由各地级以上市政府确定。

（2）加强用地政策支持。已制订实施装配式建筑专项规划的地市，国土资源主管部门要将装配式建筑专项规划的有关内容或发展装配式建筑的有关要求纳入供地方案，落实到土地使用合同中。尚未制订实施装配式建筑专项规划的地市，国土资源主管部门在土地出让或划拨前，要征求同级住房城乡建设、城乡规划主管部门的意见。各地要根据土地利用总体规划、城市（镇）总体规划和装配式建筑发展目标任务，在每年的建设用地计划中，安排专项用地指标，重点保障部品部件生产企业、生产基地建设用地和装配式建筑项目建设用地。对列入省重点项目计划的部品部件生产企业、生产基地用地，各地要优先安排用地计划指标。

（3）加强财税扶持。统筹用好各级财政现有渠道资金，支持装配式建筑发展。各地政府要加大对发展装配式建筑工作的资金保障力度，支持符合条件的部品部件生产示范基地、装配式建筑示范项目发展。各地要将装配式建筑产业纳入招商引资重点行业，对符合条件的企业落实相关优惠政策。符合条件的装配式建筑部品部件生产企业，经认定为高新技术企业的，可按规定享受相关优惠政策。符合新型墙体材料目录的部品部件生产企业，可按规定享受增值税即征即退优惠政策。将符合条件的部品部件生产基地纳入省产业园扩能增效项目库，享受省级产业园扩能增效专项资金支持。在省、市级有关节能降耗的专项资金申报条件中可增设支持装配式建筑技术研发、示范城市、部品部件生产示范基地、装配式建筑示范项目、建筑信息模型技术示范应用等相关要求。对已开展建筑施工扬尘排污费征收工作的城市，重新核定装配式建筑项目的施工扬尘排放系数，对该项费用予以减征。对满足装配式建筑要求的农村住房整村或连片改造建设项目，各地可给予适当的资金补助。

（4）加大金融支持。鼓励省内金融机构对部品部件生产企业、生产基地和装配式建筑开发项目给予综合金融支持，对购买已认定为装配式建筑项目的消费者优先给予信贷支持。使用住房公积金贷款购买已认定为装配式建筑项目的商品住房，公积金贷款额度最高可上浮20%，具体比例由各地政府确定。

保障措施

（1）加强组织领导。各地级以上市要切实加强组织领导，完善工作机制和配套政策，确保各项任务落到实处。建立健全由省住房城乡建设厅牵头，发展改革、经济和信息化、财政、人力资源社会保障、科技、国土资源、环境保护、工商、公安、交通运输、国税、地税、金融、质监等部门参与的发展装配式建筑工作协调机制，加大指导、协调和支持力度。将发展装配式建筑列入城市规划建设管理工作监督考核指标体系，定期通报考核结果。

（2）优化政府服务。相关部门在办理工程建设项目立项、建设用地规划许可、建设工程规划许可、环境影响评价、施工许可、商品房预售许可等相关审批手续时，对装配式建筑项目给予优先办理。各级交通运输主管部门、公安交通管理部门对运输预制混凝土及钢构件等超大、超宽部品部件的车辆，在物流运输、交通保障方面予以支持。完善相关奖项评选办法，在省级奖项评选、绿色建筑评价等工作中，将装配式建筑作为加分指标。

（3）强化项目监管。各级城乡规划、国土资源、住房城乡建设、房产管理等主管部门要按照职责分工，加强对装配式项目的监督管理。各级住房城乡建设主管部门要健全动态监管和行业统计制度，建立装配式建筑项目、部品部件生产企业的档案和台账，实现信息化管理，并与相关部门共享有关信息。

12.2.7 深圳

为贯彻落实中共中央、国务院《关于进一步加强城市规划建设管理工作的若干意见》（中发〔2016〕6号）、国务院办公厅《关于大力发展装配式建筑的指导意见》（国办发〔2016〕71号）中关于“发展新型建造方式，大力推广装配式建筑”的要求，全面促进深圳市装配式建筑的发展，保障建筑工程质量和安全，降低资源消耗和环境污染，现将有关事项通知如下：

（1）本通知所称装配式建筑，是指用预制部品部件在工地装配而成的建筑，包括装配式混凝土结构、钢结构、现代木结构，以及其他符合装配式建筑技术要求的结构体系。

（2）下列项目应当实施装配式建筑：

①新出让的住宅用地项目。

②纳入“十三五”开工计划（含棚户区改造和城市更新等配建项目）独立成栋，且截至2016年6月27日尚未取得《建设用地规划许可证》的人才住房和保障性住房项目。

其中，装配式建筑技术标准规定最大适用高度以内的项目，应当符合深圳市装配式建筑预制率和装配率要求。

（3）政府投资建设的具备条件的学校、医院、养老院等公共建筑项目，以及深圳北站商务中心区、坪山中心区、宝安中心区、国际低碳城、大运新城等重点区域，率先推进装配式建筑。

（4）市、区住房和建设主管部门应当在2016年6月27日后新开工的人才住房和保障性住房建设标准批复和建设管理任务书中明确装配式建筑预制率和装配率要求。装配式建筑的增量成本计入项目建设成本。

（5）装配式建筑项目应当在设计、生产、施工、运营管理等阶段应用信息技术，形成建筑信息模型（BIM）。通过设计、生产、运输、施工等专业协调和信息共享，优化装配式建筑的整体方案和资源配置，建立装配式建筑项目数据库，为实现装配式建筑全过程质量管控和责任追溯提供信息技术支撑。

（6）装配式建筑项目优先采用设计 - 采购 - 施工（EPC）总承包、设计 - 施工（D-B）总承包等项目管理模式。具有工程总承包管理能力和经验的企业（包括设计、施工、开发、生产企业单独或组成联合体），可以承接EPC工程总承包、设计 - 施工总承包项目，具体设计、施工等任务由具有相应资质的单位承担。招标人可采用竞价预选招标或竞价批量招标方式，择优选择工程总承包单位。

（7）对已经办理立项手续的装配式建筑项目，建设单位申请开工并承诺按深圳市装配式建筑预制率和装配率要求实施，且经现场核查满足工程质量和安全施工条件的，质量安全监督机构与建设单位签订工程质量安全监管协议，办理提前介入工程质量安全监督登记手续。建设单位应当依法在开工后一定期限内补办施工许可手续，具体期限在工程质量安全监管协议中确定。

（8）装配式建筑项目各专业设计文件除按常规进行施工图审查外，还应审查预制率、装配率是否符合深圳市装配式建筑预制率和装配率要求。后期设计文件发生预制率、装配率等重要因素变动的，建设单位应当报原施工图审查单位重新进行审查。

（9）质量安全监督机构应当加强装配式建筑项目预制构件生产环节的监督检查，监督抽检工作前移，采取进厂抽检和飞行检查的方式，加强对工厂生产环节涉及的建筑原材料、建筑构配件和成品构件的监督检查力度。预制构件生产地不在深圳市的，其质量检验检测工作可就近委托具有相应资质的检测单位实施。

（10）优化装配式建筑项目的质量安全监督与验收。装配式施工的分部分项工程由监理单位负责组织验收。质量安全监督机构结合日常监督工作对验收记录和实体质量进行抽查。质量安全监督机构对建筑项目实体质量进行抽查时，应加大对现场浇筑结构和预制构件连接部位、建筑起重机械与吊装等危险性较大的作业工程的抽查力度。

（11）加强装配式建筑工程竣工验收技术资料的管理，新开工的装配式建筑工程统一使用《广东省房屋建筑工程竣工验收技术资料统一用表》（2016版）。

（12）组织专家队伍提供技术服务。市、区建设主管部门或协会应当建立专家库，为装配式建筑项目提供咨询服务，协助企业解决设计、生产、施工、运营维护等方面的疑难问题。

（13）市造价主管部门负责收集装配式建筑工艺和措施的各项施工消耗信息，测算有关费用，并在此基础上制定深圳市装配式建筑工程消耗量定额及计价规程，发布装配式建筑构件及部品市场参考价格。未发布价格信息的预制构件及建筑部品的价格，各相关单位可通过询价采购、竞争性谈判等方式确定。

（14）经施工图审查机构审查，符合深圳市装配式建筑预制率和装配率要求的项目，通过建筑节能专项验收和竣工验收后，可认定为深圳市铜级绿色建筑。对按照高标准建造，预制率达到40%、装配率达到60%以上的装配式建筑项目，按《深圳市绿色建筑评价规范》SZJG 30-2009参评时，可在标准评价等级的基础上提高一个等级。

（15）经认定符合深圳市装配式建筑预制率和装配率要求的项目在报建时可缓交新型墙体材料专项基金，竣工验收合格后即不再补交；保障性住房项目和棚户区改造安置住房项目采用装配式建筑的，根据国家有关规定，免收新型墙体材料专项基金。

（16）利用市建筑节能发展资金，重点扶持装配式建筑和BIM应用。经认定，符合资助条件的示范项目、研发中心、重点实验室和公共技术平台，按规定予以资助。

（17）对在装配式建筑项目中作出重要贡献，起到良好示范作用的相关企业给予表彰。优先推荐装配式建筑相关企业申报高新技术企业；优先推荐装配式建筑项目参与地方、省级及国家级奖项的申报。

（18）市、区建设主管部门按照项目管理权限分别负责组织专家对装配式建筑项目进行技术认定。经认定，符合深圳市装配式建筑预制率和装配率要求的项目，由上述部门予以批复，作为享受相关政策优惠的依据。市建筑工务署负责管理的装配式建筑项目由其自行组织技术认定，并依法享受相关政策优惠。

（19）加强对装配式建筑人才的培养，鼓励企业、行业协会建立装配式建筑实训基地，加强对装配式建筑的劳务工操作实训；鼓励企业、行业协会与高等院校合作开设相关课程，培养装配式建筑的管理和技术人员。

附表　河北省钢结构建筑企业调研情况汇总表

企业名称	所在地与资质	职工人数（人）	生产基地	近三年产能、产值		
				2014 年	2015 年	2016 年
中国二十二冶集团金属结构工程分公司	唐山市丰润区；总承包序列特级，专业承包序列一级	1178	厂房面积 5 万平方米以上	9.1 万吨 7.96 亿元	6.5 万吨 8.68 亿元	8.7 万吨 6.39 亿元
大元建业集团股份有限公司	河北省沧州市；总承包序列特级，专业承包序列一级，设计专项资质甲级	3378	厂房面积 5 万平方米以上			
河北建设集团股份有限公司	河北省保定市；总承包序列特级，专业承包序列一级，设计专项资质甲级	836	厂房面积 5 万平方米以上	3 万吨 8.7 亿元	3.5 万吨 9.9 亿元	5 万吨 12.8 亿元
河钢集团有限公司	河北省石家庄市	112657	厂房面积 5 万平方米以上			
河钢中建钢结构有限公司	河北省石家庄市；总承包序列特级，专业承包序列一级，设计专项资质甲级	2623	厂房面积 5 万平方米以上	10 万吨 5 亿元	12 万吨 6 亿元	15 万吨 7.5 亿元
河北津西钢铁集团大方重工科技有限公司	河北省唐山市迁西县；专业承包序列三级	752	厂房面积 3 万平方米	0.6 万吨 0.3 亿元	0.6 万吨 0.3 亿元	0.7 万吨 0.35 亿元
杭萧钢构（河北）建设有限公司	河北省唐山市玉田县城北环路；总承包序列一级，专业承包序列一级，设计专项资质甲级	620	厂房面积 5 万平方米以上	5.7 万吨 4.91 亿元	3.9 万吨 3.39 亿元	5 万吨 4.05 亿元
中建二局安装工程有限公司（廊坊钢结构分公司）	北京市丰台区汽车博物馆东路 6 号院 E 座 7 ～ 8 层；总承包序列一级，专业承包序列一级，设计专项资质乙级	887	厂房面积 5 万平方米以上	10.51 万吨 31.66 亿元	11.34 万吨 34.16 亿元	11.95 万吨 36 亿元